신간회의
교육운동

신간회의
교육운동

이문원 지음

일조각

머리말

　신간회(新幹會)는 1927년 2월에 발기한 최대의 민족 운동단체로서 1931년 5월 해소될 때까지 전 민족의 역량을 결집한 민족단일당이었다. 일제 강점기 조선의 독립과 해방을 위해 사상과 이념을 달리하는 민족주의 노선과 사회주의 노선이 전술적으로 결합한 항일운동단체였다.

　신간회는 창립 당시 합법적 영역 내에서 출발하였다. 그러나 합법적 영역 내에서 안주하지 않고 조선의 독립을 쟁취하기 위하여 모든 역량을 모아 세부 활동을 전개하였다. 일제는 신간회의 창립대회를 합법적으로 인정하였지만, 그 뒤 2·3차 총회는 물론 신간회의 각종 회의와 모든 활동을 인정하지 않았고 허가하지도 않았다.

　그럼에도 불구하고 신간회의 활동 성과는 지대하다. 신간회운동은 비록 단기적인 면에서 실패한 것처럼 보이지만, 장기적인 면에서 그 정신사적 의미는 성공한 민족운동이다. 무엇보다도 민족사적 과제를 해결하는 데 있어 당위적 진실을 보여 주고 있다는 사실이다. 신냉전체제 속에서 분단 상황에 처해 있는 우리 민족의 현실에서는 상호 배타적이고 적대적인 이념운동이 필요한 것이 아니라 민족적 차원에서 평화적 통일을 지향하는 이념운동이 필요하다.

필자가 신간회에 관심을 갖게 된 것은 선친[평주 이승복(平洲 李昇馥), 1895~1978]이 평소 신간회에 대해 자주 언급하셨기 때문이다. 그는 신간회 강령을 외우고 계신 것은 물론 규약과 회원의 자격 등도 잘 알고 계셨다. 선친은 신간회 설립 과정에서 강령과 규약을 만들 때 벽초 홍명희(碧初 洪命熹, 1888~1968)와 함께 영국 공화당의 정강정책을 참고하면서 강령과 규약을 만들었다고 말씀하셨다.

서울 종로 2가 대관원(중국집) 뒤편의 이갑수의 사랑채를 빌려 강령과 규약을 검토하였다고 한다. 그러던 중 벽초가 평북 정주에 있는 오산학교 교장으로 부임하게 되었고, 벽초와 평주가 서울역에서 작별할 때 벽초는 "내 자식 기문"과 함께 마무리할 것을 부탁하였다. 그러나 '기문'은 협조하지 않았고 『동아일보』와 다른 일을 협의하였다고 한다.

그 당시에는 대체로 강령의 첫머리를 '오등(吾等)', 또는 '아민족(我民族)'으로 시작하였다. 그런데 신간회는 "우리는"이라고 명시함으로써 일제 당국의 허가를 쉽게 얻는 한편, 우리의 문제, 즉 독립과 해방은 우리들 스스로 해결하자는 뜻을 내포한 것이라고 한다.

1970년대 초에 신간회를 연구하는 것은 금기시되었다. 당시는 교수라 할지라도 사회주의 관련 연구는 어려웠고, 전문연구논문집, 학술연구논문집에만 관련 글을 게재할 수 있었다. 그러던 것이 1980년대 초가 되어서야 개론서 수준의 사회주의 계열의 논문이 발표되고 소개되기 시작하였다.

필자는 독립을 위한 선친의 여러 활동 가운데 특히 신간회에 관심을 가지게 되어 1983년 신간회에 관한 연구논문을 썼고 연세대학교 대학원에서 박사학위를 취득하였다. 그 후 학위 논문을 출판하라는 권유가 있었으나 나 자신이 변변치 않다고 판단해 오늘에 이르게 된 것이다. 이제 와 생각해 보니 아쉽기도 하고, 선친에게도 송구한 마음이 있어 염치불구하고 출판을 결심하였다. 늦게나마 아버지 평주 영전에 바치고 싶어 용기를 내었다. 그런 의미에서 선친의 일제 강점기 및 해방 후 활동 관련 기사를 이 책 말미에 부록으로 실어 선친을 비롯한 당시 애국지사들의 독립을 위한 활동을 좀 더 생생히 독자들에게 소개하고자 한다.

끝으로 '코로나바이러스감염증-19'의 유행 상황에서 여러 가지 어려운 여건에도 불구하고 변변치 못한 이 책을 출판해 주신 일조각의 스마트한 김시연 대표님의 배려와 편집 교정에 애쓰신 강영혜 님을 비롯한 관계자 여러 분들께 감사의 말씀을 드립니다.

2023년 2월
이문원

차례

I

서론

개항(開港) 이후 한국 근대사는 일본제국주의의 한국 침략과 이에 맞서는 한국인의 저항으로 점철되어 있다. 강화도사건(1876)을 계기로 시작된 일제의 침략에 당시의 조선 정부는 적절하게 대응하지 못하였다. 이와 같은 상황이었지만 일제의 침략을 저지하려는 민족운동은 계속 성장하였고, 그 방향은 크게 세 가지로 분류할 수 있다. 첫째, 유림층(儒林層)을 중심으로 주자학(朱子學)의 화이론(華夷論)에 입각한 척사위정론(斥邪衛正論)을 주장하는 무리가 있었다. 이들은 유교적 질서를 더욱 공고히 하여 국력을 강화해야 한다고 주장하였는데 이 같은 주장은 의병운동(義兵運動)에 매우 중요한 이념을 제공한다. 둘째, 개화사상(開化思想)에 근거한 일부 지식인들은 외국의 발달된 문명을 수입하여 국력을 배양해야 한다고 주장하였다. 이들 중 급진적인 개화파 인사들이 정권을 잡은 뒤 자신들의 주장을 실천에 옮기려 하였으나, 그들의 계획은 끝내 실패로 돌아가고 말았다. 그중 일부 인사들은 독립협회(獨立協會)·만민공동회(萬民共同會) 운동 등을 통해서 민중의 의식을 각성시키고 국력을 배양하려고 하였다. 셋째, 조선 정부의 가렴주구(苛斂誅求)와 일제의 침략에 대응하여 무력으로 항쟁한 농민들이 있었다. 동학(東學) 조직을 주축으로 한 갑오농민전쟁(甲午農民戰爭)(1894)이 바로 그것이었으나,[1] 조선 정부가 일군(日軍)을 개입시킴으로써 진압되고 말았다. 농민들의 저항은 갑오농민전쟁의 패배로 좌절되었지만 그들의 저항은 명성황후시해사건(明成皇后弑害事件, 을미사변乙未事變) 후의 1차 의병운동과「을사늑약(乙巳勒約)」(1905, 원명은 한일협상조약韓日協商條約, 제2차 한일협약, 이른바 을사조약) 이후의 2차 의병운동에서 더욱 고조되었다.

「을사늑약」체결과 더불어 일제의 한국 점령 의도가 명약관화해지면서 민족운동은 더욱 활기를 띠었다. 농민들은 일제에 의해 강제로 해산된 군인들과 함께 전국 방방곡곡에서 의병운동을 일으켰으나, 장비와 훈련의 부족 등으로 점차 패퇴하여 남선토벌작전(南鮮討伐作戰, 1909) 이후에는 국내에서 의병투쟁이 사라지게 된다. 그중 일부가 장기적인 무력 항쟁을 기약하며 만주(滿洲)로 이동하였다. 한편 독립협회·만민공동회 운동을 계승하여 애국계몽운동(愛國啓蒙運動)을 표방한 개화자강파들은 "실력이 곧 국력이다"라는 기치 아래 국권 회복을 위한 실력배양운동을 전개하였다. 민중의 민족의식을 고취시키기 위해 언론이나 교육에 관심을 두는 한편, 일제의 경제적 압력에서 벗어나기 위해서 국채보상운동(國債報償運動)을 전개하였다. 그러나 일제의 탄압이 조선인의 저항보다 더 강력하였기 때문에 결국 한국은 국권을 빼앗기게 되었다.

한국을 식민지화한 일제는 무단통치(武斷統治)를 통한 탄압과 함께 국토를 강탈하기 위한 조치로 토지조사사업(土地調查事業)을 강행하였다. 이러한 무단통치가 자행되던 시기에 만주에서는 무력 항쟁을 위한 독립운

---

1 姜在彦,『韓國近代史硏究』(한울, 1982), 121~196쪽; 金榮作,『韓末ナショナリズムの硏究』
  (東京: 東京大學出版會, 1975), 180쪽.

동 기지가 건설되었다.

1911년 일제가 「조선교육령(朝鮮敎育令)」을 공포한 이후 식민화교육은 더욱 강화되었다. 그 결과 많은 사립학교들이 폐교된 반면 서당(書堂)은 급증하였다. 서당과 사립학교는 식민화교육에 대항하기 위한 방편으로 민족교육기관의 성격을 지니고 있었다.

이런 가운데 일어난 3·1운동(1919)은 일제의 무단통치에 일격을 가하였다. 이 운동은 선구적인 지식층, 종교계 인사, 학생, 농민 등이 결집하여 전개한 거족적인 민족운동이었다. 일부 친일파를 제외한 전 민족, 즉 일제로부터 토지를 빼앗긴 농민, 가혹하게 수탈당하는 노동자, 선구적인 지식층과 종교계 인사들 모두 일제의 식민화정책에 반대하였다. 3·1운동 이후 상하이(上海)에서는 대한민국임시정부가 수립되었고, 만주에서는 무장투쟁이 활발하게 전개되었다. 국내에서는 농민운동·노동운동의 발전과 함께 사회주의운동이 대두함으로써 각종 사회운동이 전개되었다.

3·1운동으로 구현된 조선민족의 독립 의지에 일제는 무단통치를 지양(止揚)하고, 이른바 '문화정치(文化政治)'를 표방하기 시작하였다. '문화정치'란 한국인을 일본인과 차별하지 않고 한국의 사정에 맞도록 문화적인 통치를 하겠다는 것이었다. 그러나 그 본질은 어디까지나 일제가 내외의 위기 상황에 대처하기 위해 전술적으로 후퇴하지 않을 수 없었던 과도적인 식민지배 방식에 지나지 않았다. 상황이 달라지면 당장 원래의 무단적 파시즘지배로 돌아갈 성질을 지닌 것이었다.[2]

1920년에 「조선회사령(朝鮮會社令)」이 철폐되면서 비록 소수에 국한되지만 민족자본의 축적도 가능하게 되었는데, 일제 기업들의 한국 진출은 더욱 활발해졌다. 산업 발전에 따른 근대적인 산업노동자의 대량 출현은

---

2 姜東鎭, 『日帝의 韓國侵略政策史: 1920년대를 中心으로』(한길사, 1980), 435쪽.

노동운동이 심화·발전하는 데 기여한다.[3] 또한 일제가 한국에서 언론·출판·집회의 자유를 부분적으로 허용함에 따라 민간지(民間紙)가 태동하였고, 수많은 단체들이 합법적으로 결성되기 시작하였다. 1920년 1월『조선일보(朝鮮日報)』·『동아일보(東亞日報)』·『시사신문(時事新聞)』등 이른바 '민간 3지(紙)'의 발행이 허가되었으며, 뒤이어 조선노동공제회(朝鮮勞動共濟會)를 비롯한 많은 단체들이 결성되었다.

사회운동과 더불어 교육운동도 전개되었다. 턱없이 부족한 관공립학교·사립학교의 교육 기능은 3·1운동 이후 더욱 고조된 교육열을 충족시키지 못하였으므로, 이를 보충하기 위해 사설(私設) 학술강습회와 야학회(夜學會) 운동이 일어났고, 정규 학교에서 배울 수 없는 지식을 얻으려는 학생들의 독서회 운동도 전개되었다. 한국인을 위한 고등교육기관이 몇 개의 전문학교가 전부였던 현실에서, 1922년 민립대학설립운동(民立大學設立運動)이 전개되었으나 일제의 방해로 실패하였다.

이렇듯 3·1운동 이후 심화된 각종 사회운동을 기반으로 전개된 민족운동은 질적으로 비약하여 새로운 이념으로 사회주의사상이 민족운동에 나타났고, 이로써 민족운동의 계열은 사회주의운동과 민족주의운동의 양대 산맥으로 나뉘게 되었다.

1920년대 말에 들어서자 노동운동·농민운동은 급격히 증가하였고, 그 결과 민족운동도 점차 고조·확산되었다. 이런 시대적 분위기에서 더욱 강력한 반일(反日) 항쟁을 위해 비타협적(非妥協的) 민족주의 세력[4]과 사회

---

3 姜東鎭,「日帝下의 한국노동운동: 1920~30년대를 중심으로」, 安秉直·朴成壽 외,『韓國近代民族運動史』(돌베개, 1980), 530쪽.

4 1920년대 민족주의 진영은 일대 혼란을 겪게 되었다. 1924년 이광수가『동아일보』에 게재한「민족적 경륜」이란 사설은 일제하의 자치제를 요구하는 내용이었다. 일제하의 자치제란 사실상 민족독립을 포기한 것이었다. 그 결과『동아일보』불매운동이 일어나는 등 이에 반발하는 한국민의 반응은 매우 격렬하였다. 이렇게 한국 민중들이『동아일보』계열을 불신하는 분위기와 함께, 신석우(申錫雨)·안재홍(安在鴻) 등『조선일보』계열과 권

주의 세력이 민족독립이라는 당위적 명제 아래 통합된 것이 신간회(新幹會)였다.

제국주의 국가들이 식민지를 영유할 때 식민지 민족에 대해서 정치적 예속, 경제적 착취, 문화적·정신적 전통과 생활양식의 파괴를 일삼았다. 이런 식민지정책들을 추진하기 위한 전제 조건이 바로 교육으로, 식민지 교육을 통해 피식민 민족의 의식까지 식민화하고자 한 것이다.[5] 일제도 마찬가지였다.

식민지교육의 목적이 '황민화(皇民化)'라면 사학(私學)이나 서당의 교육 목적은 '반(反)황민화', 즉 민족독립이었다. 그러나 조선총독부(朝鮮總督府)의 인가를 받아야만 설치될 수 있었던 제도교육의 기관들이 명시적으로 민족독립을 표명할 수 없었음은 자명하다. 일제의 식민지교육정책 아래에서 명맥을 유지하기 위해서는 사학도, 서당도 식민화교육정책에 따르지 않을 수 없었다.

식민지 시기 제도화된 교육의 이 같은 한계성으로 말미암아 민족적 과제는 사회운동을 통해서 추구될 수밖에 없었다. 국권 회복을 위한 학생운동은 민족의 각성을 촉구하는 계몽운동의 발로였다. 또한 교내 활동을 통해 학생들은 강압적이고 차별적인 일제의 식민정책에 대항하여 동맹휴학(同盟休學)과 같은 단결된 행동으로 민족의식을 고양하였다. 학생운동과

동진(權東鎭) 등 천도교 구파(舊派) 계열이 자치운동을 반대하는 이른바 '비타협적 민족주의'를 주창하였는데, 이들을 '민족주의 좌파'로 지칭한다.

5 식민지 문화정책에 관해서는 다음 자료들을 참고하였다.
M. Carnoy, "Education as Cultural Imperialism", New York: Longman Inc., 1974; P. G. Altbach and G. P. Kelly, "Education and Colonialism", New York: Longman Inc., 1978; P. Faster, "Education and Social Change in Ghana", London: Routledge & Kegan Paul, 1965; R. Cligent, "Damned if you do, Damned if you don't; the Dilemmas of the Colonizer-Colonized Relations", Comparative Education Review Vol. 15. No. 3, October, 1971.

더불어 노동운동·농민운동 등의 사회운동은 민족정신을 일깨움으로써 민족운동을 질적으로 발전시켰다. 범민족적 운동 세력인 신간회가 갖는 교육적 의의도 이런 맥락에서 찾을 수 있다.

그런데 일반적으로 한국교육사 연구는 제도적 교육기관의 역사를 기술하는 데에만 치우쳐, 민족교육적 가치를 내포하고 있는 각종 민족운동에는 거의 관심을 두지 않았다. 그리하여 의도적이었든 비의도적이었든 간에 한국교육사 연구는 일본의 조선 침략을 합리화하는 방향으로 흘러가버리고 말았다. 민족저항사 연구를 통해 식민지 시대의 민족주체성을 찾는 측면에서 한국교육사 연구가 절실히 요청된다.

II
신간회 성립의 사회적 배경

1919년 3·1운동 이후부터 1929년 원산총파업(元山總罷業)사건까지 약 10년간 일제는 조선 통치정책으로 이른바 '문화정치'를 표방하였다. 그러나 그들이 내세운 '문화정치'가 과연 '문화적'이었는지는 극히 의문스럽다.[1]

표면적으로는 정책이 변화되었지만, 실제로는 한민족에 대한 일제의 경제적 수탈은 계속되었다. 일제는 1910년대에 토지조사사업과 「회사령」을 통해서 경제적 착취의 기반을 구축하였다. 1920년대에 들어오면서 산미증식계획(産米增殖計劃)의 시행과 「회사령」의 폐지로 인하여 식민지 경제체제는 더욱 강화되었고, 그 결과 소작농의 수가 증가하였다.

---

1 일제가 1919년 3·1운동 이후 문화정치를 표방하기는 하였지만, 이런 정책은 그들이 이미 계획한 것이었다. 일제의 문화정책에 관해서는 다음 글들을 참조한다.
中塚明, 「日本帝國主義と朝鮮-三·一運動と文化政治」, 『日本史研究』 83(京都: 日本史研究會, 1966); 趙文淵, 「日本帝國主義のいわゆる文化政治の本質」, 『歷史評論』 284(歷史科學協議會, 1971); 姜東鎭, 『日帝의 韓國侵略政策史: 1920년대를 中心으로』(한길사, 1980) 등이 있다.

노동자와 농민들은 노동운동과 소작쟁의를 통해서 자신의 권리를 되찾으려 하였으며, 이런 노력은 사회주의운동으로 조직화되고 심화되어 갔다. 민족자본가와 지주층은 민족주의운동을 전개하였다. 부르주아지가 주도한 민족주의운동은 그 성격상 타협적 민족주의 우파(右派)와 비타협적 민족주의 좌파(左派)로 대별되는데,[2] 민족주의 좌파와 사회·공산주의자들이 민족독립을 성취하기 위하여 연합한 민족협동전선체(民族協同戰線體)가 바로 신간회였다.

1. 일제의 '문화정치'의 본질

3·1운동 이후 일제는 이른바 '문화정치'를 내세우며 조선인을 관리로 임용하고 대우를 개선하는 한편, 언론·집회·출판 등을 일부 허용하였다. 또 교육·산업·교통·위생·사회 등 행정적 배려와 국민 생활의 안정·복리를 기하며, 조선의 문화와 관습을 존중한다는 방침을 세웠다.[3]

일제가 '문화정치'를 표방하게 된 첫 번째 이유는 1910년 국권 강탈 후 한민족의 역량이 부단히 성장했기 때문이었다. 일본 정부나 조선총독부는 이 같은 방침의 전환이 종래부터 의도한 자발적인 것이었으나 3·1운동 때문에 지연되었다고 선전하였다.[4] 하지만 이것은 "소요(騷擾)는 하등

---

2 민족주의는 대체로 자치파(自治派)냐 아니냐에 따라 타협적 민족주의와 비타협적 민족주의로 구분된다. 이런 구분은 이광수(李光洙)의 「민족적 경륜(民族的 經綸)」(『동아일보』, 1924년 1월 2~6일까지 5회 연재된 사설)으로 인해 그 대립이 나타났다. 특히 김성수(金性洙)를 위시한 타협적 민족주의자들은 일제에 협력하지 않고는 독립이 불가능하다고 믿었으므로, 그들의 지위를 보장해 주는 조선총독부와 밀통하고 있었다.
3 宋建鎬, 『韓國現代史論』(韓國神學硏究所出版部, 1979), 67쪽.
4 朝鮮總督府, 『施政二十五年史』(朝鮮總督府, 1935), 315쪽.

의 성과가 없다는 것을 조선인에게 주지시킨다"[5]는 일제의 방침에 따른 허언에 불과하였다. 하라 다카시(原敬)가 수상이 된 후에는 조선총독의 무관제(武官制)를 개선할 것을 고려하였다. 또한 일본의 하원인 중의원(衆議院)에서는 헌병제도를 경찰본위제도(警察本位制度)로 개선할 것을 주장하였다고 한다.[6] 그러나 조선을 통치하는 방식을 개선해야 한다는 의견이 대두된 이유는 무단통치에 대한 조선인의 깊은 반감이 격렬한 저항을 초래하였다는 인식에 있었다. 3·1운동을 통해서 일제는 무단통치의 한계를 깨닫게 되었고, 조선인의 요구에 응하는 것처럼 '문화정치'를 내세웠다.

일제가 '문화정치'를 표방하게 된 두 번째 이유는 일본자본주의의 진행 과정에서 찾을 수 있다. 1910년대는 일제가 식민지를 건설하기 위해 물질적 기반을 닦던 시기였다. 다시 말해서 금융화폐제도의 개혁, 제세제(諸稅制)의 확립, 토지조사사업, 조선인 어장(魚場)의 탈취, 철도·도로·항만의 축조 등을 통해서 일본의 민간 자본이 조선으로 진출할 기반을 마련하던 시기였다.[7] 이런 제반 수탈 정책은 강력한 권력과 폭력을 통해서 수행될 수밖에 없었으므로, '문화정치'는 지배의 기초를 확립하기 위한 수단이었다. 즉 자국에 부족한 식량을 공급하며, 자국의 상품을 소비할 수 있는 시장으로서 조선을 이용했던 기만적인 통치방식이었다.

일제는 '문화정치'를 통해서 조선인의 반감을 완화하고 친일분자를 양산하려 시도하는 한편, 민심을 완화하기 위해서 각 계층을 대상으로 회유책을 강구하였다. 양반·유생 등의 회유책으로「향교재산관리규칙(鄕校財産管理規則)」과「묘지규칙(墓地規則)」을 개정하였다. 관공리(官公吏)의 대

---

5 朝鮮郡參謀部,「騷擾의 原因 및 朝鮮統治에 注意하여야 할 件 및 軍備에 관하여」, 姜德相 編,『現代史資料 26(朝鮮 2): 三·一運動 2』(東京: みすず書房, 1966), 643~656쪽.
6 中塚明,「朝鮮의 民族運動と日本의 朝鮮支配」,『思想』537(東京: 岩波書店, 1969), 328쪽.
7 靑柳綱太郎,『朝鮮獨立騷擾史論』(京城: 朝鮮硏究會, 1921); 細川嘉六,『現代日本文明史: 植民史』第10卷(東京: 東洋經濟新報社出版部, 1941).

우를 개선하고 임용 기회를 확대하였으며, 지주·자산가를 회유하기 위해 「회사령」을 철폐하였다. 중추원(中樞院) 개혁, 지방제도 실시, 종교인·교육자 등에 대한 포교 규칙을 개정하고,[8] 종교 단체의 법인격 인정, 사립학교 규칙 개정[9] 등의 제반 개혁을 단행하였다. 또한 조선총독 무관제의 철폐, 제복 착검의 폐지, 헌병경찰제(憲兵警察制)의 폐지, 「태형령」의 폐지, 은사(恩赦), 언론·출판·집회·결사 등에 대한 탄압 완화, 교육 시설의 확장과 같은 개혁을 단행하였다.

　이 가운데 주요한 사안을 검토해 보면, 제일 먼저 중추원의 개편을 들수 있다. 중추원은 원래 한일병합조약 직후 조선 정부의 친일 현관들에게 사회적 지위를 주기 위해 만든 조선총독의 자문기관이었지만, 일제는 친일 조선인 세력가들을 회유하기보다는 무력화하는 데 주력했기에 중추원이 만들어진 후 한 번도 회의를 개최한 적이 없었다. 그러나 3·1운동 이후 친일 조선인 세력가들이 사상적 동요를 일으켜 일제에 저항·반발하자, 이를 무마·회유하기 위해 중추원 관제를 변경하여 '조선인의 이해에 관계되는 특정 사항에 관해 자문'을 받게 함으로써 친일파들의 정치적 욕구를 다소 충족시켜 주었다. 또한 일제의 조선 지배에 조선인을 참여시킨다는 시정방침을 선전하는 데 활용하고자 하였다.[10]

　다음으로 일제는 한민족이 3·1운동 이후 독립 의식을 버리고 자치주의(自治主義)나 온건한 노선으로 기울어지도록 종래의 종속주의(從屬主義) 대신 '차별 철폐', '일시동인(一視同仁)', '내지연장주의(內地延長主義)'를 내세운 동화주의(同化主義)를 택하였다.[11] 일제가 조선인을 동화시키려는 방침

8　朝鮮總督府, 『施政二十五年史』(朝鮮總督府, 1935), 491쪽.

9　위의 책, 487쪽.

10　齋藤文書, 『騷擾善復策私見』(國史編纂委員會 所藏).

11　朴奎祥, 「植民政策」·「植民政策史」, 『經濟學大辭典』(博英社, 1972), 934~935쪽.

을 내건 이상, 어떤 형태로든 조선인에게 참정(參政)의 가능성을 보여 주기 위해 고안한 것이 지방제도의 개정이었다. 지방의 유력자·유산가들이 부면협의회(府面協議會)·도평의회(道評議會)·학교평의회(學校評議會)[12]를 구성하여 지방행정에 참여하게 되었다. 이 같은 제도의 기능은 실제로 자의에 맡겨졌다. 일제는 이런 개정을 통해서 지방유력자·유산가들의 불평을 무마하고, 이들을 식민지 지배의 지렛대로 삼으려 하였다. 또한 기만적인 자문기관 설치를 통해 자치 또는 참정권 획득을 꿈꾸는 일부 조선인[13]에게 환상을 심어 주고, 나아가서는 민족운동의 방향을 오도하려 하였다.

세 번째로 일제는 조선인 관공리(官公吏)의 임용 확장과 대우 개선책을 일부 시도하였다. 이전까지는 조선인 관공리의 등용은 극히 제한적인 데다 대우도 차별적이었고, 획득한 지위마저도 일인에게 침식당할 위험성을 지니고 있었다.[14] 이런 정책들은 조선인 지식계층의 불평[15]을 무마하고 조선인 관공리의 동요를 막으면서, 젊은 지식인들을 식민지체제 안으로 편입시키기 위한 것이었다. 또한 문화정치를 옹호하고, 수탈을 강화하기 위한 지배기구의 보조 요원 마련을 위한 것이었다.

네 번째로 일제는 교육행정 제도의 개혁을 꾀하였다. 국권 강탈 이후 일제는 1,467교(校) 57,532명에 달했던 사립학교와 학생 수를 822교 43,643명으로 줄이고 약 3만 개에 달했던 서당을 대부분 폐쇄하였다.[16] 이처럼 조선인 교육은 경시되어 왔으므로, 일제는 3·1운동 이후 조선인의 불평을 해소하기 위해서 보통학교의 수업연한(修業年限)을 연장하였다. 또한 고등보통학교(高等普通學校)에 보습과(補習科) 제도를 설치하였다. 그리고

12　朝鮮總督府, 『施政二十五年史』(朝鮮總督府, 1935), 328~329쪽.
13　朝鮮憲兵隊司令部, 『大正八年朝鮮騷擾事狀況』(極東硏究所, 1969), 424쪽.
14　姜德相, 앞의 책, 508쪽.
15　姜德相, 앞의 책, 643~656쪽.
16　宋建鎬, 앞의 책, 26~28쪽에서 재인용.

2면 1교(二面一校) 계획을 추진하여, 1919년 5월 482개였던 공립보통학교가 1922년이 되면 약 900개로 증가한다.[17] 그 외에도 사범학교 신설, 실업교육 및 전문교육을 약간 개선하였고, 1924년 5월에는 「경성제대관제(京城帝大官制)」를 공포하였다.

이와 같은 일련의 교육개혁 조치는 한민족의 항쟁에 부딪힌 일제의 부득이한 선택이었다. 그러나 일제는 이런 개혁을 통해서 체제화된 식민지 관료기술자(官僚技術者)를 만들어 냈으며, 학교교육을 통해서 조선인을 동화시키려고 하였다. 학무국(學務局)의 편수관(編修官)·시학(視學) 등을 대폭 증원시켜 교과서 편찬이나 학교 수업에서의 감독을 한층 강화하였으며, 교육과정을 개정하여 조선 관련 수업 시간도 대폭 줄였다.[18] 고등보통학교에서는 매주 일본어를 7시간, 일본사를 3시간으로 수업 시간을 확대한 반면, 조선어와 한문 수업 시간은 3시간에 불과하였다. 보통학교에서는 매주 일본어 10시간, 일본사 2시간, 일본지리 2시간 수업을 한 반면, 조선어 및 한문은 6시간만 수업을 하였다. 이와 같은 교과과정은 일본인 교장과 시학의 부단한 감시 속에서 강행되었으므로 조선인 학생들은 일본문화의 영향을 받지 않을 수 없게 되었다. 이와 같이 일제는 문화정책을 통해서 조선인을 반(半)일본인으로 만드는 정신 개조 정책을 추구하였던 것이다.

다섯 번째로 일제는 문화정책의 일환으로 언론·집회·출판을 탄압하는 강도를 완화하였다. 사이토 마코토(齋藤實) 총독은 훈시를 통해 "질서 및 공안(公安)의 유지를 해(害)하지 않는 한 민의창달(民意暢達)을 도모하겠다"고 밝혔다.[19] 이에 따라 1920년 1월에는 『조선일보(朝鮮日報)』·『동아일

---

17 田保橋潔, 『朝鮮統治史論稿』(朝鮮史編修會, 1944), 171쪽.
18 宋建鎬, 앞의 책, 72쪽.
19 田保橋潔, 앞의 책, 205쪽.

보(東亞日報)』・『시사신문(時事新聞)』 등 3개 일간지의 발간을 허가하였고, 정치적 집회를 금지하는 특별 규정을 폐지하였다.[20] 이 같은 조치는 조선 민족의 불평을 완화시키기 위해서 표현의 자유를 다소 허용한 것에 불과한 것이었을 뿐, 일제의 통치 기반을 동요시키는 비판과 표현을 완화한 것은 아니었으며, 오히려 부단히 탄압을 지속하였다. 1920년부터 1929년까지 『조선일보』는 차압 처분이 318회, 발행 정지가 4회였으며, 『동아일보』는 차압 처분 288회, 발행 정지 2회였다. 이밖에 『중외일보(中外日報)』・『조선중앙일보(朝鮮中央日報)』와 같은 신문, 『개벽(開闢)』・『신생활(新生活)』과 같은 잡지 등 수많은 출판물들이 탄압받았다.[21] 일제는 1927년 이후 조선청년총동맹(朝鮮靑年總同盟)・조선농민총동맹(朝鮮農民總同盟)・조선노동총동맹(朝鮮勞動總同盟) 등의 합법적 사회단체들의 집회도 계속 금지하였다. 이렇게 일제의 언론・집회・출판에 대한 완화 조치는 명백한 한계 속에 제시된 기만성을 띤 작은 양보에 불과하였다.

여섯 번째로 일제는 산미증식계획을 실시하였다. 정치와 경제는 밀접한 관계가 있으므로, '문화정치'의 본질을 규명하려면 의당 경제적인 측면도 고려해야 한다. 일제는 1910년대에는 토지조사사업을 통해서 식민지 수탈을 위한 경제적 기초를 구축하였고, 1920년대에 들어와서는 자국의 필요에 따라 산미증식계획을 수립하였다. 일제는 조선미(朝鮮米) 수입의 증가를 통해 일본의 식량난을 타개하려고 하였고, 일본 국내의 유휴자본(遊休資本)을 산미증식계획에 투입시킴으로써 일본의 불경기를 해소하는 동시에 한국에 대한 자본 침투를 도모하였다.[22]

조선총독부 당국자들은 기회가 있을 때마다 산미증식계획이 조선 농민

20 井本幾次郎 編, 『朝鮮統治問題論文集』 第一集(京城: 近澤印刷部, 1929), 43쪽.
21 宋建鎬, 앞의 책, 80~81쪽.
22 崔虎鎭, 『(訂正增補) 韓國經濟史』(博英社, 1971), 220쪽.

의 농가 경제 향상과 조선의 산업개발을 위한 것이라고 강조하였지만, 미곡 생산 실적을 살펴보면 이것은 하나의 선전에 불과하였음을 알 수 있다. 계획 실시 전인 1917~1921년의 연평균 생산량은 1,410만 1천 석이었고, 1922~1926년에는 1,450만 1천 석으로 1차 5개년 계획 기간 중의 증가량은 2.8%에 지나지 않았다. 이에 반해 대일이식량(對日移食量)은 219만 석에서 434만 석으로 무려 97.7%가 급증하였다.[23] 조선미(朝鮮米)의 대일 수출량이 2배 가까이 늘어난 것은 증산 때문이 아니라 한국인의 미곡 소비를 잡곡으로 대체시켜 일본의 쌀 수요를 충당한 것이다. 따라서 '문화정책' 아래 시행된 산미증식계획 정책은 한국 경제를 발전시키기 위한 것이 아니라, 자국의 경제적 필요에 따른 제국주의적 이해를 반영한 것이었다.

마지막으로 일제는 표면적으로 민심의 완화를 위한 일련의 유화정책을 펴면서, 실제로는 무단정치시대의 위압기구를 재정비하고 기동성을 발휘하기 위한 정책을 수행해 나갔다. 대표적인 것으로 경찰력의 증강을 들 수 있다. 일제는 3·1운동 이후 급격히 증대하는 조선인의 반일·항일 의식을 무마하기 위해 부득이 헌병제를 일반경찰제로 바꾸는 모험을 감행하였다. 다시 말해서 외면상 위압체제의 완화를 과시한 것이다. 그러나 3·1운동 이후 새로 부임한 사이토 마코토 총독으로서는 거국적인 항일운동이 재발하지 않도록 치안 유지를 하는 것이 가장 중요한 과제였다. 그는 경찰병력을 대폭 증강시켜 항일민족운동을 탄압하는 데 전념하였으며, 조선 지배를 공고히 하는 군사적 임무도 강화하였다. 1923년 말에는 순사 1인당 경비 부담 면적, 호수(戶數)·인구를 개정하였다. 전과 비교해 보면,

---

23 朝鮮總督府, 「朝鮮米穀要覽」, 『統計年報』(1934); 朱宗桓, 『農業經濟學研究』(東國大學校 出版部, 1974); 矢內原忠雄, 「朝鮮産米增殖計劃에 대하여」, 『農業經濟』2-1(1926); 河合 和男, 「朝鮮〈産米增殖計劃〉과 植民地農業의 展開」, 朝鮮史叢編輯委員會, 『朝鮮史叢』2(東 京: 靑丘文庫, 1979).

개정 전에는 헌병을 경찰에 포함시켜 1인당 1.08방리(方里), 242호(戶), 1,295인(人)을 담당했으나 1923년에는 각각 0.71방리, 169호, 919인으로 변경되었다.[24] 이 외에 헌병과 군대도 강화하여 유사시 항상 출동할 수 있는 태세를 취하였다.[25] 또한 조선총독·경무국장(警務局長)·도경찰국장(道警察局長)과 각 부군(府郡)경찰서장 등에게 주어진 풍부한 기밀비로 포섭한 사양(私養)·공양(公養)의 밀정과 주구, 형사 앞잡이, 순사 앞잡이는 공식적인 경찰 숫자의 몇 배에 달하였다.[26] 이러한 경찰기구의 양적인 확대와 더불어 1919년 8월 경찰강습소를 신설하고 경부(警部) 이하의 경찰관을 수시로 소집·교육함으로써 그 질적 강화도 꾀하였다.

일제의 무단통치에 민족주의 운동가들은 전 민족적 힘을 규합하여 3·1운동으로 항거했지만 일제의 무력 탄압으로 좌절되었다. 이후 3·1운동의 지도적 구실을 했던 우파 민족주의 진영의 일부가 일제와 타협하는 움직임을 보임으로써 민족운동 진영은 여러 방향으로 분열되었다. 타협론자들은 일제의 강력한 국력을 감안할 때 즉각 독립할 수가 없으므로 민족의 실력을 양성한 뒤에 독립을 해야 한다고 주장하였다. 실력 양성의 핵심 내용이 되는 것은 민족산업의 발달과 교육의 진흥이었는데, 이것은 '문화정치'가 일련의 민심완화책으로 내놓은 언론·집회·결사의 탄압 완화, 교육시설의 확장, 「회사령」의 철폐에 힘입은 것이라 할 수 있다.

실력양성론자·자치론자들의 사회·경제적 배경은 지주 또는 상민(商民) 출신의 민족자본가층이었다. 그들은 일본의 대자본에 밀려 자신들의 입지가 상대적으로 약화되는 것 때문에 식민지 권력과 갈등관계에 있었으나, 식민지 권력의 비호 아래 여러 구시대적 특권을 누리게 되면서 결국

---

24 中塚明, 앞의 논문, 41쪽.
25 中塚明, 앞의 논문, 42쪽.
26 文定昌, 『(軍國日本) 朝鮮占領三十六年史』上(柏文堂, 1965), 298쪽.

일제의 조선 지배가 자신들의 존립 기반이 되는 묘한 상황에 부딪는다.[27] 이런 우파 민족주의 진영은 즉각적인 완전독립이 아닌 자치론을 주장하는 친일적 운동으로 기울었고, 이는 '문화정치'라는 일제의 회유정책에 부합되어 민족운동의 분열로 귀결되었다.

'문화정치'란 일한병합 이후 지속되어 온 일제의 무단통치에 대한 조선인의 강력한 저항을 계기로 나타난 것이었으며, 고도화된 회유와 기만적인 식민정책이었다. '문화정치'라는 미명 아래 행해진 모든 정책, 즉 중추원의 개편, 지방제도의 개선, 조선인 관공리의 임용과 대우 개선, 교육행정의 개선, 언론·집회·출판의 탄압 완화 조치 등은 선전적 또는 전시 효과적인 성격을 띤 것이었다. 또한 불평·불만에 대한 회유적 성격이 강한 것이었다. 특히 교육시설의 확충을 통한 동화교육은 민족독립사상과 민족문화의 왜곡 내지는 말살을 기도하기 위한 것이었다. 그것은 표면적으로는 조선 내에 팽배한 불평을 완화하는 유화책이었지만, 내면적으로는 경찰력의 증강이 뒷받침된 위압책이었다. 더욱이 그것은 조선의 민족운동 노선의 분열을 조장한 정책이었다. 결과적으로 '문화정치'는 조선의 완전하고 즉각적인 독립을 위한 운동을 말살시키기 위해 의도적으로 실력양성과 자치론을 내세운 기만적 성격을 띤 식민통치정책이었다.

---

27 宋建鎬, 앞의 책, 86~87쪽.

2. 민족운동의 전개 과정

(1) 민족주의운동의 양상

3·1운동 시기까지 민족독립투쟁을 주도해 왔던 민족주의운동[28]이 1920 년대에는 어떠한 방향으로 나아가려고 했는가 하는 것은 중요한 문제이다. 특히 민족독립투쟁에서 수행한 역할을 이해하려면 사회주의운동·노동운동 등과 관련하여 민족독립투쟁의 성격과 의의를 밝힐 필요가 있다.

1920년대 전반의 한국민족주의운동은 조선물산장려운동(朝鮮物産獎勵運動)과 민립대학설립운동(民立大學設立運動)으로 대표된다. 조선인이 생산한 물품을 구매·애용하자는 조선물산장려운동과 조선인의 힘과 자금으로 조선인을 위한 고등교육기관을 만들려는 민립대학설립운동은 1900 년대의 애국계몽운동기(愛國啓蒙運動期)의 각종 학회와 신민회(新民會) 등이 주도한 식산흥업(殖産興業)과 교육구국운동을 이념적으로 계승한 민족주의운동으로 볼 수 있다. 일제의 조선 침략 과정에서 조선인들의 민족

---

28 민족주의는 "한 민족이 중심이 되어 어떠한 정치적·경제적 종속 상태를 벗어나기 위해 이데올로기적으로 무장된 이념"이라고 정의할 수 있다. 이런 정의 속에는 다분히 배타적이고 저항적인 의미가 함축되었으나, 식민지 상태에서 한국의 민족주의가 지향해야 했던 것은 이념의 배타적인 속성에도 불구하고 저항의 의미가 가미되어야 하였다. 여기에서 민족주의가 갖는 이데올로기적 속성은 다분히 부르주아 지향적인 현실 기득권 인정으로 말미암은 이념의 한계가 지적될 수 있다. 즉 저항의 본질적이고 극단적인 형태가 아닌, 다소 수정된 형태이다. 식민지 상태에서 민족주의는 그 이데올로기적 한계에도 불구하고, 일제에 저항하는 이념이라는 점에서 사회주의 및 각종 민족운동과 그 맥을 같이한다.

陳德奎, 「韓國政治社會의 權力構造에 關한 硏究: 엘리트流動性과 이데올로기 聯關性의 分析」(연세대학교 대학원 박사학위논문, 1977); Carlton J. H. Hayes, "Essays on Nationalism", New York: John Wiley, 1972; Hans Kohn, "The Idea of Nationalism: A Study in Its Origins and Background", New York: Macmillan, 1963; E. H. Carr, "Nationalism and the after", London: Macmillan, 1945; 陳德奎, 『現代民族主義의 이론 구조』(知識産業社, 1983); 宋建鎬·姜萬吉 편, 『韓國民族主義論』(創作과 批評社, 1982); 白樂晴 편, 『民族主義란 무엇인가』(創作과 批評社, 1981).

운동이 항일운동으로 구체화된 것은 1910년 국권 피탈 직전이었다. 특히 「을사늑약」 이후의 민족운동 과제는 형태의 차이는 있지만, 항일적인 내용과 밀접한 관계가 있었다.

이 시기의 민족운동은 크게 애국계몽운동과 의병운동(義兵運動)으로 나눌 수 있다. 애국계몽운동은 개화사상(開化思想)을 받아들인 젊은 지식층이 주도하였던 운동으로, 일제의 침략을 무력으로 저지하자는 것이라기보다는 실력을 갖춰 일제에 대항하자는 것이었다. 구체적으로 교육구국운동과 국채보상운동(國債報償運動) 등 근대화 정책으로 일관된다. 당시의 상황에서 애국계몽사상은 여러 가지 부분적 결함과 제약성이 있었으나 원칙적인 면에서는 시대 정세에 부합된 사상이었다.[29] 이에 비해 의병운동은 일제의 침략에 대해 정면으로 맞서 무력 등으로 대항하자는 적극적인 항일운동으로 「한일신협약(韓日新協約)」[정미7조약(丁未7條約)] 이후 그 기세가 최고조에 달하였다. 의병운동의 주류는 농민 계층이었으며 사상적 기반은 존왕(尊王)·반일사상이며, 실천적인 면에서는 반봉건(反封建)사상을 엿볼 수 있다.

이 같은 민족운동은 국권 피탈 이후 시대 상황에 따라 양상이 달라졌다. 표면적으로 두드러지지 않았던 민족운동의 축적된 힘이 3·1운동으로 체현되었다. 그 뒤 일제의 이른바 '문화정치'에 따라 일부 운동은 합법화의 경향으로 흘렀고, 이 가운데 많은 논란을 야기한 것이 조선물산장려운동과 민립대학설립운동이었다.

"조선사람은 조선 것과 조선사람이 만든 것을 먹고 입고 쓰자"[30]는 조선물산장려운동에 대해 조기준은 이 운동이 단순히 일본 상품 배척 운동이

---

29 安秉直,「19世紀末과 20世紀初의 社會經濟와 民族運動」, 安秉直·慎鏞廈 외,『變革時代의 韓國史: 開港부터 4·19까지』(東平社, 1978), 147~148쪽.
30 『東亞日報』, 1922. 12. 1·13.

아니라 민족기업의 설립을 촉진하려는 민족운동의 일환이라고 그 성격을 부여하였다.[31] 이 운동의 이념은 민족자본의 육성을 기초로 자본주의적 발전에 기초한 경제적·정치적 독립을 달성하자는 것이었다. 그러나 식민지 아래에서 민족자본의 육성이 가능한 일이겠는가?

당시 조선물산장려운동에 대한 좌파 청년들의 공격을 간추려 보면 다음과 같다. 첫 번째는 조선물산장려운동을 아무리 떠들어 보았자 정치적 권력을 갖지 못한 식민지 치하에서 민족기업의 육성이란 불가능한 일이 아닌가, 그러니 이것은 호사가(好事家)인 몇몇 부르주아지들(bourgeoisie)이 주출(做出)해 낸 장난에 불과하다는 것이다. 두 번째는 백 보 양보하여 이 운동으로 인하여 조선의 산업이 다소 발달한다 해도 그것은 결국 조선인 중 자본가에게 그 이윤 전부를 약탈당하게 되는 것이니, 무산대중(無産大衆)에게는 외국인 자본가에게 착취당하는 것이나 무엇이 다를 것인가라는 것이다. 세 번째는 결국 이 운동은 인텔리겐치아(intelligentsia)가 유산계급을 옹호하고, 무산자의 혁명의식을 약화시키려는 의도라고 밖에 볼 수 없다는 것이었다.[32]

이처럼 조선물산장려운동은 반대론자들에게 지극히 순수한 부르주아 민족주의운동으로 규정됨으로써 아주 짧은 기간에 끝나버리고 말았다. 그 이유는 첫째, 강화된 식민지배 아래에서 민족자본이 억압되고 있었다는 점, 둘째, 민족자본이 존속하고 성장하기 위해서는 일본자본주의에 종속될 수밖에 없다는 정치·경제적 여건 때문이라고 볼 수 있다. 그러나 보다 큰 이유는 이런 발전 이념으로는 민중의 절실한 생활상 요구에 부응할

---

31 趙璣濬,「朝鮮物産獎勵運動의 展開過程과 그 歷史的 性格」, 尹炳奭·慎鏞廈·安秉直 편, 『韓國近代史論』Ⅲ(知識産業社, 1977), 83쪽.
32 趙璣濬, 위의 논문, 83쪽.

수 없었기 때문이라고 생각된다.[33]

무엇보다도 조선물산장려운동은 당시 민족운동계에 커다란 파문을 던졌다. 이 사건은 최초로 사회주의자와 민족주의자 간에 논쟁의 불씨를 안겨주었고,[34] 당시 노동운동이나 농민운동의 거센 흐름을 탄 사회주의자들의 반론은 민족주의자 주도의 민족운동에 쐐기를 박았다.

다음으로는 민립대학설립운동에 관한 논의이다. 1926년 일제는「조선교육령(朝鮮敎育令)」을 통해 조선인의 교육 수준을 중등교육 정도에 묶어 버렸다. 그 이유는 여러 가지로 설명되지만, 가장 중요한 이유는 조선인을 그들의 식민통치에 융화될 정도로만 교육시킨다는 방침 때문이었다.[35] 그러나 당시 조선인은 실력 양성이란 명제의 교육구국운동의 영향으로 교육열이 매우 고조되어 있었다. 따라서 민족주의자들도 철저한 조선인 본위의 교육을 주장하면서 교육의 기회 균등, 차별 대우의 폐지, 교육용어의 일본어 폐지, 한국사(韓國史)의 교수(敎授) 등을 강력하게 요구하였다.[36]

이와 같은 시대적 분위기 속에서 1920년 6월 23일 한규설(韓圭卨)·이상재(李商在)·윤치호(尹致昊) 등 민족운동가 100여 명이 조선교육회 설립발기회(朝鮮敎育會 設立發起會)를 개최하고[37] 최초로 민립대학 설립을 결의하였다. 『동아일보』가 중심이 되어 벌인 민립대학설립운동은 관립경성제국대학(官立京城帝國大學)의 설치로 막을 내렸다.

민립대학설립운동은 민족주의 진영의 단결을 공고히 해 주었다. 또한

33 水野直樹,「민족독립투쟁사」, 조선사연구회 편, 조성을·염인호 역, 『새로운 韓國史入門』(돌베개, 1983), 320~321쪽.

34 水野直樹,「新幹會運動に關する若干の問題」, 『朝鮮史硏究會論文集』 No.14(朝鮮史硏究會, 1977), 87쪽.

35 世界敎育史硏究會 編, 『朝鮮敎育史』(東京: 講談社, 1975), 373~389쪽.

36 趙芝薰,「韓國民族運動史」, 高麗大學校民族文化硏究所 편, 『韓國文化史大系(民族·國家史)』 I(高大民族文化硏究所 出版部, 1964), 558~560쪽.

37 『東亞日報』, 1920. 6. 23·27·28.

교육운동으로 민족독립운동의 지표를 제시함으로써 교육운동이 곧 민족운동이라는 선례를 남겼고, 그 결과 일제의 교육정책에도 영향을 주어 경성제국대학이 설립되었다.[38]

　그러나 당시 민족경제가 극빈한 상태에서 민족주의자들의 이 같은 요구는 민중들의 귀에 와 닿지 않았다. 민중들에게는 자신들이 처한 역사적 상황 속에서 성실하게 생존 투쟁을 벌이는 것이 곧 항일독립운동이었기 때문이다. 결국 1920년대 전반부의 민족주의운동의 이념적 변용은 물산장려운동을 통하여 관념적 허상을 명백히 노출시켰으며, 민립대학운동을 통하여 비현실적 성격을 폭로시킨 셈이었다.[39]

　한편 이렇게 대중 동원을 꾀한 운동 외에 이 시기 민족주의운동의 중요한 형태로 언론과 출판 활동을 들 수 있다. 『동아일보』·『조선일보』·『시사신문』 등 민족 언론지가 태동하였고 각종 문예지가 발간되었으나, 이런 문화운동은 양면성을 내포하였다. 대중을 의식화한다는 긍정적 측면이 있지만 다분히 계몽적인 수준을 넘지 못하였기 때문에 대중들의 투쟁 정신을 약화시키는 부정적 측면도 지녔다. 최민지는 이를 다음과 같이 지적하였다.

　문화정치가 노린 것은 실력 양성, 산업 개발, 교육 진흥 등 조건적 사실을 부각시켜 표면에 내세우고, '독립'이라는 근거적 사실은 의도적으로 후면(後面)에 놓음으로써 본말을 전도하였지만, 이 시기 실력양성주의자들은 이것을 꿰뚫지 못하고 단지 심벌 구호에만 현혹되어 이 본말 전도된 심벌을 대의명분으로 내세워 적극적이고 투쟁적인 무장(武裝) 레지스탕스의 의의를 감소, 약화시

38 車錫基, 『韓國民族主義敎育의 硏究: 歷史的 認識을 中心으로』(進明文化社, 1976), 275쪽.
39 宋建鎬, 앞의 책, 71~74쪽.

키는 오류에 빠져들었던 것이다.[40]

그 결과 1920년대의 민족주의운동은 일제의 '문화정치'의 본질을 구조적으로 꿰뚫지 못함으로써 타협주의(妥協主義)라는 비판을 받게 되었고, 이광수가 집필한 「민족적 경륜(民族的 經綸)」[41]은 민족주의자들을 분열시키는 계기로 작동하였다. 이렇게 민족주의 진영이 좌충우돌하는 현실에서 『동아일보』 계열의 김성수(金性洙)를 중심으로 한 연정회(研政會) 모임이 이어지지 못하게 되자, 비타협적 민족주의자와 사회주의자들이 정우회(正友會) 사건을 계기로 제휴하게 된 것이 신간회였다.

(2) 사회주의운동의 양상

민족주의 진영에서는 민중의 대중 동원이 불가능하게 된 것에 반해 사회주의자들은 운동 지도층 간의 갈등이 계속 반복되는 상황에서도 끊임없이 대중문화와 맥을 같이하고 있었다. 3·1운동 전후부터 국외 한국인에게서 시작된 사회주의운동은 1920년대 초에 국내에도 들어와 사상 연구 서클의 형태를 취하면서, 점차로 노동운동·농민운동 등 대중운동과 결합하였고 각종 사상단체도 난무하였다(표 1 참조).[42]

1920년 1월 도쿄(東京)에서 창립된 사회주의 학생 단체인 조선고학생동우회(朝鮮苦學生同友會)는 『조선일보』를 통해 「동우회선언(同友會宣言)」을 발표하였는데, 내용은 다음과 같다.

---

40 崔民之·金民珠, 『日帝下 民族言論史論』(日月書閣, 1978), 37쪽.
41 『東亞日報』, 1924. 1. 2·3·4·5·6. 사설.
42 李均永, 「新幹會의 創立에 대하여」, 『韓國史研究』 37(韓國史研究會, 1982)[李均永, 「新幹會에 대하여: 그 背景과 創立을 中心으로」(한양대학교 대학원 석사학위논문, 1982) 의 改稿].

〈표 1〉 1920년대 주요 사상·청년단체 계보

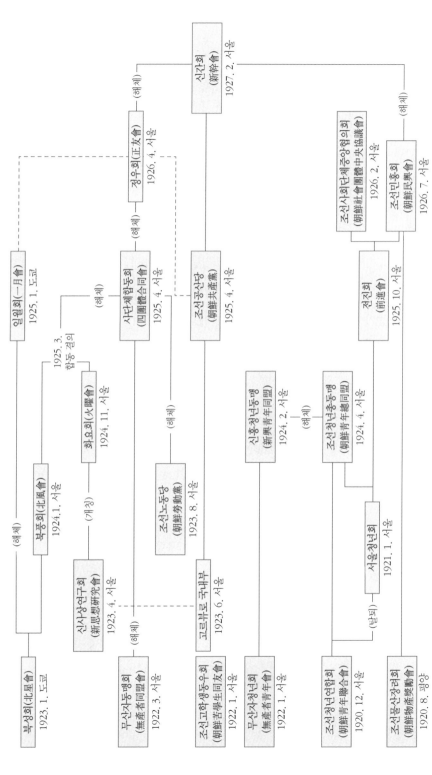

* □ 안의 단체명·숫자와 지명은 그 단체의 창립일과 창립 장소, ━은 경유, ---는 주도적 인물이 동일한 경우이다.

신간회(新幹會) 1927. 2. 서울

정우회(正友會) 1926. 4. 서울 (해체)

일월회(一月會) 1925. 1. 도쿄

북성회(北星會) 1923. 1. 도쿄

북풍회(北風會) 1924. 1. 서울 (해체)

1925. 3. 합동 결의

화요회(火曜會) 1924. 11. 서울

신사상연구회(新思想研究會) 1923. 4. 서울 (개칭)

사단체합동회(四團體合同會) 1925. 4. 서울 (해체)

조선공산당(朝鮮共産黨) 1925. 4. 서울

조선노동당(朝鮮勞動黨) 1923. 8. 서울 (해체)

코르뷰로 국내부 1923. 6. 서울

무산자동맹회(無産者同盟會) 1922. 3. 서울

조선고학생동우회(朝鮮苦學生同友會) 1922. 1. 서울 (해체)

무산자청년회(無産者靑年會) 1922. 1. 서울

조선사회단체중앙협의회(朝鮮社會團體中央協議會) 1926. 2. 서울

조선민흥회(朝鮮民興會) 1926. 7. 서울 (해체)

전진회(前進會) 1925. 10. 서울

신흥청년동맹(新興靑年同盟) 1924. 2. 서울 (해체)

조선청년총동맹(朝鮮靑年總同盟) 1924. 4. 서울

서울청년회 1921. 1. 서울 (탈퇴)

조선청년회연합회(朝鮮靑年會聯合會) 1920. 12. 서울

조선물산장려회(朝鮮物産獎勵會) 1920. 8. 평양

우리 동우회는 일본의 주요 사상단체와 제휴하여 노동대학(勞動大學)의 설립, 잡지 『동우』의 발행 등으로 노동운동을 전개할 것이며 이제는 고학생 및 노동자의 구제기관임을 버리고 계급투쟁의 직접적 기관임을 선언한다.[43]

여기에서 동우회는 계급투쟁의 수단으로 노동운동을 전개할 것을 구체적 행동 지침으로 정하였음을 알 수 있다. 이것은 3·1운동 이후 활발하게 전개된 노동쟁의의 조직적 운용을 암시한 것이었다. 1920년 2월 11일에 박중화(朴重華)를 중심으로 경성에서 조선노동공제회(朝鮮勞動共濟會) 결성 준비 대회를 가졌고, 같은 해 4월 3일에 조선노동공제회를 결성하였다. 초기에 지식인 중심의 개량적 단체였던 이 단체는 이후 노동자 회원 수가 증가함에 따라 점차 투쟁적인 단체로 변모하여 노동자 중심의 단체를 요구하기에 이르렀다.[44] 이 같은 아래로부터의 요구에 직면한 조선노동공제회는 해체한 뒤 윤덕병(尹德炳)을 중심으로 조선노동연맹회(朝鮮勞動聯盟會)를 조직하였고, 이후 이 단체는 1924년 4월 서울청년회와 연합하여 조선노농총동맹(朝鮮勞農總同盟)으로 발전하였다.

서울청년회는 전조선청년당(全朝鮮青年黨)이 주도하였는데, 이 단체는 1923년 3월 24일부터 30일까지 서울에서 전조선청년당대회를 개최하고, 다음 3개 항을 결의하였다.

(1) 주의·사상이 동일한 자는 동일 민족으로 간주할 것

(2) 민족 자결은 오늘날 무용이다. 무산 계급의 해방을 제1차적 급무로 한다.

(3) 민족 차별을 철폐하고 계급 타파에 분투한다.[45]

---

43 『朝鮮日報』, 1922. 2. 4.
44 金潤煥·金洛中, 『韓國勞動運動史』(一潮閣, 1970), 36~37쪽.
45 金俊燁·金昌順, 『韓國共産主義運動史』 2(高麗大學校出版部, 1969), 117~120쪽.

조선청년총동맹은 노동운동이 계급 타파를 목적으로 한 사회주의운동임을 명백히 하면서, 이 운동이 대중운동의 성격을 띠어야 한다는 점을 분명히 하였다. 조선청년총동맹의 대중운동적 성격은 다음 북풍회(北風會) 강령에도 나타나고 있다.

(1) 사회운동은 대중의 실제적 요구에 응하여야 한다.

(2) 우리는 계급관계를 무시한 단순한 민족운동은 부인하지만 조선 현하에 있어서 민족운동도 또한 피치 못할 현실에서 발생한 것인 이상 우리는 사회운동과 민족운동의 병행에 대한 시간적 협동을 기함.[46]

사회주의운동이 대중 지향적으로 나아감에 따라 조선노동연맹회도 점차 노동운동의 계급투쟁적 성격을 띠게 되었다. 본회의 선언문에는 다음과 같은 구절이 있다.

아, 해방의 시대가 되도다. 노동자도 자유민이 되리로다. 만국(萬國)의 노동자는 이에 분기하여 신사회(新社會) 건설의 역군들이 되어 혹은 투쟁을 계속하고 혹은 개선을 노래하는데, 다만 조선의 노동자는 현사회의 질곡에서 초탈(超脫)치 못할까. 아니다. 우리 조선의 노동자도 세계에 향하여 여사(如斯)히 선언하노라. 조선의 노동자도 자유와 평등과 평화를 위하여 만국의 노동자와 단결하여 분투코자 하노라.[47]

실제로 조선노동연맹회가 주도한 노동쟁의가 그 이전의 단체가 주도한 것보다 훨씬 많았으며, 구호도 계급투쟁의 성격을 띤 것이 많았다. 조선노

---

46 『東亞日報』, 1924. 11. 29.
47 『東亞日報』, 1922. 10. 21.

동연맹회는 이후의 노동운동에 긍정적인 역할을 담당하였으나, 사회주의 계열의 분파주의(分派主義)는 노동자 조직 운동에도 영향을 미쳤고 노동운동 단체의 주도권을 둘러싼 쟁탈전이 벌어졌다. 이로 말미암아 지회(支會)가 중앙본부를 불신임하는 태도가 날로 노골화함에 따라, 대중의 요구에 의해 결성되었던 조선노동연맹회는 1924년 4월 17일 조선노농총동맹에 통폐합되었다. 이후 조선노농총동맹도 분리되어 1927년 9월 7일 조선노동총동맹과 조선농민총동맹이 결성되었다.[48]

1920년대의 사회주의운동의 중심 세력은 항상 민중 지향적이었으므로, 이 시기 노동·농민운동과 사회주의운동은 불가분의 관계를 맺고 있었다. 노동·농민운동과 사회주의운동의 지향점은 일치하였지만 때로는 갈등을 야기하기도 하였다. 특히 계속되는 조선공산당(朝鮮共産黨) 검거 사건[49]으로 인해 노동운동의 주체인 대중들은 이런 혼란과 상관없이 생존 투쟁을 지속하였다. 이로 인해 조직적인 노동운동으로 발전하는 데에는 큰 제약을 받게 되었지만 민족독립운동으로서의 민중의 생존 투쟁은 높게 평가해야 한다. 김윤환에 따르면, 1920년대의 노동운동은 계급운동으로만 취급될 수 없으며, 사실상 1920년대 초기의 노동운동은 민중의 궁핍에 대한 생존권 요구와 항일의식이 혼합되어 나타난 운동이었다.[50]

사회주의는 노동운동·농민운동에만 영향을 준 것이 아니고 학생운동

---

48 『東亞日報』, 1927. 9. 8.
49 사회주의와 공산주의의 구분은 코민테른과의 연결 성격에 따라 이루어지는 것이 일반적이다. 조선공산당은 1925년 4월에 창립되었다. 김약수(金若水)가 체포됨에 따라 1차로 공산당 검거 사건이 발생하였다. 보통 제1차 조선공산당(1925. 4.~1925. 11.), 제2차 조선공산당(1925. 12.~1926. 6.), 제3차 조선공산당(1926. 12.~1928. 2. 2.), 제4차 조선공산당(1928. 2.~1928. 7.) 등 4차에 걸친 공산당 검거로 인해 조직적인 대중 혁명 운동은 전개하지 못하였으나, 1930년 이후는 적색노조(赤色勞組) 활동을 비롯한 현장 조직에 착수하게 되었다(宋建鎬, 앞의 책, 136~143쪽).
50 金潤煥·金洛中, 앞의 책 참조.

에도 많은 영향을 주었다. 1926년 6월 10일에 일어난 6·10만세운동은 사회주의 진영의 학생들이 주도한 사건이었다. 당시 많은 학생들이 민족해방운동으로 사회주의운동에 동참하였고 학생 지하서클도 상당히 많았다.[51] 학생들은 민족의 독립뿐 아니라 학내 문제에 대해서도 투쟁함에 따라 일제의 제도교육을 비판하는 각종 동맹휴학(同盟休學)을 지속해서 전개하였다.

1930년대에 민족주의 지도자들이 조직적인 움직임 없이 침묵하고 있을 때, 각지에서 전개된 적색(赤色)노동조합·적색농민조합을 비롯한 각종 농민운동·노동운동 및 조선공산당 재건운동 등 다양한 노선의 사회주의운동이 민족독립투쟁의 주체로 떠올랐다. 비합법적인 활동이라는 한계 속에서 사회주의운동은 극히 고립되어 분산적으로 펼쳐질 수밖에 없어 민족독립투쟁에서 전체의 주도권을 장악했다고 말하기는 어렵지만, 1920·30년대 민중 동원에서 성공한 민족운동이었음은 부정할 수 없다.

---

51 사회주의 학생단체의 효시인 공학회(共學會) 및 조선학생사회과학연구회(朝鮮學生社會科學研究會) 등 각종 학생 서클이 있었고, 이에 관여한 학생들이 1920년대의 학생운동을 이끌었다. 신간회 특별부인 학생부 학생들은 상당수가 사회주의의 영향을 받았으리라고 추측되며, 그 결과 1929년 광주학생운동을 지휘하였다.

III
신간회의 변화와 성격

1. 신간회의 창립과 변모 과정

3·1운동 이후 조선 내에서는 사회주의사상이 파급되어 각종 사상단체가 생겨나면서 노동운동과 농민운동 등 각종 사회운동이 활기를 띠게 되었다. 이에 따라 노동대중과 사회주의자들이 점차 민족해방운동의 주체로 부각되었다. 한편 3·1운동이 일어나기까지 민족해방운동의 지도 세력이었던 부르주아 민족주의자들도 1920년대에는 새로운 운동의 방향을 모색하였다.

민족주의 계열의 신석우(申錫雨)·김성수(金性洙)·송진우(宋鎭禹)·최린(崔麟) 등은 1923년 가을 김성수 집에 모여 민족운동을 추진할 단체의 조직에 관해서 협의하였다.

『동아일보』는 그 내용을 사설란에「민족적 경륜(民族的 經綸)」이라는 제목으로 게재하였다. 이 사설은 1924년 1월 1일부터 6일까지 5회에 걸쳐서 연재되었는데, "민족의 단결"을 도모하려면 "민족청년(民族靑年)의 대계(大計)를 확립"해야 한다는 것이 사설의 요지였다. 이 사설은 조선 내에서 허용되는 범위 내에서의 (1) 정치적 결사, (2) 산업적 결사, (3) 교육적 결사의 조직 등 구체적인 방안을 제시하였는데, 자치운동으로의 전환을 전제하는 것으로 개량주의적 방향의 운동을 추진한다는 선언이었다.

다시 말해서 「민족적 경륜」은 자치론의 출발점이었다. 이 같은 방침에 따라 1924년 1월경 최린·김성수·송진우·신석우·안재홍(安在鴻)·이승훈(李昇薰)·서상일(徐相日)·조만식(曺晩植) 등 16~17명이 모여 연정회(硏政會) 조직을 결의하였다. 그러나 「민족적 경륜」에 제시된 개량주의 노선에 대한 반발[1]이 너무도 컸기 때문에 단체를 조직할 수 없었다. 김성수 계열의 민족주의자들은 일제와의 일정한 대수(對手)·협력 관계 속에서 정치·산업·교육운동을 모색하고, 나아가서는 자치운동까지도 구상하면서, 일제가 허락하는 범위 내에서 정치·산업·교육 등 실력을 양성하고 먼 앞날의 독립을 기(期)하자고 주장하였다. 그러나 이 같은 타협적 민족주의운동이 자주적 독립을 보장할 수 없음은 식민정책의 원리상 분명하였다. 이 점이 김성수 계열의 민족주의가 비타협적인 민족주의와 다른 점이었고, 또한 한계였으므로[2] 이 운동은 무산되었다.[3]

「민족적 경륜」이 발표된 뒤, 민족주의자들은 일제의 권력에 굴복하거나 타협적인 자세를 취한 민족주의 우파와 비타협적 태도를 취한 민족주

---

1 자치운동으로의 전환은 일부 온건한 민족주의자들에게는 환영을 받았으나, 사회주의자들은 물론 강경한 민족주의자와 일본 유학생들의 반대에 부딪히게 되었다. 자치운동은 절대 독립을 획득해야 된다는 민중들의 신념에도 배치되었으므로, 이에 대한 반대는 마침내 『동아일보』 불매운동으로까지 확대되었다.

2 金容燮, 「韓末 日帝下의 地主制―事例4: 古阜金氏家의 地主經營과 資本轉換」, 『韓國史硏究』 19(韓國史硏究會, 1978), 135쪽.

3 宋建鎬, 「新幹會運動」, 尹炳奭·愼鏞廈·安秉直 편, 『韓國近代史論』 II(知識産業社, 1977), 140쪽 참조.

좌파의 두 갈래로 나뉘었다.[4] 민족주의 좌파는 민족협동전선의 방향으로 민족주의운동을 이끌었던 비타협파로 다음과 같은 견해를 지녔던 민족주의자들이었다. 첫째, 자치운동을 반대하였다. 둘째, 사회주의 운동가와 마찬가지로 민족해방을 계급해방의 1단계 과정으로 취급하였다. 셋째, 노동운동·농민운동·학생운동을 단순히 계급운동으로 간주하지 않고 그 필요성을 인정하였다.[5]

『조선일보』는 사설에서 자치운동을 계속 비판하였다. 1926년 12월 17일 자의 사설 「조선 금후(今後)의 정치적 추세」에서는 "통치군(統治群)의 양해 혹은 종용하(從慂下)에 시작되고 있던 까닭에 이 같은 관제적 타협운동이 생겨난다고 한다면, 그 출발점부터 거의 가망이 없는 것이고 그 전도는 한층 불신임을 받게 될 것이다"라고 자치운동을 비판하였다. 또한 "조선의 경제 사정은 조선인을 대다수로 해서 점차 비타협적인 경향을 촉성해야 할 뿐이다", "비타협적 민족운동은 … 멀지 않은 장래에 향응을 받게 될 것이다"[6]라고 기술하였다.

『조선일보』 1927년 1월 5일 자 사설 「전환기(轉換期)의 조선」에서는 통치계급의 "심모원려(深謀遠慮)에 의한 독특한 희곡"이 타협운동이라고 규정하고 "그것에 대한 선구자적 투쟁이 절실히 요구된다"[7]고 주장하였다. 더욱이 신간회가 발기하기 직전인 1월 16일 자 시평(時評) 「실제운동문제(實際運動問題)」에서는 "조선 현하(現下)에 있어서 비타협적 민족운동자의 총 단결이 퍽 필요한 것은 식자(識者) 및 선구자들이 공인하는 바이다. 비

---

4 水野直樹,「新幹會運動に關する若干の問題」,『朝鮮史硏究會論文集』No.14(朝鮮史硏究會, 1977), 92쪽 참조.

5 李均永,「新幹會의 創立에 대하여」,『韓國史硏究』37(韓國史硏究會, 1982), 135쪽[李均永,「新幹會에 대하여: 그 背景과 創立을 中心으로」(한양대학교 대학원 석사학위논문, 1982)의 改稿].

6 『朝鮮日報』, 1926. 12. 16·17.

7 朝鮮日報社,『朝鮮日報名社說 五百選』(朝鮮日報社 出版局, 1972), 190~191쪽.

타협적 민족주의운동이 당면한 타협적 민족주의운동을 감시하고 동시에 그에 대한 대중의 무반성적 추참(趨參)을 방지하며, 그리하여 그들의 타락 및 굴종의 위기로부터 구경적(究竟的)인 전진에 나아가야 할 것을 잊어버리지 않게 하는 것이 그의 대표적인 임무인 까닭이다"[8]라고 하면서 비타협적 민족주의자들이 단결할 것을 제창하였다. 이와 같이 『조선일보』의 사설은 신간회의 조직 준비와 밀접한 관계가 있었다. 이렇게 볼 때 신간회운동은 자치운동에 대한 반대에서 비롯된 것이었다.[9]

사회주의자들도 비타협적 민족주의자와 제휴(提携)해야 한다고 주장하였다. 1924년 4월 24일 개최된 조선청년총동맹(朝鮮青年總同盟, 약칭 청총) 임시대회에서는 이를 최초로 채택하여 제창하였다. 이 대회는 "타협적 민족운동은 절대로 이것을 배척하고 혁명적 민족운동에 찬성한다"고 결의하면서 민족협동전선론을 제기하였다. 민족운동을 타협적인 것과 혁명적인 것으로 구분하고 '혁명적 민족운동'과 제휴하겠다고 주장한 점은 코민테른(Comintern)에서 영향을 받았을 수도 있겠으나, 식민지조선의 민족주의자들의 동향에 대응한 측면이 강하였다.[10] 조선청년총동맹의 결의가 민족운동을 '타협적'과 '혁명적'으로 나누어 민족협동전선의 가능성을 모색한 반면, 북풍회 강령[11]은 "계급관계를 무시하느냐", "무시하지 않느냐"에 따라 민족운동을 구분하였다.

1925년 이후 민족협동전선에 관한 논의는 더욱 활발하게 진행되었다. 『동아일보』는 「사회운동과 민족운동, 일치점과 차이점」(1925년 1월 2일)이라는 설문(設問)에 답하는 각계 인사 6인의 주장을 6회에 걸쳐서 게재하였

---

8 『朝鮮日報』, 1927. 1. 16.
9 姜萬吉, 「韓國獨立運動의 歷史的 性格」, 『亞細亞研究』 21-1(高麗大學校 亞細亞問題研究所, 1978), 27쪽.
10 水野直樹, 앞의 논문, 92쪽 참조.
11 이 책의 II장 2절 참조.

다. 여기에는 한용운(韓龍雲)·최남선(崔南善)·현상윤(玄相允) 등 3인의 민족주의자와 주종건(朱鍾鍵)·김찬(金燦)·조봉암(曺奉岩) 등 3인의 사회주의자가 의견을 제시하였다. 사회주의자 3인은 세부적인 내용은 달랐지만 사회운동이 "동일(同一)의 보조(步調)"를 취해야 한다고 주장하였다. 계급 대립의 존재 자체를 부정하는 최남선을 제외하고, 두 민족주의자들도 "외적(外的)으로 일치·협조"하는 것은 독립을 위해 필요하다고 주장하였다.

이와 같은 민족협동전선에 대한 요구는 1925년 6월에 실시했던 「치안유지법(治安維持法)」 때문에 더 고조되었다. 「치안유지법」은 "무정부주의(無政府主義)와 공산주의를 취체(取締)"[12]하기 위한 법이었으나, 당시에는 사회주의와 공산주의를 구분하는 기준이 명확하게 규정되어 있지 않았으므로 사회주의 계열의 단체들이 더 크게 위협을 받았다. 이렇게 볼 때 1925년에 잡지 『개벽』에 실린 「치안유지법의 실시와 금후(今後)의 조선 사회운동」이라는 설문과 회답은 중요한 의미를 지녔다. 설문의 내용은 다음과 같았다.

(1) 조선 사회운동의 추세는 어떻게 될까?
(2) 사회운동의 금후 방침은 무엇인가?
(3) 사회운동과 민족운동의 금후(今後) 관계 여하?

설문에 대한 회답자는 조선노동총동맹의 권오설(權五卨), 조선청년총동맹의 이영(李英), 신흥청년동맹(新興靑年同盟)의 조봉암, 서울청년회의 이정윤(李廷允), 화요회(火曜會)의 김찬, 사회주의동맹의 김해광(金解光, 일명 김사국金思國), 북풍회의 신철(辛鐵), 동아일보사의 송진우, 변호사 이인(李

---

12 『東亞日報』, 1925. 5. 16.

仁), 시대일보사의 홍명희(洪命熹), 경성청년회의 송봉우(宋奉禹), 조선일보사의 신일용(辛日鎔)이었다. 이들은 3개 신문사의 간부를 비롯해서 영향력 있는 사회주의 단체의 대표들이었다.

설문에 응답한 사회주의자들은 논점상의 차이도 드러냈지만, 사회주의의 3대 세력이었던 서울청년회·화요회·북풍회를 비롯해서 대부분 한결같이 "타협적이 아닌 민족운동", 즉 민족주의 좌파와 협동·제휴할 것을 주장하였다. 민족협동전선론은 사회주의자들의 공통된 견해였다.[13] 이들은 「치안유지법」이 시행되자 지하단체 운동을 활발하게 전개하면서도, 또한 비타협 민족주의자들과도 협동전선을 모색하였다.

민족협동전선에 대한 공산주의의 태도는 조선공산당(朝鮮共産黨)이 결성된 후 더욱 구체화되었다. 조선공산당은 당면 문제로 "일본제국주의 통치의 완전한 타도와 조선의 완전한 독립", "민족개량주의자와 투기주의자(投機主義者)들의 기만 폭로", "조선은 조선인의 조선" 등을 내세웠다.[14]

1926년 2월 26일 조선공산당 제13회 중앙집행위원회는 "민족해방의 조선독립(朝鮮獨立)과 공산정치의 동일기(同一期)를 획책하고 민족·사회 양운동자를 통일하기 위한 국민당 조직의 전제로서 천도교를 기초로 할 것"을 결의하였다. 이후 조선공산당은 활동 목표를 민족협동전선을 결성하는 데 두고 노력하였으나, 6·10만세운동으로 제2차 조선공산당 검거 사태가 발생하자 궤멸될 위기에 빠졌다. 그 결과 민족협동전선운동의 주도 세력은 재동경(在東京) 조선인 사회주의 단체인 일월회(一月會)로 바뀌었다.

조선공산당계 사회주의자와 천도교 구파(舊派) 민족주의자 사이의 협동전선을 결성하려는 시도가 좌절된 이후, 서울청년회계 사회주의자와 조

---

13 水野直樹, 앞의 논문, 94쪽.
14 金俊燁·金昌順, 『韓國共産主義運動史』 2(高麗大學校出版部, 1969), 203~204쪽의 '洪增植 증언' 참조.

선물산장려운동을 추진하던 민족주의자들 사이에서 협동전선을 기도하는 움직임이 일어났다. 이들은 1926년 7월 8일에 조선민흥회(朝鮮民興會)를 발기하였는데, 그 취지는 "조선 민족의 공동이익을 위해 분투 노력하자는 것으로서 조선 민족의 단일전선기관(單一戰線機關)을 형성하기 위한 것이다. 즉 실업(實業)·종교·여자·청년·형평(衡平)·학생·사상 등 각 운동계를 망라하여 민족적 대동단결을 이룩하자"는 것이었다.[15] 조선민흥회는 각급 인사 111명이 발의하여 발기총회를 마치고 창립을 준비하는 중이었으나, 일제의 탄압 등으로 더 이상의 진전을 보지 못한 채 1927년 2월 신간회 창립에 맞추어 신간회에 합류하였다.

4단체합동위원회(四團體合同委員會: 북풍회·화요회·조선노동당·무산자동맹회)가 발전적 해체를 하여 정우회(正友會)를 결성하였다. 이후 「정우회선언(宣言)」을 발표하는 등 동회(同會)를 주도한 세력은 1925년 10월 조직된 재일(在日) 유학생들의 사회주의단체인 일월회였다. 정우회를 장악한 일월회계 안광천(安光泉)·하필원(河弼源) 등은 1926년 9월 28일에 정우회의 위원을 보선(補選)하여 진용을 새로 갖추고,[16] 11월 25일에는 「정우회선언」을 발표하였는데 요점은 다음과 같다.

(1) 종래의 사회운동은 파벌주의에 시종하여 운동 전체 발전에 큰 저해가 되었으므로 이런 파벌투쟁을 극복하고 운동의 통일을 도모해야 한다.

(2) 운동은 대중의 단결과 의식 여하(如何)에 달린 것이므로 대중의 조직과 교

---

15 『朝鮮日報』, 1927. 7. 11. 사설.
16 김약수(金若水) 등과 행동을 늘 함께하던 안광천·이여성 등은 북성회(北星會)가 오로지 김약수 일파의 세력 부식에 이용된 것을 불쾌히 여기고 도쿄에서 북성회를 해산하였다. 동지 김세연(金世淵)·최익한(崔益翰)·한림(韓林)·박낙종(朴洛鐘)·하필원·안언필(安彦弼)·이응규(李應奎)·박천(朴泉) 등을 규합하여 일월회를 결성하였다. 坪江汕二, 『(改訂增補) 朝鮮民族獨立運動秘史』(東京: 巖南堂書店, 1966), 302~303쪽.

육에 더욱 노력해야 하며 이를 위해 대중 자체의 실천과 결부된 활발한 일상투쟁을 전개해야 한다.

(3) 종래의 국한되었던 경제적 투쟁에서 계급적·대중적·의식적 정치 형태로 전환해야 하고 이 과정에서 비타협적 민족주의자와의 일시적인 공동노선이 필요하다.

(4) 이런 정치적 투쟁이 개량주의적인 것으로 타락하지 않기 위해서는 부단히 이론투쟁을 전개해야 한다.[17]

「정우회 선언」이 당시의 사회적인 상황이나 주체적인 운동과 영역에 대한 엄밀한 총괄과 비판에 입각해서 제기된 것인가에 대해서 많은 비판과 함께 논쟁이 일어났다. 그중 대표적인 것이 서울청년회계 사회주의자들의 합법단체인 전진회(前進會)가 제기한 검토문(檢討文) 형식의 반박 선언이었다. 「전진회 검토문」에서는 「정우회 선언」을 "개량주의적 우경"이라고 비판하였다. 그리고 종래의 운동은 경제적 투쟁에 국한되었던 것이 아니다. 오히려 정치적 형태에 중점이 있었고 금후 "정치적 투쟁과 경제적 투쟁의 양단 전술을 병립"하지 않으면 안 되며, 현재의 조선에서 공공연한 정치적 운동이 있다고 한다면 그것은 "소극적 타락적(墮落的)인 정치운동[보선 연장(普選延長), 의회 특설(議會特設), 내정 독립, 자치운동(自治運動) 등]일 뿐이다"라고 하면서 「정우회 선언」이 내걸었던 민족주의자와의 제

---

17 金俊燁·金昌順,『韓國共產主義運動史』3(高麗大學校出版部, 1969), 9~10쪽 참조. 「정우회 선언」 중 특히 문제가 되었던 것은 (3)항이었다. 여기에는 "경제적 투쟁에서 정치적 투쟁"으로 전환해야 한다는 방향 전환의 내용과 종래 4단체합동위원회가 표방하였던 민족협동전선에 대한 변함없는 주장이 포함되어 있다. 경제투쟁이란 민중의 생존권 운동이었던 노동운동·농민운동 등 종래의 사회주의운동을 가리켰지만, 새롭게 등장한 정치투쟁이란 용어는 노동운동·농민운동 등이 훈련되고 단결된 공산당에 의해서 지도되는 투쟁을 의미하였다. 『朝鮮之光』 73號(1927), 44쪽.

휴에 의한 정치투쟁이라는 방향을 부정하였다.[18] 그렇지만 전진회의 검토
문도 민족주의자와의 제휴 자체를 부정한 것이 아니라, 「정우회 선언」보
다 오히려 더 적극적이었다.[19] 「정우회 선언」에 대한 비판 속에 제기된 방
향 전환과 민족협동전선론은 다음과 같다.

(1) 사회주의운동 그 자체의 정세로서 오랫동안 분열 대립되었던 운동이 합동
    이나 통일이라면 무조건하고 열광적으로 받아들이는 경향이 농후하였으며,
    많은 사람들 특히 파벌투쟁에 직접 간접으로 관여한 사람들이 거의 감옥에
    들어감에 따라 비교적 파벌 관념이 약한 신진분자(新進分子)가 전위(前衛)
    로 출현하여 민족주의자와 합동까지 요구하게 되었다.
(2) 중국의 계급운동이 국민당과 협동하여 백 퍼센트의 기세를 올린 점이다.
(3) 약소민족의 반(反)제국주의 운동이 점차로 강화되고 있는 시대적 상황에 편
    승하였다.[20]

이런 분위기에서 민족협동전선론은 광범위한 지지를 받으면서 전파, 확
산될 수 있었고, 이 과정에서 많은 사회단체들이 지지 성명을 발표하면서
대중을 방향 전환과 민족단일전선의 기치 아래로 동원할 수 있었다. 민족
단일전선으로서의 신간회가 탄생할 수 있는 조건들이 성숙된 것이었다.
다음은 신간회가 창립하게 된 국제적 배경을 살펴보자. 먼저 코민테른
의 반제연합전선전술(反帝聯合戰線戰術)을 들 수 있다. 일찍이 레닌Lenin

---

18 『朝鮮日報』, 1927. 1. 2~7.
19 『동아일보』에 보도된 결의문의 전문(全文)을 보면 잘 알 수 있다. "정우회 선언은 개량주
   의적 우경화이며 조선 민중운동 현실에 비추어 불가(不可)한 것이다. 그러므로 배척하지
   않을 수 없으나 정우회로 하여금 그 주의와 정책을 다시 고려하게 하기를 바라는 성의로
   종래 형성해 왔던 협동전선만은 그대로 유지하기로 하며 정우회 선언에 대한 검토문을
   발표한다" 『東亞日報』, 1926. 12. 17.
20 金俊模, 「新幹會는 엇더케 될가」, 『別乾坤』(1931年 3月號).

은 1908년의 페르시아입헌혁명, 1911년 중국의 신해혁명(辛亥革命)을 경험하면서 이들 민족운동의 혁명적 성격에 주목해 왔다. 그의 『제국주의론(帝國主義論)』에 따르면 제국주의 국가는 해외 식민지에서 막대한 잉여를 수탈하여 그것의 일부로 자국의 노동자계급을 매수하여 본국에서의 모순을 이완시킨다. 그 결과 제국주의 국가 내부에서의 혁명적 정세가 정체되는 반면, 식민지는 제국주의의 수탈로 인해 모순이 한층 첨예화된다. 레닌은 이 같은 분석에 의거하여 식민지에서의 반제국주의운동으로 세계질서를 이완시키고, 제국주의국가 내에서의 혁명운동을 더욱 고양시켜 세계혁명과 전략적으로 연결시키려 하였다. 그는 식민지에서는 민족운동의 주체가 민족부르주아지라고 인식하고, 공산주의자들도 그들을 지원해야 한다고 생각하였다.

이와 같은 레닌의 주장이 식민지 문제에 대한 하나의 원칙이 되어 1920년 코민테른 2차 대회에서 민족테제(民族These)로 채택된다. 이 테제는 11항목에서 식민지 및 후진국에서 공산주의자들의 임무를 "모든 공산당은 이들 나라에서의 혁명적 해방운동을 적극 지원해야 한다"[21]고 규정하였다.

러시아혁명 이후 공산주의자의 새로운 국제조직으로 공산주의 인터내셔널(Communist International, 일명 코민테른)의 설립이 요구되었고, 이는 1919년에 이르러 현실화되어 그해에 창립대회가 열렸다. 이듬해 1920년 2차 대회에서는 「민족 및 식민지 문제에 관하여」라는 테제를 채택함으로써 식민지 문제에서 하나의 방향을 명확히 내세웠다. 코민테른은 진정으로 공산주의적인 프롤레타리아 정당을 조직하여 그것과 긴밀하게 제휴하는 동시에 제국주의에 반항하는 민족부르주아 계급을 지원하고 함께 공

---

21 X. J. Eudin and R. C. North, "Soviet Russia and the East, 1920~1927: A Documentary Survey", Stanford Univ. Press, 1957, pp.63~65.

동전선을 형성하여 운동을 전개한다는 것이었다.[22]

중국에서는 1922년 7월 중국공산당이 제2회 전국대표대회(全國代表大會)[이른바 이전대회(二全大會)]를 개최하였다. 이 대회에서는 중국혁명이 제국주의와 봉건주의에 반대하는 민족주의 혁명이라는 강령을 처음으로 내세웠고, 구체적인 정책으로 민족주의자들의 항일 정당인 국민당(國民黨)과의 통일전선(統一戰線)에 관한 결의와 코민테른 가입에 관한 결의를 채택하였다. 이듬해인 1923년 3월 제3회 전국대표대회에서는 중국공산당원이 개인 자격으로 국민당에 가입하는 것을 결정하였다. 여기서 이른바 '당내합작(黨內合作)'에 의한 통일전선을 구체화한다는 제안을 하였는데, 이는 바로 반제국주의 통일전선인 국공합작(國共合作)의 방침을 세운 것이었다. 그리하여 중국의 통일과 독립을 구하려는 쑨원(孫文)의 연소용공정책(聯蘇容共政策)과 국공합작의 반제국주의 통일전선은 1923년 이후 급속도로 전개되었다. 1923년 11월 쑨원은 정식으로 「국민당 개조(改造)선언」을 발표함으로써 획기적인 전환에 착수하였다. 그 목적은 밖으로는 소련과 결합하고 안으로는 공산당과 합작하며, 더 나아가 노동자·농민을 원조함으로써 광범위한 민중에 기반을 두는 혁명당을 건설하는 데 있었다. 1924년 1월 국민당 제1차 전국대표대회에서는 연소·용공·노농원조(勞農援助)의 3대 정책을 결정함과 동시에 국공합작 및 당 조직을 소련 방식으로 개조할 것을 정식으로 결정하였다.

한국의 경우 신간회에는 안광천 등 일월회계의 사회주의자들이 참가하였는데, 이들이 신간회라는 민족단일전선에 참가하게 된 배경으로는 코민테른의 반제연합전선전술이 크게 작용하였다.

또 한편으로는 조선의 사회·공산주의자들이 신간회에 참여한 데에는

---

22 체스타 탄 저, 閔斗基 역, 『中國現代政治思想史』(知識産業社, 1977), 223~234쪽.

일본의 후쿠모토이즘(福本主義)의 영향도 과소평가할 수 없다. 신간회에 주도적으로 참가한 일월회는 재일 유학생들의 단체로 당시 일본에서 유행한 후쿠모토이즘에 크게 영향을 받았다. 신간회 창립의 배경이 된 「정우회 선언」은 "우리 운동 자체가 벌써 종래의 국한되어 있던 경제적 투쟁의 형태보다 일층 계급적이고 대중적이며 의식적인 정치적 형태로 비약해야만 할 전환기에 달한 것이다"라 하여 정치투쟁으로의 방향 전환을 주장하였는데, 이것은 후쿠모토 카즈오(福本和夫)가 사용한 용어와 문맥을 모방한 것으로 볼 수 있다.[23]

결국 신간회는 코민테른의 민족테제에 입각하여 당시 일본에서 유행한 후쿠모토이즘의 영향을 받은 사회주의자들이 민족주의자와 전술적으로 결합하여 만들어 낸 정치투쟁 단체였다. 비타협적인 민족주의자와 조직력이 다소 강한 사회주의자들이 정체에 빠진 민족운동을 부활시키고 새로 대두하는 자치운동을 경계하려는 목적으로 단일전선을 편 것이다.

사회주의자들은 1·2차 조선공산당사건을 계기로 중추적인 활동을 상

---

23 金明久, 「코민테른의 對韓政策과 新幹會; 1927~1931」, 스칼라피노·李庭植 외, 『新幹會 研究』(동녘, 1983), 258~259쪽. 후쿠모토이즘의 핵심은 "무산대중의 경제투쟁은 다만 조합주의 운동이기 때문에 이것으로는 노동계급의 해방이 불가능하므로, 종래의 경제투쟁을 정치투쟁으로 방향 전환해야 한다"는 것이었다. 후쿠모토는 "일본에서는 대중운동이 경제주의적으로 상당히 성장하였기 때문에 이제는 그 과정을 넘어서 정치투쟁으로 전환하여 모든 선거투쟁에서 승리를 쟁취하고 의회를 장악해야 한다"고 주장하였다. "福本 (후쿠모토)이즘의 획기적인 매력은 그것이 가장 계통적, 통일적 마르크스주의였다는 것, 바꾸어 말하면 그것이 우리 사회주의 마르크스주의 사상 처음으로 철학을 가져다 주었다는 데 있다. 그 때문에 福本(후쿠모토)이즘은 단지 마르크스주의를 경제학적, 사회학적 영역에 머물게 하고 세계관적 대결을 회피하려 한 官學(관학)아카데미즘을 중앙 돌파할 수 있었을 뿐 아니라, 당시의 지도적 마르크스주의였던 '山川(야마카와)이즘'과 '河上經濟學(하상경제학)'을 俗學主義(속학주의), 折衷主義(절충주의), 經濟主義(경제주의), 經驗批判論(경험비판론) 등등이라고 통격할 수 있게 되었다. 이 문제는 방향전환기에 있었던 일본 인텔리겐차의 최대 관심사의 하나였다"고 지적하였다. 金俊燁·金昌順, 앞의 책 3, 6~8쪽 참조.

실하였기 때문에 일단 비타협적인 민족주의[24]와 연합하여 일제와 자치운동에 대응하는 이해관계를 조정하고 민족해방이라는 동일한 목표를 향한 민족단일전선으로서 신간회를 창립하게 되었던 것이다. 신간회는 민족주의 좌파와 사회주의의 연합으로 결성되었는데, 신간회가 결성되기 이전의 경위를 살펴보면 다음과 같다.

1927년 1월 15일 신간회가 발기한 후인 1월 31일, 조선민흥회는 창립준비위원회(創立準備委員會)를 개최하고 회의 강령(綱領)에 대해서 협의하고, 2월 11일에 발기인대회를, 2월 12일에 창립대회를 열기로 결정하였다.[25] 그런데 조선민흥회의 발기인대회가 예정되었던 2월 11일, 조선민흥회 대표 김항규(金恒圭)·명제세(明濟世)·송내호(宋乃浩)·권태석(權泰錫)·김홍진(金弘鎭)과 신간회 대표 권동진(權東鎭)·홍명희·신석우가 회동하였다. 이때 조선민흥회 측이 조선민흥회의 회원 전원을 무조건 신간회에 가입시킨다는 조건을 내걸었고, 신간회 측은 이것을 받아들였다. 다음 날 두 단체가 합동한 창립준비위원회와 발기인총회가 열려, 합동한 회(會)의 명칭을 신간회로 결정하고 권동진 외 11명으로 구성된 창립준비위원회를 발족시켰다.[26]

신간회는 민족주의·사회주의 쌍방이 민족주의운동을 표방하며 제휴한 협동전선으로서 합법적인 결사운동(結社運動)과 비타협 투쟁을 목표로, 1927년 2월 15일 창립되었다. 신간회 창립대회는 2월 15일 오후 7시에 시작하여 다음 날인 16일 오전 4시 30분에 폐회하였다. 당시 신문은 창립

---

24 김석준(金錫俊)은 비타협적 민족주의를 민족주의(民族主義) 절대독립론(絶對獨立論)이라고 지칭하였다. 비타협적 민족주의는 타협적 민족주의와는 달리 일제에 적극 항쟁하는 입장을 취하였는데, 이는 절대독립론을 주장하는 것과 같았다. 따라서 이 책에서는 혼란을 피하기 위해 민족주의 절대독립론을 비타협적 민족주의에 포함시켜 지칭하기로 한다.
25 『東亞日報』, 1927. 2. 2.
26 『東亞日報』, 1927. 2. 14.; 朴明煥, 「新幹會回顧記」, 『新東亞』 第五十四號(新東亞社, 1936年 4月號).

대회 광경을 다음과 같이 보도하였다.

> 신간회 창립대회는 예정과 같이 15일 오후 7시 종로 기독교청년회 대강당에
> 서 개최하였다.
>
> 신간회의 창립대회는 그야말로 조선에 있어서 민족주의 단체로 획기적인 큰
> 모임인 만큼 회원과 방청인은 물론하고 정각 전부터 호수같이 밀려들어 방청
> 석은 정각이 되기 전 약 한 시간 전부터 입추의 여지가 없으리만큼 만원의 성
> 원을 이루었다.
>
> 정각보다 15분 후인 오후 7시 15분에 신석우 씨 사회로 개회를 선언한 후 회
> 원을 점명(點名)하매 출석회원이 500여 인으로 방청인과 합하여 무려 천여 명
> 에 달하였으며 점명을 마치매 장내는 숙연한 중에도 매우 긴장된 공기가 넘치
> 어 자못 삼엄한 빛이 가득한 중에 순서를 좇아 의사를 진행하였다.[27]

홍명희가 개회선언을 한 후 의장인 대회준비위원장에는 신석우가 선출
되고, 서기(書記)에 김준연(金俊淵)·신현익(申鉉翼)·장지영(張志暎) 등 3명,
사찰(査察)에 권태석 외 11명이 선출되었다. 회원을 확인한 후 준비위원
김준연이 조선민흥회와 합동한 경과 보고를 하였다. 이어서 규약(規約) 원
안(原案) 심의에 들어갔는데, 규약에 신간회의 권한에 관한 조항에 대해서
이것을 대회장에서 토의할 것인가 말 것인가를 둘러싸고 약간의 분규가
있었다. 결국 규약심의위원회에 일임하기로 하였으며, 권동진·최익환(崔
益煥)·박래홍(朴來弘)·송내호·이동욱(李東旭)을 위원으로 뽑고, 규약은 거
의 수정하지 않고 통과시켰다. 선언문도 같은 위원회에 일임한 후 임원을

---

27 『朝鮮日報』, 1927. 1. 16.

선거한 결과 회장에 이상재(李商在),[28] 부회장에 홍명희[29]를 선출하였다. 간사의 선출은 먼저 권동진 등 12명을 전형위원(銓衡委員)으로 선정하고, 간사의 선발은 후보 70명 중에서 30명 간사의 선출을 전형위원회에 일임하는 절차를 취하였다. 사전에 간사의 상당수는 정해져 있었던 것 같다. 마지막으로 회장이 소집하는 대회 이외의 정기대회를 연다는 규약을 고칠 것을 정한 다음 창립대회를 폐회하였다. 창립대회로부터 6일 후인 2월 22일에 총무간사회가 열려 각부 담당의 총무간사를 정하였다. 서무부 권동진, 재무부 박동완(朴東完), 출판부 최선익(崔善益), 정치문화부 신석우, 조사연구부 안재홍, 조직부 홍명희, 선전부 이승복이었다. 각부에는 총무간사 밑에 상무간사 1명, 부원(部員)으로는 1명 내지 약간의 인원을 두기로 하였다.

한편 같은 해 5월 27일 신간회의 자매단체로 여성운동단체인 근우회(槿友會)가 설립되었다. 유영준(劉英俊)·김활란(金活蘭)·김옥경(金玉卿)·최은희(崔恩喜)·허정숙(許貞淑)·정칠성(丁七星)·정종명(鄭鍾鳴)·조원숙(趙元淑)·이현경(李賢卿) 등이 중요 간부가 되어 신간회의 별동대(別動隊)로서 활약하였다.[30]

이렇게 해서 창립된 신간회는 어떠한 방향으로 나아갔으며, 어떻게 조

---

28 『조선일보』 사장인 이상재는 최초의 발기인으로는 참여하지 않았다. 그는 78세의 고령이어서 신간회 창립의 실제를 담당할 수 없었다. 그가 회장이 된 경위에 대해서는 金乙漢, 『月南 李商在一代記』(正音社, 1976), 100쪽을 참조. 이에 따르면, 이상재는 여생이 얼마남아 있지 않았으므로 일체의 공직에서 물러날 결의(決意)였으므로 신간회 회장 취임의 의뢰도 고사하였는데, 신석우가 간청을 해서 겨우 승낙하였다. 이상재는 경력과 인품으로 봐서 신간회의 회장으로 가장 잘 어울리는 인물이었으므로, 신석우는 이상재를 추대하고자 하였다. 이상재는 신간회 창립 직후인 1927년 3월 29일 사거(死去)하였다. 水野直樹, 「新幹會の創立をぬぐって」, 飯沼二郎·姜在彦 編, 『近代朝鮮の社會と思想』(東京: 未來社, 1981), 316~317쪽.
29 부회장으로 선출되었던 홍명희가 사퇴하였기 때문에 권동진이 부회장에 취임하였다.
30 『朝鮮日報』, 1927. 5. 27.

직·구성되었는가는 「강령」과 「규약」을 중심으로 살펴보고자 한다.

〈신간회 강령과 규약〉

강령(綱領)

一. 우리는 정치적 경제적 각성을 촉진함.

二. 우리는 단결을 공고히 함.

三. 우리는 기회주의를 일절 부인함.

규약(規約)

제1조   본회(本會)는 신간회(新幹會)라 칭함.

제2조   본회의 본부는 경성에 치(置)함.

제3조   본회는 본회의 강령을 관철키를 목적함.

제4조   본회 회원은 연령 20세 이상 조선인 남녀로서 본회 강령을 승인하는
자로 함.

　　　　단 학생 및[及] 20세 미만의 청년은 본회 학생부에 입회케 함.

제5조   본회 회원은 본회 임원의 선거 및[及] 피선거권 급결의권을 유함.

제6조   본회 회원은 본회의 일절 결의 및[及] 지휘에 복종함을 요함.

제7조   본회 회원은 회비로 1년에 금(金) 30전을 본회에 납입함을 요함.

제8조   본회는 각 지방을 구(區)로 분(分)하야 매 구(每區)에 지회(支會)를 설
치함.

제9조   본회에 좌(左)와 여(如)한 기관을 치(置)함.

　　　　　1. 대회(大會)

　　　　　2. 간사회(幹事會)

　　　　　3. 총무간사회(總務幹事會)

4. 각 부회(各部會)[특별부(特別部)를 제외함]

제10조 본회 대회는 본회 지회에서 선출된 대표로 성립함.

제11조 대표 회원은 30인의 1인으로 선출함.

제12조 본회 대회는 본회에 관한 일절 사건을 결의하고 본부 임원을 선거함.

제13조 본회 정기대회는 매년 1차(2월), 본회 임시대회는 본부 간사회가 필요
　　　　로 인(認)할 시 또[又]는 지부(支部) 대표회원 반수 이상의 요구가 유
　　　　(有)한 시에 회장이 소집함.

제14조 간사회는 대회와 대회 사이에 있어서 대회의 직능을 행함.

제15조 본회 임원은 좌(左)와 여(如)히 치(置)함.

　　　　1. 회장(會長) 1인

　　　　2. 부회장(副會長) 1인

　　　　3. 총무간사(總務幹事) 약간인

　　　　4. 상무간사(常務幹事) 약간인

　　　　5. 간사(幹事) 약간인

　　　　단 회장 부회장 및[及] 총무간사는 필요를 따라 비서(秘書)를 본회 회
　　　　원 중에서 자벽함을 득(得)함.

제16조 회장은 본회를 대표하며 본회 회무(會務)의 통일을 도(圖)함.

제17조 부회장은 회장을 보좌하고 회장이 유고(有故)할 시는 회장의 직책을
　　　　대리함.

제18조 총무간사는 간사회 또는 총무간사회 결의에 의하야 각부의 사무를 집
　　　　행함.

제19조 상무간사는 총무간사를 보좌하야 부무(部務)를 처리함.

제20조 본회 역원(役員)의 임기는 1개년으로 함.

제21조 본회에는 좌(左)와 여(如)한 부(部)를 설(設)하고 매 부(每部)에 총무간
　　　　사 1인 및 상무간사 약간인을 치(置)함.

1. 서무부(庶務部)

2. 재정부(財政部)

3. 출판부(出版部)

4. 정치문화부(政治文化部)

5. 조사연구부(調査研究部)

6. 조직부(組織部)

7. 선전부(宣傳部)

제22조 본회에는 좌(左)와 여(如)한 특별부(特別部)를 치(置)함.

1. 학생부(學生部)

제23조 본회 경비는 회원의 회비와 기타 수입으로 충당함.

제24조 본회 대회에 관한 상세(詳細)와 규정(規定)과 간사회 총무간사회 각 부회 지회 및[及] 특별부에 관한 규칙은 별(別)로 정함.

제25조 본 규약은 본회 본부대회에서 증삭함을 득(得)함.

임시규약(臨時規約)

제1조 지회규약 제3조 제4조에 관하야 지회가 설립되지 못한 구역은 본부에서 직접 처리함.

제2조 본규약 제10조에 관하야 해당 구역[該區域]에 지회가 설립되지 못함으로 본부에 직속한 회원은 본부에서 전형하야 대표회원을 지정함.

대회규정(大會規定)

제1조 대회는 회장의 소집으로 대표회원이 과반수 출석할 시 성립함.

제2조 대표회원은 1년간 그 대표권을 보유함.

단 지부대회에서 필요로 인(認)할 시에는 개선함을 득(得)함.

제3조 대회에서는 그 계속기간에 한하야 좌(左)와 여(如)한 임원을 설치함.

    1. 의장(議長) 1인

    2. 부의장(副議長) 1인

    3. 서기장(書記長) 1인

    4. 서기(書記) 약간인

제4조   의장은 대회의 질서를 유지하며 의사를 진행하며 대회를 대표함.

제5조   부의장은 의장이 유고(有故)할 시 의장의 사무를 대치함.

제6조   서기장은 의장 지휘 하에 서기 사무를 총할함.

제7조   서기는 의사록 및[及] 기타 문안을 작성하고 사무를 처리함.

제8조   의사 순서는 본부 총무간사회에서 정하야 대회에 보고함.

제9조   지회로서 의안을 제출할 시는 설명서를 첨부하야 대회 개회 전 4일 이전으로 본부 총무간사회에 제시함을 요함.

    단 대표회원으로서 특별 의안을 제출할 시에는 5인 이상 연서를 요함.

제10조 제출 의안을 기각 혹은 수정 동의를 발할 때 5인 이상이 찬성이 없으면 논제를 삼지 아니함.

제11조 본부 회장 부회장 및[及] 총무간사는 대회에서 결의권이 무(無)함.

제12조 대회 임원 및[及] 본부 임원의 선출 방법은 전형위원을 선출하야 정원의 배수되는 후보자를 선출케 한 후 무기명투표로써 행함.

제13조 대표 중으로서 대회의 질서를 교란하고 기타 불법한 행동이 유(有)할 시 대표 3인 이상의 동의로 3분지 2이상의 찬동이 있으면 좌(左)와 여(如)히 징계함.

    1. 진사(陳謝)

    2. 대표권 정지(代表權 停止)

    3. 대표권 박탈(代表權 剝奪)

지회규정(支會規定)

제1조 지회는 1구(區) 내에 거주하는 회원이 30인 이상에 달할 시 설립함을 득(得)함.

제2조 지회 임원은 일절 사무에 관하야 본부 지휘에 복종할 의무가 유(有)하고 사무 성적을 매월 1회 지회장의 명의로 본부 총무간사회에 보고함을 요함.

제3조 입회 지원자가 유(有)할 시에는 지회 총무간사회의 심의로 승락 혹은 거절함.

단 총무간사회가 무(無)한 지회에는 간사회가 이를 행함.

제4조 회원으로 본회의 강령 및[及] 규약에 위반되는 언동이 유(有)할 시에는 지회 간사회의 결의로 경중(輕重)에 의하야 좌(左)와 여(如)히 징계함.

　1. 회원권 정지

　2. 출회

제5조 지회는 본부와 동일한 기관을 치(置)하거나 혹은 생략(省略)함을 득(得)함.

제6조 지회 대회는 해당 구[該區] 회원 반수 이상 출석으로 성립되야 본부 대회 대표회원과 해당 구[該區] 지회 임원을 선출하고 해당 지회[該支會] 예산안을 심사 결정하고 본부 대회에 제출할 의안을 결의함.

제7조 지회 대회는 매년 1차(12월) 정기로 지회장이 소집하고 지회 간사회에서 필요로 인(認)할 시 또[又]는 해당 구[該區] 회원 3분지 1이상의 요구가 유(有)할 시 지회장이 본부 총무간사회의 동의를 득(得)하야 임시대회를 소집함.

제8조 지회는 본부와 동일한 임원을 치(置)하거나 혹은 생략(省略)함을 득(得)함.

제9조 지회 임원 임기는 1개년으로 함.

제10조 지회는 본부와 동일한 부를 치(置)하거나 혹은 생략함을 득(得)함.

제11조 지회는 본부 지정 구역에 한하야 특별부를 치(置)함을 득(得)함.

제12조 회원의 회비는 3분지 2로 지회 비용에 충당하고 3분지 1은 본부 경비
        로 제공함.

제13조 지회 대회, 지회간사회, 지회 총무간사회에 관한 규정은 해당한 본부
        세칙을 참작하야 용(用)함.

제14조 지회에 관한 규칙은 본부 총무간사회에서 증삭함을 득(得)하되 본부
        대회의 동의를 요함.

신간회는 「강령」 3개 항과 「규약」 25개 조, 「임시규약」 2개 조, 「대회규
정」 13개 조, 「지회규정」 14개 조로 규칙을 정하였다. 「규약」에는 본부를
경성에 두고 각지에 지부(「규약」 제8조 "지회를 설치함")를 둔다고 「규약」
(제9조 4항의 "각 부회")에 명기하였다. 신간회 「규약」 제4조에는 회원의 자
격을 20세 이상의 조선인 남녀로서 신간회 강령을 승인하는 자로 하고,
학생과 20세 이하의 청년은 학생부에 입회하도록 명시하였다. 제13조에
따르면, 정기대회는 매년 1차(2월), 임시대회는 본부 간사회가 필요로 할
때, 또는 지부 대표회원 과반수의 요구가 있을 때 회장이 소집한다고 규정
하였다. 그러나 신간회 활동이 활발히 전개되자, 일제가 전체대회를 허가
하지 않았기 때문에 정기대회는 창립대회와 해소(解消)대회 두 번밖에 열
리지 못하였다. 「규약」 제7조는 "본회 회원은 회비로 1년에 금(金) 30전을
본회에 납입함을 요함"이라 하여 회비 조항도 명시하였다. 신간회의 조직
에 관해서는 제21조에 "본회에는 좌(左)와 여(如)한 부(部)를 설(設)하고 매
부(每部)에 총무간사 1인 및 상무간사 약간인을 치(置)함"이라 하였다. 부
서는 서무부·재정부·출판부·정치문화부·조사연구부·조직부·선전부
등 7개 부를 두었다. 또 제22조에 "본회에는 좌(左)와 여(如)한 특별부를

치(置)함"이라 하고 학생부를 두었다.

신간회의 활동은 집행부의 주도권을 누가 잡느냐에 따라 몇 시기로 나눌 수 있다. 1927년 2월 15일 창립부터 복대표대회(複代表大會)가 열려 주도권이 교체될 때까지를 제1기, 허헌(許憲)이 집행위원장으로 선출된 복대표대회에서 민중대회사건(民衆大會事件)으로 집행부의 주요 간부가 거의 피검될 때까지를 제2기, 그 이후 신간회가 침체·약화되면서 해체될 때까지를 제3기로 볼 수 있다.

이와는 달리 회원 전체의 출신 계층별 분석에 의거한 분포 변화에 따라 분류하는 방법도 있으나, 신간회가 해소될 시기의 자료밖에 남아 있지 않으므로 설득력이 적다. 또 회원 전체를 이념별로 민족주의와 사회주의로 구별하여 이들 세력의 구성(構成) 변이(變移)를 기준으로 삼을 수도 있으나, 이 역시 개략적인 자료밖에 없어 기본적인 분류 기준으로 삼기는 어려우며 다만 보조 수단으로 활용할 뿐이다. 여기서는 전술한 대로 주도권의 여하에 따라 세 시기로 나누어 살펴보고자 한다.

(1) 제1기 (1927년 2월 15일~1929년 6월 27일)

비타협적인 민족단일당(民族單一黨)으로서 신간회는 처음부터 활동을 어렵게 만드는 요인들을 내포한 채 출발하였다. 무엇보다도 각 회원들의 사회경제적 기반에 근거한 지향 이념이 매우 달랐으므로 통일된 활동을 수행하는 데 어려움이 있었고 분열의 가능성이 항상 따랐다. 이러한 이해관계 속에서 민족해방이라는 목표를 지향하는 명확한 이념체계와 종합적인 지도력이 없이는 능률적 활동을 수행하기 힘들었다.

식민지배 아래에서 비타협적인 민족투쟁을 전개한다는 것은 쉬운 일이 아니었다. 일제는 신간회가 발족할 당시에는 관망하는 태도를 보였으나,

신간회 지부가 급속히 확대되고 구체적인 활동을 전개하자 탄압을 노골화하였으므로 비타협적 투쟁의 기치를 내건 신간회의 민족운동은 심각한 장애에 부딪혔다. 그러나 신간회는 이러한 제약들을 극복하면서 지회를 중심으로 상당한 성과를 거두어 나갔다.

신간회 지회가 설립되고 활동을 전개하자, 신간회 본부의 간부들도 각 지방을 순회하면서 지회 활동을 격려하였다. 일제 관헌 자료인『고등경찰요사(高等警察要史)』는 이들의 항일투쟁을 다음과 같이 기록하였다.

지방에 있어서의 배일선인(排日鮮人) 중 상당(相當)의 저명한 인물은 거의 여기에 가입하였고, 또 집회, 회원 권유 시 등의 언동을 종합할 때 운동의 도착점은 조선의 독립에 있다는 것을 쉽사리 알 수 있을 뿐 아니라 지방행정, 시사문제에 대해서는 극대(極大) 용훼(容喙)하여 반항적 기세를 선동하며 사안(事案)의 분규 확대에 힘쓰고 기회를 포착하여 민족적 반감의 인(因)을 만들고 있어 지방 인심(人心)을 독(毒)하는 것은 한심하기 짝이 없다.

『고등경찰요사』는 한 예로 안재홍이 상주지회(尙州支會) 설립 기념 강연에서 행한 연설 내용을 인용하면서 "논봉(論鋒)이 예리하고 조선 통치의 근본을 찌르고 있다"고 지적하면서 다음과 같이 연설의 요점을 기록하였다.

1919년의 독립운동은 우선 실패로 끝났다고 볼 수 있는지는 모르나 정신적으로 우리 민족에게 준 교훈은 다대(多大)하다. … 장차 전(全) 민족의 단결로써 실제 행동을 취할 필요가 있다. … 오늘과 같은 교육제도는 모두가 일인(日人) 위주이며 조선민족의 정신을 소멸시키는 것이므로 조선인에게는 조선인을 위한 교육을 시켜야 할 것이며, … 산업 교통의 제(諸) 정책을 보면 거의가 일인 위주로 수립되고 있으며, 우리 조선인을 새롭게 하는 바 하나도 없을 뿐더

러 도리어 우리들을 멸망으로 이끌어가고 있다.[31]

본부에서는 별로 특기할 활동이 없었지만 1928년 7월부터 전국 각 지역에서 지방 순회 강연을 시작하였다. 우선 경기도 지방(도시 중심)은 조병옥(趙炳玉)·안재홍이, 평안도는 안재홍·이병헌(李炳憲)이, 함경도는 이종린(李種麟)·이병헌이, 충청도·전라도는 이승복이, 강원도는 조헌영(趙憲泳)이, 인천은 정칠성·박호진(朴昊辰)이, 경상도는 안재홍·조병옥이, 이외다른 지역은 윤보선(尹潽善)·이원혁(李源赫)·권태석이 주로 담당하였다. 이들은 주로 역사의식과 민족의식을 고취하면서 변절자들을 규탄하였는데, 권태석·안재홍·이병헌 등은 일경(日警)에 연행·구속되기도 하였다.[32] 이상은 대체로 민족주의 진영이 주도권을 장악한 중앙본부의 상황이며, 각 지회의 활동에서는 사회주의 계열이 더욱 적극적이었다. 각 지회에서는 정치적 문제 등을 제기하면서 노동조합·농민조합의 요구를 반영하는 노동강령을 내걸고 합법적인 범위 내에서 본부를 밀쳐 버리고 신간회운동을 전투적으로 전개하고자 노력하였다.

지회 활동이 비교적 활발하게 전개된 것에 비해 중앙본부는 1928년 봄에 이르러서야 신간회의 실제 운동 당면 과제 6개 항을 제시하였는데, 내용은 다음과 같다.

1. 농민 교양에 적극 노력한다.
2. 경작권을 확보하고 외래(外來)이민을 방지한다.
3. 조선인 본위의 교육을 확보한다.
4. 언론·집회·결사·출판의 자유를 획득하기 위한 운동을 전개한다.

31 이상은 慶尙北道警察部, 『高等警察要史』(1934), 50~51쪽에서 인용하였다.
32 李炳憲, 「新幹會運動」, 『新東亞』(東亞日報社, 1969年 8月號), 197~198쪽.

5. 협동조합운동을 지지하고 지도한다.

6. 심의(深衣)·단발(斷髮)을 장려하며 백의(白衣)와 망건(網巾)의 폐지를 고조한다.

　신간회 중앙본부와 지회 사이의 마찰은 1928년 2월 전체대회가 관헌에 의해 금지된 데 이어, 1929년의 정기대회도 금지되자 표면화되기 시작하였다. 중앙집행부는 이에 임시대회를 열기 위해 일제와 교섭을 거듭하는 한편, 각 지회에도 "신중한 태도를 취하여 무용(無用)의 불온행동을 취하지 말 것"을 통지하였다. 그러나 많은 지회가 본부의 합법 노선에 반대하여 대회해금(大會解禁)을 위한 대중운동을 일으킬 것을 주장하였다.[33] 중앙본부는 이러한 지회의 압력을 못 이겨 그 대책으로 전국복대표대회(全國復代表大會)[34]를 소집하여 전체대회를 대행하기로 하고, 1929년 6월 28~29일 이틀 동안 중앙기독교청년회관에서 이 회의를 개최하였다. 이 회의의 주요 안건은 회무(會務) 추진을 위한 직제 개정과 임원 개선이었다. 회의 결과 직제는 간사제(幹事制)로부터 중앙의 권한을 강화시킨 집행위원제(執行委員制)로 바뀌었고, 중앙집행위원장에 허헌이 선출됨으로써 좌익계 인사들의 중앙본부 진출이 두드러졌다. 제1기 신간회의 활동은 사

---

33 『朝鮮日報』, 1928. 3. 27. 사설. 한 예로, 신간회 동경지회와 밀접히 관련되었던 조선공산당 일본부(日本部)의 기관지인 『대중신문(大衆新聞)』은 "신간회 전국대회를 대중투쟁으로 탈환하자"를 슬로건으로 내걸고 그 사설에서도 전국대회는 "금지당국자와의 호의적인 교섭으로 해결되는 것이 아니며", "현 간부는 소시민적 평화주의의 환상 아래 대중의 투쟁 욕구를 억압하여 반항 대신에 '평화, 온건'의 환상을 주고 대중을 잠재우려 한다"고 본부를 비판하면서, 전국적 대중적 항의 운동을 전개하여 이를 전 민족적 정치투쟁으로 전진시켜야 한다고 주장하였다. 水野直樹, 「新幹會東京支會の活動について」, 朝鮮史叢 編輯委員會, 『朝鮮史叢』 第1號(東京: 靑丘文庫, 1979).

34 복대표대회란 전체 대회가 지방 각 지회(지부)의 대표의원으로 구성되는 것과는 달리, 몇 개의 지회가 한 사람을 합작 선출하여 각 도에서 몇 사람씩 복대표로서 중앙에 보내면 이들로서 약식 전체 대회를 구성하는 것이다. 李炳憲, 앞의 글, 198쪽.

회개혁과 항일독립으로 요약할 수 있는데, 합법적 성격의 활동을 다양하게 전개하였으며 회세(會勢)도 약진하였다.

(2) 제2기 (1929년 6월 28일~1930년 11월 8일)

사회주의자들은 투쟁 의욕을 고취하면서 무력한 상태에 있는 신간회 중앙집행부를 장악하는 데 일단 성공하였다. 이에 민족주의 계열, 특히 조병옥을 비롯한 신간회 경성지회(京城支會) 간부들은 본부의 허헌 위원장에 대한 반대 투쟁에 열을 올렸다. 그 표면적인 이유는 허헌이 준공직(準公職)이라 할 변호사를 개업하고 있으므로 적당치 않다는 것이었으나, 저의는 그가 사회주의자라는 점과 민족주의 계열이 신간회의 주도권을 다시 잡아야 한다는 것에 있었다. 이때부터 본부와 경성지회 간의 불화는 신간회 해소 때까지 지속되었으며, 결국 신간회가 해소되는 근인(根因)이 되었다.

1929년 7월 28일에는 갑산 화전민가 충화방축(甲山火田民家衝火放逐) 사건의 진상 보고 연설회를 개최하기로 했으나 일제는 집회를 금지시켰다. 신간회 본부는 너무나 무리한 언론 탄압이라고 저항하면서, 8월 4일 천도교기념회관에서 김병로(金炳魯)·황상규(黃尙奎)·안철수(安喆洙)·이주연(李周淵)을 연사로 하는 언론탄압비평대연설회(言論彈壓批評大演說會)를 개최하기로 했으나 경찰은 이것까지도 금지하였다. 신간회 본부는 이 사실을 중대시하고 조선총독부에 직접 항의서를 제출하였다.[35]

신간회가 더욱 투쟁적인 구호를 내걸자, 조선총독부는 신간회가 신고하는 집회마다 계속 금지령을 내렸다. 1929년 8월 11일의 제11회 중앙상무집행위원회(中央常務執行委員會)의 결의에 의거하여 9월 7일 제2회 중앙집

---

35 『東亞日報』, 1929. 8. 4·5.

행위원회를 개최하고자 하였으나, 일제는 박람회가 임박한 이때 이러한 집회는 치안을 해할 우려가 있다며 집회금지령을 내렸다. 일제는 1929년 6월 개최된 신간회 전국복대표대회를 지켜보면서 신간회의 비타협주의적 본체성(本體性)이 조금도 변질되었거나 연회(軟化)된 것이 아니라 더욱 강화되고 있다고 판단하고, 이현령비현령으로 신간회를 더욱 탄압하였다. 이에 대응하여 신간회 중앙집행부도 더욱 비타협적 자세로 나아갔다.

신간회는 지역적으로 일어나는 민중운동을 전국적으로 확대시키려 노력하였는데, 최초의 활동은 광주학생운동을 계기로 한 민중대회사건(民衆大會事件)이었다. 이를 도화선으로 합법·비합법적으로 성장해 온 민족운동은 광주학생운동을 지원하였다. 남쪽의 목포(木浦)·나주(羅州) 등지로부터, 북쪽의 간도(間島) 지방에 이르기까지 도처에서 시위·동맹휴학을 비롯하여 일본어 교육 거부 투쟁으로 번져 갔다. 신간회에서는 즉각 조병옥을 광주로 파송하였으나 일경이 저지하여 광주에 들어가지 못한 채, 신간회 광주지회장 정수태(丁洙泰)와 비밀리에 만나 사실을 조사하였으나 성과가 없었다. 이에 신간회 본부는 다시 허헌·김병로·황상규 등에게 신문기자 몇 사람을 대동시켜 광주로 파견하여 사건 전말을 세세히 조사하도록 하였다. 이들은 일제 당국에 검거된 학생 100여 명을 즉각 석방하라고 강력히 요구하였으나, 아무런 소득도 없이 귀경하였다. 신간회는 일제의 야만적 탄압의 진상을 보고하기 위해 광주실정 보고대회(光州實情報告大會)를 열려고 했으나, 일경은 이것마저 금지시켰다. 이렇게 되자 신간회 본부에서는 모든 조직을 총동원하여 민중봉기를 일으켜 제2의 3·1운동을 일으킬 것을 계획하였다. 이는 합법적 투쟁의 한계를 깨달은 끝에 일본 국내법의 테두리를 깨버리고 비합법적 민족해방투쟁을 시도하여 그 화려한 막을 내리자는 의도에서 나온 것이었다.

일경은 이 계획을 사전에 탐지하고 수차례 민중대회를 중지할 것을 요청하였으나, 본부에서는 이를 무시하고 대회의 준비를 착착 진행시켰다. 『조선일보』는 폐간까지 각오하면서 대대적인 보도를 준비하는 한편, 간부 허정숙·송태우(宋泰瑀) 등이 서울 시내에서 격문(檄文)을 뿌리고 전국 각 지회를 동원하여 광주학생운동에 호응하는 항일운동을 서둘렀다.

허헌·홍명희·이관용(李灌鎔)·조병옥 등 12명이 설정한 민중운동의 실행 방법은 다음과 같았다.[36]

(1) 민중대회를 개최할 것

(2) 시위운동을 조직할 것

(3) 다음과 같은 표어에 의하여 민중여론을 환기할 것

　(가) 광주학생사건의 정체를 폭로하자

　(나) 구금된 학생을 무조건으로 석방하라

　(다) 경찰의 학교 ○○을 ○○하자

　(라) ○○한 경찰정치와 ○○○○○○하자

이리하여 1929년 12월 13일 오후 2시를 기해 서울 안국동 로터리, 종로 네거리, 단성사 앞을 비롯해 전국 각 지회에서 민중대회를 강행하기로 하였다. 그러나 일경은 대회가 열리기 전에 신간회 간부를 검거하고 회원 44명을 구금하였다. 결국 신간회 주요 간부가 수감되었고, 지방에 가 있던 나머지 간부들은 금족(禁足)을 당하거나 다른 사건으로 검거되어 본부는 거의 공백 상태에 빠졌다. 이때의 대검거에는 권동진·한용운·조병옥·이관용 등 민족주의자들도 포함되었으나, 사회주의자들이 대부분 검거되었으므로 그때까지 이들에 의해서 주도되었던 신간회는 거의 마비 상태

---

36 『朝鮮日報』, 1930. 9. 7.

66

에 빠지고 말았다. 이 민중대회사건으로 허헌·홍명희·이관용·조병옥·김무삼(金武三)·이원혁 등 6명은 공판에 회부되고 나머지는 얼마 후 석방되었다.

민중대회사건은 성격상 비합법적 투쟁이었고, 신간회 집행부가 이전과 다른 방법으로 실천한 획기적 항쟁이었다. 이는 '비타협적'을 표방하면서 합법적으로 활동해 왔던 기존 신간회운동의 한계를 극복한 적극적 항일투쟁이었다. 이 사건을 계기로 하여 신간회의 주도권은 김병로를 비롯한 새로운 후임자들에게 넘어간다.

(3) 제3기(1930년 11월 9일~1931년 5월 16일)

민중대회사건에 연루된 간부들의 피검으로 신간회 본부는 거의 허탈 상태에 빠졌으며, 1930년 11월 9일 전체대회 대행 중앙집행위원회가 열려 정식으로 김병로 집행부가 구성될 때까지 침체를 면치 못하였다. 이런 상황은 그동안 중앙본부에서 배제되었던 민족주의자들에게 다시 주도권을 장악할 수 있는 기회를 제공하였고, 이들은 대부분의 간부들이 구속되어 있는 상태에서 신간회를 주도해 나갈 수 있었다.

민족주의자들이 신간회 중앙본부의 주도권을 장악하는 데는 일단 성공했지만, 1929년의 세계대공황의 영향으로 심각한 타격을 받은 일본제국주의가 식민지에 전제적(專制的)인 지배를 강화함으로써 민족운동은 침체되었고 신간회 역시 별다른 활동을 전개하지 못하였다. 이런 측면에서 신간회 활동 제3기는 소극화 및 내부 분열기라고 할 수 있다. 이 상황에서는 신간회에 대한 일반 민중과 참가자들의 기대나 의미 부여도 다소 변하게 되었으며, 민족주의와 사회주의 간의 협동의 한계나 제한적인 성격도 인식하게 되었다.

신간회 지도부 내의 민족주의와 사회주의 진영의 주도권 장악을 위한 대립은 민족협동전선에 분열을 가져왔고, 일제의 탄압이 강화됨에 따라 신간회의 활동 역시 위축되었다. 이런 이유들로 민중들이 민족협동전선에 가졌던 기대와 열망도 약화되어 갔다. 이러한 상황에서 "… 김병로 이하의 중앙간부들이 신간회의 보다 나은 발전은 차제(此際)에 자치운동으로의 전환하는 것 이외에는 달리 길이 없음을 자각하고 점차 우익적 경향을 보이게 되자 …"[37] 민중들의 비조직적이고 자연발생적인 운동에 자극을 받아 신간회를 보다 전투적인 단체로 만들어 가려는 각 지회들의 요구와 중앙본부 사이의 대립은 점점 심각해졌다. 특히 중앙본부에 버금가는 영향력을 가진 경성지회와 중앙본부의 대립은 제3회 중앙집행위원회를 계기로 다시 표면화하였다. 이러한 와중에 지방지회에서 신간회 해소론(新幹會解消論)이 대두되어 신간회는 또 다른 위기를 맞게 된다.

신간회 내의 사회주의 계열들은 대체로 신간회의 사명과 역할이 이미 시대의 요구에 부응하지 못한다고 판단하고 신간회 해소론을 주장하고 나섰다. 신간회 해소론은 1930년 12월 6일 신간회 부산지회(釜山支會) 대회에서 김봉한(金鳳翰)이 처음 제기하였는데, 그의 주장은 "현재의 신간회는 소(小)부르주아적 정치운동 집단으로서 하등의 적극적 투쟁이 없을 뿐만 아니라 전(全) 민족적 총역량을 집중한 민족적 단일당이란 미명 아래에서 도리어 노농대중(勞農大衆)의 투쟁욕을 말살시키는 폐해를 끼치고 있다"[38]는 내용으로 요약할 수 있다.

부산지회 대회는 김봉한이 제기한 해소론을 연구과제로 남기고 결정은 일단 보류하였으나, 신간회 해소론은 각 지방 대회에 파급되어 가면서 찬반 논쟁을 야기시켰고, 사회주의자들은 해소론을 확산시켜 나갔다. 신간회

---

37 京畿道警察部, 『治安槪況』(1935년 3월), 39~40쪽.
38 『東亞日報』, 1930. 12. 18.

해소를 둘러싼 찬반 논쟁 속에 지방지회는 하나둘 해체되기 시작하였다. 평양지회(平壤支會)에서 정식 해소 결의가 된 것은 1930년 12월 27일이다. 해체론의 명분은 "신간회는 조직 이래 행동강령을 세우지 못하고 대중의 계급의식을 말살할 뿐 아니라 도리어 계급투쟁을 방해하는 폐해가 있으며 앞으로 신간회운동을 새로운 운동 방향 방침에 의하여 개혁할 수도 없으니 해소함이 마땅하다"[39]는 것이었다. 부산지회와 평양지회의 해소론에 뒤이어 인천지회(仁川支會)·경성지회 등을 비롯한 각 지회에서 해소 건의가 일어나자, 본부에서는 1931년 5월 15~16일에 걸쳐 전체대회를 열어 해소 문제를 표결에 부쳐 가(可) 43, 부(否) 3으로 해소가 가결되고 말았다. 이리하여 신간회는 창립대회와 해소대회 단 두 번밖에 전체대회를 열지 못한 채 허무하게 해소됨으로써 더 투쟁할 수 있는 역량조차 해소되고 말았다.

신간회가 해소되는 데에는 창립 발기인들이 주축을 이룬 중앙본부, 일반 대중이 중심이 된 지방지회, 신간회의 이러한 양 기축을 끊임없이 압박한 일제라는 세 가지 요소가 작용하였다. 신간회 지회조직의 팽창은 오히려 신간회의 존립을 위협하는 결과를 가져왔다. 지회들의 강력한 활동 전개는 일제의 탄압을 초래하였고 한계 조직으로서 신간회의 필요성을 가장 절감하는 중앙본부의 제재를 유발시켰는데, 이 점이야말로 신간회 해소의 원인이 되었다고 볼 수 있다. 일제의 탄압은 신간회를 점차 무력화시켰고, 그중에서도 중앙본부에 큰 타격을 주었으며, 본부가 무력화될수록 본부의 지위를 부정하려는 각 지회의 거센 반발이 이어졌다.

신간회 본부의 무력화는 자체의 내분을 몰고 왔는데, 중앙본부 간부진 내의 내부 분열은 좌익계와 우익계의 잡다한 배경을 가진 신간회가 외부 환경의 압력에 직면하면서 드러난 한계이자 취약점이기도 하였다. 이념

---

39 『東亞日報』, 1930. 12. 29.

적 합작이나 그것을 위한 구체적인 노력 없이, 단순한 물리적 결합만으로 결성되었던 신간회의 내부 모순은 외부적 한계 상황에 의해 심화되어 갔다. 이것이 신간회 기능의 마비와 운동 성과를 저하시키는 중요한 원인이 되어 해소론의 단서가 되었다. 김병로 등 중앙본부 간부들이 자치론으로 방향 전환을 한 것은 민중대회사건으로 치명상을 입은 신간회가 취할 수 있는 마지막 대안이었지만, 지회 민중운동가들로부터의 고립을 자초하였고 자금과 인적 배경 등이 막강한 자치운동 계열의 인사들에게는 경시되는 상황에 놓이게 된다. 아무튼 자치론이라는 것은 신간회 창립 정신을 포기하는 것이나 다를 바가 없었다.

신간회가 해체되는 과정에서 주목해야 할 점은 일제의 교묘한 탄압이다. 우선 조선총독부 경무국은 지방지회에 대해서 해산 압력을 가하였다. 심지어 해소는 곧 해체라 하여 해소안이 통과된 그 시각부터 신간회의 집회를 일체 금지시켰다. 다음으로는 코민테른의 전략전술을 무비판적으로 수용하여 해소를 주장하고 단행한 사회주의자들의 행동을 지적할 수 있다. 사회주의자들의 이 같은 비현실적 행동은 일본제국주의와 타협한 자치운동론자들에게만 유익한 결과를 제공했을 뿐이다. 마지막으로 김병로 집행부의 우경화 내지 투쟁정신의 약화를 들 수 있다. 결국 민중들의 여망에 근거하여 형성된 최초·최대의 민족단일전선으로서의 신간회는 상반된 이념을 수용·승화시키지 못한 채 실패하고 말았다.

신간회의 해소 이후 사회주의자들은 적극적으로 노동자·농민 들을 조직화하고 이들을 민족해방운동으로 동원하려고 하였다. 가중되는 일제의 탄압 아래서 이들 조직들은 적색노조(赤色勞組)·적색농조(赤色農組)로 전환하여 비합법적 폭력투쟁으로 전환하였으나, 객관적·물리적인 힘의 부족으로 좌절되고 와해되어 버림으로써 민족해방운동의 지속적인 전개는 불가능해졌다.

한편 비타협적 민족주의자들은 신간회와 같은 민족단일전선을 다시 수립하고자 시도하였지만, 이미 극좌의 방향으로 나아간 사회주의자들의 반대와 민족적 협동의 필요성을 알면서도 신간회 활동의 실패로 인한 소극적인 민중들의 반응 때문에 전제적인 식민지배 아래에서 민족해방을 위한 민족적 총역량의 결집이라는 과제는 더 이상 별다른 진전을 보지 못하고 말았다.

2. 신간회의 성격

이념과 주장이 서로 다른 사람들이 조국 광복이라는 공통적인 목표를 위해 성립된 신간회의 성격을 파악하기 위해 회의 강령을 분석하고 그 이념을 살펴보자.

(1) 신간회의 이념

1927년 1월 19일 신간회는 28인의 신간회 발기인이 정식으로 발기인대회를 마치고, 신간회 강령을 공표하였다. 발기인 명단과 강령은 다음 날인 1월 20일 자 3개 한글 신문에 일제히 보도되었다. 『조선일보』는 사설 「신간회의 창립준비─진지한 노력을 요함」에서 "우경적 사상을 배척하고 민족주의 좌익전선(左翼戰線)을 형성하여 변동되려는 시국에 책응(策應)하고 그 성과를 후일에 기코저함이 목적"이라고 설명하였다. 『조선일보』는 「민족적 각성 촉진과 우경 사상 배척─순민족주의(純民族主義) 단체로 창립준비는 2월 15일」이라는 제목으로 신간회가 발기되었음을 보도하면서, 다음과 같이 3대 강령을 소개하였다.

一. 우리는 정치적·경제적 각성을 촉진함

一. 우리는 단결을 공고히 함

一. 우리는 기회주의를 일체 부인함[40]

　여기에 신간회 강령 첫머리의 표현법이 '우리는'으로 시작되었다는 점에 주목할 필요가 있다. 신간회 발기를 주도하고 강령과 규약을 직접 작성한 이승복(李昇馥)은, 당시는 '아민족(我民族)' 또는 '오등(吾等)'으로 표현함이 통례였으므로, 신간회 강령도 처음에는 '아민족'으로 생각했었으나 조선총독부가 신간회 조직을 승인할 것 같지 않아서 '우리는'으로 바꾸었다고 증언하고 있다. 그에 따르면, '아민족'으로 표현하는 것보다 더 적극적이고 진취적인 표현법으로 '우리는'을 사용한 연유는 아일랜드의 공화당이 1902년 내건 정강 '신페인[Sinn Fein(We ourselves)]'을 본받았다는 것이다. 평화를 사랑하고 자유를 존중하는 뜻과 1918년에 미국 윌슨 대통령이 주장한 민족자결주의의 결과 체코가 오스트리아·헝가리제국의 해체를 주장하였다는 역사적 사실에 비추어, 신간회 강령 첫머리를 '우리는'으로 표현하기로 결정하였다고 한다. 이것은 우리 민족의 문제는 우리들 스스로 해결하자는 뜻에서 사용한 것이라고 한다.[41]

　신간회 강령의 내용을 살펴보면, 첫째, 조선민족이 일제의 지배로부터 정치적(제국주의)·경제적(식민주의) 각성을 통해 독립운동의 필요성을 인식하여 독립 의지를 강화하자는 내용이다. 둘째, 당시 사회주의와 민족주의 양 계열로 나뉘어 있던 조선인들의 독립운동 역량을 하나로 집결·단일화하여 항일투쟁을 해야 한다는 것이었다. 셋째, 송진우·김성수 중심의 동아일보계와 최린 중심의 천도교 신파 계열, 안창호(安昌浩)의 영향을 크

40　『朝鮮日報』, 1927. 1. 20.
41　李昇馥 면담(1972. 8. 2.)

72

게 받은 이광수·최남선 등이 주장해 온 자치운동의 우경적 타협주의 세력을 배격한다는 것을 의미하였다.

신간회 강령들의 문구가 온화하기는 하지만, 내용은 비타협적 민족운동의 정신과 운동 전략을 매우 포괄적으로 표현하였다. 신간회 발기인과 창립인들은 신간회가 민족운동의 견지에서 획기적 회합이 되기를 바라면서 우경화 사상(대일 타협 노선)을 배척하고 민족주의 좌익전선(대일 비타협 노선)을 형성하여 가변적 시국에 대응하고자 하였다. 이러한 의도는 신간회가 태동할 무렵 홍명희가 『현대평론(現代評論)』 창간호에 「신간회의 사명」이라는 제목으로 발표한 글에 잘 나타나 있다.

> … 장차 일어날—일어나지 않고 마지아니할 우리의 민족적 운동은 어떠한 목표를 세우고 나가게 될 것인가 대개 세우지 아니하면 아니 될 목표는 오직 하나일 것이나 바르게 그 목표로 나가고 아니 나가는 것은 우리들의 노력 여하로 결정될 것이다. 제국주의 아래 압박을 당하는 민중은 ○○○○○를 배척하는 것이 당연 이상 당연한 일이지마는 ○○○○○유혹에 방임하면 배척은 커녕 도리어 구가도 하게 된다 하고 사회에서 선각자로 자처하는 이른바 지식계급 인물 중에 개인적 비열한 심계로 민족적 정당한 진로를 방해할 자도 얻기 쉽지 않으니 만약 불초(不肖)한 인물이 부당하게 민중을 지도한다 하면 운동이 당치도 않은 길로 나갈는지 모를 일이다. 우리는 민족적 운동으로 그 길로 그르치지 않고 나가게 하는 것은 곧 우리들의 당연히 노력할 일이다. … 그러므로 우리들은 우리의 경우가 허락하는 대로 과학적 조직—일시적이 아니요 계속적인 또는 개인적이 아니요 단체적인—행동으로 노력하여야 할 것이니 새로 발기된 신간회의 사명이 여기 있을 것이다.[42]

---

42 洪命熹, 「新幹會의 使命」, 『現代評論』 創刊號(現代評論社, 1927年 2月號), 62~63쪽.

『조선일보』의 연재 논문 「전민족적 단일당의 조직과 임무에 대하여」에서도 신간회를 민족단일당으로 설정하면서 다음과 같이 사명을 강조하였다.

조선 금일의 단일전선당은 먼저 자체의 비판과 인식이 명확하여야 한다. 즉 정치투쟁을 그 근본 임무로 한 정당임을 인식하여야 한다. … 정당은 일정한 원칙적 강령에 토대하여서만 조직되고 그 원칙 강령은 당국의 정치행동에 대한 구체적 강령을 통하여서만 실현될 수 있다. 만일 원칙적 또는 구체적 강령이 없이는 정당의 형식도 가질 수 없다. 그러므로 단일전선당은 먼저 대소의 강령을 요한다. 그리고 구체적 행동강령은 필히 원칙적 강령에 근거하여서만 달할 수 있게 된다. 그러나 원칙 강령은 지면의 관계로 논급치 못하고 다만 일반의 암묵리(暗默裡)에서 일치되는 원칙 강령의 의미만에 의지하여 행동강령의 기조적(基調的) 조건만을 제거(提擧)하여 둔다.

가. 대중을 움직일 수 있는 위대한 역량을 가져야 할 것.

나. 대중의 부분적 당면 이익에 관한 일체 요구를 대표할 것.

다. 나날이 민족 각 계급 각층에서 가하여 오는 일체 정치적 음모의 폭로.

라. 제국주의적 정치에 대한 전 민족 각 계급 각층의 일체 요구를 대표할 것.

마. 기회주의적 개량주의적 일체 운동과의 철저적 투쟁.

바. 대중의 의식을 앙양시킬 수 있는 그리고 실지적 전야(戰野)에서 대중의 조직과 훈련을 더 들 수 있는 기회와 수단.[43]

신간회운동에 적극 참여하였던 조병옥은 뒷날 회고에서 신간회의 창립

---

43 金萬圭, 「全民族的 單一黨 組織과 任務」(五), 『朝鮮日報』, 1928. 1. 25. 이 글은 『朝鮮日報』에 1928년 1월 1일~1월 25일 사이에 5회 연재되었는데, 실제로 탈고한 날짜는 1927년 12월 26일이었다.

경위를 밝히는 가운데 "3·1운동을 일으킨 지 10년밖에 지나지 않았던 때였으므로 온 겨레들은 민족정신에 입각해서 민족해방운동 조류에 휩쓸리기 쉬운 때"였다고 하면서, "민족운동선상에 … 잡음을 노출하는 기현상이 나타났으니 그것은 … 공산주의의 침투공작이었다"고 논하고는 다음과 같이 말하였다.

일제의 경찰당국은 민족주의자와 공산주의자 간에 벌어지고 있는 암투를 역이용하여 이간책을 써서 그 암투를 더욱 격화시켰던 것이다. … 이 위기를 극복하기 위해서 각 단체 간부들과 긴밀한 연락을 취하여 협의한 결과 민족주의와 공산주의는 그 목적하는 바 이념과 투쟁 방법이 다르다고 할지라도 우리 한국의 현실적 입장으로 보아서는 자주독립을 쟁취하지 않고서는 민족주의든 공산주의든 간에 그 이념이 공염불에 지나지 않게 되므로 우리들은 먼저 우리의 자주독립을 쟁취한 연후에 그때 가서 다시 논의해 보자는 결론을 내려 민족주의자와 공산주의자를 연합해서 신간회를 만들게 되었던 것이다.[44]

비타협적 민족주의자가 사회주의자와 단일전선을 폈다는 것은 타협적 자치운동자와는 달리 일제에 저항하기 위해 사회주의·공산주의를 일단 인정한 것이었으나, 무조건 인정한 것은 아니었다. 이는 1925년 9월 15일 조선사정조사연구회(朝鮮事情調査研究會, 일명 조선사정연구회)에 참여한 인사들이 다음과 같이 합의한 데에서도 알 수 있다.

극단적인 공산주의를 주장하고 외국의 제도·문물·학설 등을 곧바로 받아들여 조선에 통용 실시하려는 등의 과격한 주장을 하는 사람들이 있지만 조선에

---

44 趙炳玉, 『나의 回顧錄』(民教社, 1959), 96~97쪽.

는 조선역사가 있고 독특한 민족성이 있기 때문에 그와 같은 것은 조선민족을 자멸로 이끄는 것이다. 따라서 그 가부(可否)를 충분히 연구하여 그것의 장점을 받아들여 민족정신의 보존에 힘쓰지 않으면 안 된다.[45]

이러한 주장은 어디까지나 민족주의적인 입장에 서서 민족의식의 보전에 힘쓰며, 공산주의에 대해서는 다만 그 "가부를 잘 연구하여 장점을 취하는"데에서 그치려 했던 것이다. 안재홍은 1927년 9월 4일 신간회 상주지회 설립기념 강연에서 신간회의 창립 취지를 밝히는 가운데, 3·1운동의 정신적 승리를 예찬하고 조선인 본위의 교육의 필요성을 역설하는 한편, 산업·교통 정책이 '이일해조(利日害朝)'의 구실밖에 하지 못한다고 지적하면서 총독정치를 신랄하게 비판하였다.[46]

신간회의 민족운동은 항일민족주의와 경제적 사회주의가 결합된 대중적 민족주의운동이었다. 민족주의와 사회주의를 묶어 가능한 한 조화시키려는 민족주의 좌파의 노력은 당시 민족운동 평론가들의 다음과 같은 글에서도 확인할 수 있다.

- 조선 민중운동에는 특별한 사회주의도 없고 특별한 민족주의도 없고 단지 경제적 방면에서 진행하면 사회주의적 운동이 되고 정치적 방면에서 진행하면 민족주의적 운동이 되는 것이라는 사실에 의해서 해석하는 도리밖에 없다.[47]
- 민족운동이라고 하면 단지 혈통과 역사와 전통을 복구하려는 운동만이 아

---

45 慶尙北道警察部, 앞의 자료, 47쪽.
46 慶尙北道警察部, 앞의 자료, 50쪽에서 인용하였다.
47 趙奎洙, 「朝鮮民衆運動의 過去及現在」, 伊藤卯三郎 編, 『朝鮮及朝鮮民族』 第1輯(朝鮮思想通信社, 1927), 80쪽.

니다. 반드시 부의 분배와 권력의 균형 등을 총체로 하는 전 민족의 행복을 위한 운동이 아니면 안 된다. 그런고로 민족문제로서 사회문제를 포함하지 않는 것이 없고, 사회문제로서 민족문제를 포함하지 않는 것이 없다.[48]

1920년대 초 민족주의 진영의 분화가 이루어지기 전, 사회주의 진영은 민족운동을 부르주아운동이라 규정하고 전면 부정하였다. 그러나 민족주의 진영이 좌·우로 갈린 뒤로는 사회주의자들은 계급투쟁 측면을 강조하면서도 민족주의 좌파와의 협동의 필요성을 인식하게 되었다.

사회주의자들이 민족주의운동과 제휴를 논의하기 시작한 것은 식민지에서 민족해방운동의 필요성에 대한 명확한 인식에서 나온 것이었으며, 1926년에 이르러 사회주의자들의 민족운동에 대한 인식은 좀 더 심화되었다. 6·10만세운동을 조직화한 한 사람이며 조선공산당 중앙간부와 고려공산청년회(高麗共産靑年會)의 책임비서였던 권오설은 6·10만세운동으로 독립운동을 일으킨 본심을 다음과 같이 토로하였다.

우리들의 종국적 목적은 조선의 적화에 있는 것이지만 거기에 도달하기까지의 계단으로써 독립운동을 일으키려는 것이다. 또 독립운동이란 환언하면 약소 민족의 해방운동이고 우리들 공산주의운동도 무산계급의 해방운동에 귀결되므로 해방운동이라는 점에 있어서는 일치하는 점이 있으므로 양립할 수 없다는 것이 아니다.[49]

일월회의 지도자로서 신간회 창립의 촉진제가 된 「정우회 선언」을 발표하는 데 주동적 역할을 한 안광천은, 1925년 7월 잡지 『신사회(新社會)』 창

---

48 李覺鐘, 「朝鮮民族思想變遷の槪要」, 위의 책, 68쪽.
49 金俊燁·金昌順, 앞의 책 2, 445쪽.

간호에서 다음과 같은 견해를 이미 밝힌 바 있다.

식민지 해방운동은 민족주의운동-사회주의운동 양대 조류로 나누어져, 초기에는 전자가 후자를 지배하고자 하고 후기에는 후자가 전자를 지배하고자 하는 것이다. 따라서 사회주의는 민족주의자에 대해서 초기에는 그 기만성을 민중 앞에 지적 공격하지만 후기에 이르러서는 사회운동의 민중적 지지가 완강하게 되어 민족운동을 컨트롤할 자신이 생기게 되면, 그 반역성을 사랑하며 제휴하고자 하기에 이르는 것이다. 조선사회운동은 이미 안심하고 민족운동과 제휴해야 할 때이다.[50]

신간회는 분열되었던 민족해방의 역량을 총집결시켜 민족적 단결을 이루어 일제와 투쟁하고, 일제와 타협하여 자치운동을 주장하는 우경적 민족주의자들과도 투쟁할 것을 근본이념으로 삼았다. 나아가 신간회는 궁극적으로 민족 내의 대립을 지양하면서 민족 내에서 제기되는 계급 대립 문제를 해결하기 위해 노력하였다. 그것은 타협주의 노선에 반기를 들고 사회 발전과 문화투쟁을 포괄하는 민족해방운동으로 통칭될 수 있다.

신간회는 항일민족운동의 주류를 형성하여 민족 향상과 민중 지향의 일원화된 조직체로서 주체적 민족운동을 전개하고자 하였다. 사회적 지도층과 민중들이 총망라되었을 뿐 아니라 민족운동의 단일체를 형성하는 데에도 적지 않게 이바지하였는데, 비타협적 민족운동으로 민족의 자주 역량을 집결한 단일당운동체(單一黨運動體) 신간회는 강령에 나타난 대로 정치적·경제적 각성을 촉진하고 모든 민족운동 세력의 단결을 공고히 하면서 기회주의적 운동을 배제했던 것이다.

---

50 水野直樹, 앞의 논문(1979), 20쪽.

(2) '사회·민족주의'의 대두

신간회는 민족주의 좌파와 사회주의자들이 처음에는 물리적으로, 뒤에
는 사상적·이념적으로 합치됨으로써 우리나라 최초로 '사회·민족주의
(社會·民族主義)'[51]를 탄생시켰다. '민족단일당'이라는 기치 아래 『조선일
보』계(系)의 민족주의, 절대독립론자(絶對獨立論者), 천도교 구파(舊派), 기
독교, 불교, 재야유림(在野儒林)과 학계, 사회주의 계열인 화요회·북풍회·
서울청년회계의 구성원들로 성립 기반을 이루었으므로, 3·1운동 때보다
도 훨씬 더 광범위한 민족대표를 참여시킨 범(汎)민족단체였다.

신간회의 성격을 단적으로 드러내 주는 회원들의 직업별 구성을 보면,
농업이 53.9%로 반 이상을 차지하고, 다음으로 노동이 15.1%이나 직공
(職工)을 합칠 경우에는 22.1%가 된다(표 2 참조).

신간회운동 당시 한 논자는 〈표 2〉가 의미하는 바를 "… 신간회 구성분
자인 회원을 직업별로 상고해 보면 농업이 그 수위(首位)를 점하고 다음은
노동, 상업, 직공, 기타 샐러리맨 소시민들이다. 그러나 여기에 농업이란
것이 과연 호미와 보습을 잡은 농민인가 하면 결코 그런 것이 아니고 그저
그들은 농민 출신의 인텔리겐치아이거나 룸펜프로(룸펜프롤레타리아트의
약칭)―직업 없이 유랑(流浪)하는 무산자(無産者)―이다. 자기네 집이 아직 농
촌에 있고 그 친족이 농업에 종사한다 하여 직업란에 농업이라 한 것이다.
노동이란 직업에 근(近) 6,000명이나 있다는 것은 특히 주목할 바이지만
그마저도 실제로 노동에 종사하는 자가 과연 몇 명이나 될까? 대개는 노
동과 인연이 있는 인텔리겐치아이거나 그렇지 않으면 그와 인연이 있는

---

51 '사회·민족주의'는 단순히 민족주의도 아니고 단순한 사회주의도 아닌 사회민주주의(社
會民主主義)에 가까우나, 그 사상체계가 완벽하게 확립되지 않았으므로 이러한 개념을
잠정적으로 설정하였다. 三木淸 外, 『社會史的 思想史』(東京: 岩波書店, 1949).

〈표 2〉 신간회 회원의 직업별 구성

직업	인수(명)	비율(%)	직업	인수(명)	비율(%)
농업	21,514	53.90	학업	342	0.86
어업	112	0.28	교원	367	0.92
목축	3	0.01	교역자(教役者)	255	0.64
노동	6,041	15.14	대서(代書)	83	0.21
직공	2,783	6.97	여관	45	0.11
공업	678	1.70	사진	666	1.67
상업	4,315	10.81	재봉	52	0.13
은행원	29	0.07	측량	5	0.01
회사원	447	1.12	인쇄	95	0.24
기자	647	1.62	이발	233	0.58
의사	241	0.60	운수	24	0.06
변호사	34	0.09	미상	868	2.17
저술	31	0.08	계	39,910	100

출처: 『朝鮮日報』, 1931. 5. 18.
비고: 총계는 원자료에 39,410으로 되어 있으나 다시 계산하여 수정하였음.

룸펜프로일 것이다"[52]라고 지적하였다.

　이를 참고하면, 〈표 2〉에 나타난 농업·노동·직공에 속하는 범주가 엄격한 의미에서 노동자·농민층으로 보기는 어렵다 하더라도, 기본적으로는 이들과 유사한 성격을 갖는 사회적 범주로 볼 수 있다. 10.81%를 점하고 있는 상업의 대부분은 상점주(商店主)·행상인(行商人)·점원 등으로, 상업자본가(商業資本家)라고 불리는 층은 그다지 많지 않다고 생각된다. 기자부터 대서까지는 인텔리라고 말할 수 있는 층이지만, 이들을 합해도 5.02%에 지나지 않았다. 신간회의 지도적 지위를 인텔리층이 점유하였던 것은 무시할 수 없지만, 본부의 간부만을 보고 신간회를 인텔리 조직으로 간주하는 견해는 적당치 않다.[53] 전체적으로 볼 때, 신간회는 농민을 포

52　金俊燁, 앞의 글, 5쪽.
53　水野直樹, 앞의 논문(1977), 99쪽.

함하여 농촌에 기반을 둔 계층이 반 이상을 차지하고, 노동자가 인구에 비해서 상당히 많이 참여하였으며,[54] 도시 주변의 중간계층들도 다소 참여한 조직이었다.

그러나 "신간회는 시작될 때 처음부터 글자 모르는 사람은 입회(入會)시키지 않기로 한 것입니다. 자필자서(自筆自署)가 아니 되면 회원 자격이 없었어요"[55]라는 증언으로 볼 때, 신간회의 가입은 원서를 본인이 직접 써야 했으므로 유식인(有識人)이어야만 하였다. 신간회가 해산할 무렵인 1931년 당시에는 회원이 4만여 명에 달했으므로 당시 문자해득자(文字解得者)의 10%를 상회하는 것이었다. 이것은 신간회가 민중 깊숙이 광범위하게 뿌리박았음을 말해 준다.

'문화정치'라는 미명 아래 간교한 계층분할정책과 민족운동에 대한 회유와 분열정책을 실시하면서 합법적인 민족단일전선에 대해서도 직접적으로 탄압하기보다는 방관하는 척하면서 자신들의 의도대로 조종하려는 조선총독부가 신간회의 창립을 허가해 준 데는 몇 가지 이유가 있었다.

첫째, 총독정치와 불가분의 관계에 있는 지주계층이 신간회에 가입하게 되면 그들을 통하여 그 내부 탐색과 막후 소집이 가능하다고 믿은 점, 둘째, 노도(怒濤)와 같이 대륙에서 밀려오는 공산주의 사상의 공세 속에서 좌우 양익(兩翼)의 사상가들을 한 우리 안에 집결시켜 놓으면 그들의 감시와 단속이 용이하리라고 믿은 점, 셋째, 본질적으로 서로 용납할 수 없는 자산층(資産層)과 무산층(無産層)을 한 우리 안에 넣어 서로 싸우게 하여

---

54 이 시기 전체 인구에서 차지하는 노동자의 비율은 광업, 공업, 기타 유업자(有業者)를 다 포함시켜도 50% 미만이었다. 金泳謨, 「日帝下의 社會階層의 形成과 變動에 관한 研究」, 趙璣濬 외, 『日帝下의 民族生活史』(民衆書館, 1971), 594쪽.

55 平洲 李昇馥先生 望九頌壽紀念會, 『三千百日紅平洲 李昇馥先生八旬記』(人物研究所, 1974), 167쪽.

불로소득·어부지리(漁父之利)를 올릴 수 있으리라 믿은 점이다.[56] 이에 따라 민족단일전선의 결성을 허가해 주어 합법단체로 창립된 것이다.

일제 치하에서 그 조직이 창립되었다는 자체가 이미 한계를 내포하였지만, 신간회는 각 지회의 활동 상황을 볼 때 3·1운동 이후 처음으로 민족정당다운 조직체로서 3·1운동 때와 같이 비조직적인 항일운동이 아니라 의식적·계획적 활동을 이어 나갔다. 신간회 지방지회에서는 그 지방의 지방행정이나 시사문제(時事問題)들을 쟁점으로 일당(一黨) 투쟁을 전개하는 과정에서 민중들의 말단 지역 지배기구에 대한 불만을 전체 식민지배체제의 구조적 모순에 대한 불만으로 인식의 차원을 끌어올리려고 노력하였다. 이때 주로 제기한 문제들은 무산아동 수업료 면제, 조선어 교수(敎授) 요구, 조선인 착취기관 철폐, 이민정책 반대, 타협적 정치운동 배격, 대정(大正) 8년(1919) 법령 및 조선인에 대한 특수취체(特殊取締) 법규 철폐, 각 군(郡)의 농회(農會) 반대, 조선인 본위 교육제 실시, 과학사상 연구의 자유권 획득, 제국주의의 식민화교육정책 반대, 향교(鄕校) 철폐와 그 재산권의 획득 등이었다.[57] 이런 과정에서 전국적으로 행해진 각종 연설회나 강연회가 민중들을 향한 민족의식을 인식시킴으로써 사회운동을 통한 의식화, 나아가서는 사회 근대화에 기여하였으리라 생각된다.

이 시기에는 노동자·농민들의 운동이 증대하였다. 신간회 지회에서 활동하고 있는 사회주의자들은 대부분이 노동자·농민들의 조직에도 직접·간접으로 관계를 맺고 있었다. 따라서 신간회 지회에서는 노동자·농민의 요구를 반영하는 결의나 지지 선언 등을 발표함으로써 이들의 투쟁을 지원하기도 하였다. 이런 일련의 과정을 통해 신간회의 활동은 보다 적극적

---

56 宋建鎬, 『韓國現代史論』(韓國神學硏究所出版部, 1979), 461~462쪽.
57 趙芝薰, 「韓國民族運動史」, 高麗大學校民族文化硏究所 편, 『韓國文化史大系(民族·國家史)』 I (高大民族文化硏究所 出版部, 1964), 781쪽.

인 성격을 띠게 되었다. 이 같은 예는 신간회 동경지회(東京支會)의 경우에서 잘 찾아볼 수 있다.

1927년 12월 18일의 신간회 동경지회 제2회 대회 보고 및 제출 안건 중 「운동방침에 관한 의견서」를 보면 신간회의 목적과 성격을 '민족적 비타협적 단일당'으로 규정하였다. 이 의견서는 민족문제를 일본의 헌법적 차원 운동으로 변질·추락시키려는 일부 타협적 민족주의자들을 통렬히 규탄하는 한편, 자치운동을 배격하며 일제의 억압·착취에 투쟁하는 전선(戰線)의 통일, 단일당의 결성이 절대적 전제 조건이라고 주장하였다. 나아가 현재의 신간회 강령이 민족단일당의 차원에서는 너무 미온적이며 평범하다고 지적하면서, 새롭게 3개 항의 강령을 다음과 같이 제시하였다.

一. 우리는 조선민족의 정치적·경제적 해방의 실현을 기(期)한다.
一. 우리는 전 민족의 총역량을 집중하여 민족적 대표기관이 되기를 기한다.
一. 우리는 일체 개량주의운동을 배격하며 전 민족의 현실적 공동이익을 위하여 투쟁하기를 기한다.

이와 함께 동경지회는 당면 정책을 다음과 같이 제안하였다.

① 언론·집회·출판·결사의 자유
② 조선민족을 억압하는 법령의 시행을 일절 금지할 것
③ 고문제(拷問制) 폐지, 재판의 절대 공개
④ 일본 이민 반대
⑤ 부당 납세 반대
⑥ 산업정책의 조선인 본위
⑦ 동양척식회사 폐지

⑧ 단결권·파업권·단체계약권의 확립

⑨ 경작권의 확립

⑩ 최고소작료(最高小作料)의 공정

⑪ 소작인의 노예적 부역 폐지

⑫ 소년 및 부인의 야간노동, 갱내(坑內)노동 및 위험작업의 금지

⑬ 8시간 노동제 실시

⑭ 최저임금·최저봉급제의 실시

⑮ 공장법·광업법·해운법(海運法)의 개정

⑯ 민간교육기관에 대한 허가제 폐지

⑰ 일체 학교교육의 조선인 본위

⑱ 일체 학교교육 용어의 조선어 사용

⑲ 학생 생도(生徒)의 연구 자유 및 자치권의 확립

⑳ 여자의 법률상 및 사회상의 차별 철폐

㉑ 여자의 인신 매매 금지

㉒ 여자교육 및 직업에 대한 모든 제한 철폐

㉓ 형평사원(衡平社員) 및 노복(奴僕)에 대한 모든 차별 반대

㉔ 형무소 대우 개선, 독서·통신의 자유[58]

이와 같은 투쟁 목표는 당시의 현실을 정확히 분석 파악한 '사회·민족주의' 구호로, 신간회가 민족단일전선의 면모를 갖추고 의욕에 넘쳐 있었음을 알 수 있다.

앞에서 보았듯이, 신간회는 '민족주의 좌익전선'의 기치를 표방하였다. 여기서 좌익전선이란 반제(反帝)·반봉건(反封建)·반식민(反植民)의 적극

---

58 趙芝薰, 위의 논문, 782~783쪽.

적인 항일투쟁을 뜻하였으므로, 민족주의 좌익전선이란 곧 비타협적 민족운동으로 해석할 수 있다. 신간회의 발기·창립을 주도하고 이후 신간회를 지도하였던 홍명희는, 이러한 신간회의 성격을 "신간회의 나아갈 길은 민족운동만으로 보면 가장 왼편 길이나 사회주의운동까지 겸(兼)해 생각하면 중간 길이 될 것이다. …"고 규정하였다.[59] 또한『조선일보』는 사설을 통하여 "… 좌익 민족전선은 당연히 최좌익(最左翼)인 사회운동전선과 연결하게 될 것이다. 그것은 어떠한 물적(物的) 연합이 있거나 없거나 그 투쟁이 공동한 목표를 향하여 되는 날까지에는 반드시 그리될 필요성이 있는 것이요, 또 당위의 일이 되는 것이다. …"[60]라고 하였다. 당시 민족운동에서는 '민족좌익전선'이라는 말이 유행하였다. 이 말의 뜻은 사회주의를 뜻하기보다는 홍명희가 말한 것처럼 우파 민족주의 진영, 즉 자치론자들에 대한 비타협적 민족운동을 의미한다. 당시의 논설에서 가끔 나타나는 '좌익', '좌경', '우익', '우경' 등의 어구는 오늘날과는 사용례가 판이하여 좌우익의 구체적인 내용은 국제 정세나 국내 체제에 따라 매우 유동적이었다. 1920년대 국내의 일반적인 사용 예로는 친일파를 '최우익'(最右翼), 자치론 등 타협적 민족운동을 '우익', 비타협적 민족운동을 '좌익', 사회·공산주의운동을 '최좌익'이라고 하였다.[61]

---

59 洪命熹, 앞의 글.
60 『朝鮮日報』, 1927. 2. 9 사설.
61 千寬宇,「解題(一)」, 安在鴻選集刊行委員會 편,『民世安在鴻選集』1(知識産業社, 1981), 10쪽. 안재홍의 다음 세 사설에 잘 나타난다. ①「조선인의 정치적 분야」(『朝鮮日報』, 1925. 1. 21.)에서 "사회운동자들이 최좌익", "친일자류(親日者流)들이 최우익", "민족운동의 인사들이 중앙당(中央黨)"이라 하였다. ②「조선 금후의 정치적 추세」(『朝鮮日報』, 1926. 12. 16.)에서는 당시의 항일운동을 '민족적 타협운동'·'비타협적 민족운동'·'최좌익의 사회운동'으로 나눈 뒤, "통치군(統治群)들의 정책이 좌익의 운동에 대해서는 억압으로써 하고 우익적 계통에 대하여는 직접 혹 간접의 조장(助長)을 하고 있다"고 하였다. ③「신간회의 창립 준비」(『朝鮮日報』, 1927.1. 10.)에서는 "신간회는 … 우경적 사상을 배척하고 민족주의의 좌익전선을 형성 … 함이 목적"이라고 하여, 이 무렵의 좌우익의 구체적 의미를 제시하였다.

신간회 간부였던 이인(李仁)은 신간회의 성격에 대해 다음과 같이 말하고 있다.

신간회 창립선언문에 보이는 좌익전선 운운(云云)이란 말은 요즘 우리가 생각하는 것과는 아주 판이해요. 일제와 타협하여 실력을 양성하자는 일부 자치운동파에 대한 반발의 의미가 컸고, 말하자면 선명하고도 적극적인 항일을 하자는 흐름이었죠.[62]

이승복의 주선으로 『조선일보』 논설반으로 옮겨 와 지방 순회 강연을 다닌 이관구(李寬求)는 신간회의 성격을 다음과 같이 말하였다.

신간회는 한마디로 말해 건실한 민족단일연합전선으로 일제의 탄압에 대처하기 위한 민족주의 급진 세력과 사회주의 세력의 합작을 위해서 발생한 것이라고 볼 수 있어요. 그리고 그 성립에 있어서 당시 좌익에 대한 탄압이 심해 일부 좌익 세력은 지하로 숨어들어가고 표면에 나타나지 못하게 되어 이들이 공산당으로 되고 말았던 것이죠. 거기에다 민족주의자들이 일부는 개량주의로, 일부는 사회주의로 나서게 되었는데 이 양 세력을 규합하기 위해서 신간회운동이 필요했던 것입니다. 신간회란 우연히 나타난 것이 아니며 역사적인 산물이었다고 볼 수 있어요. 하지만 점차 좌익 세력의 주도권 쟁탈로 그 수습이 어려워지자 광주학생사건을 계기로 일대 민족운동을 일으켜 화려한 막을 내리면서 자폭하자는 전략도 일부에서 일어났습니다.[63]

사학자(史學者) 이선근(李瑄根)은 이렇게 말하였다.

---

62 平洲 李昇馥先生 望九頌壽紀念會, 앞의 책, 173쪽.
63 平洲 李昇馥先生 望九頌壽紀念會, 앞의 책, 178~180쪽.

현시점에서 보는 신간회운동은 그 역사적 단계로 보아 결코 과소평가할 수 없는 민족운동이었다고 보아요. 그 당시만 해도 우리 민족의 역량과 일본제국주의의 탄압하는 역량을 대조해 볼 때 너무나도 세력의 격차가 컸으며 그러한 열세 속에서 일제의 탄압에 대항하기란 힘에 벅찼던 것입니다. 이러한 악조건 아래에서 민족의 해방을 부르짖으며 분연히 일어났던 것이 신간회운동이며 그 주류를 이루고 있던 것이 『조선일보』 그룹에 속하고 있던 지도자들이었지요. 나중에 가서 일부 좌익 세력의 파괴 작용으로 인하여 신간회운동이 해산당했다고는 하지만 그 역사적 역할은 결코 과소평가할 수 없으며 높이 평가해야 된다고 생각해요. 신간회는 좌익운동단체가 아니었으며 단재사학(丹齋史學)의 혈맥(血脈)이 와닿는 순수한 민족운동의 주류였다는 것이 내 견해입니다. 나는 처음 동경지회에서 일을 보기도 했지만 민중대회사건 때 신간회의 역할은 결정적 구실을 하는 것이었습니다."[64]

이 인용문에서 신간회가 민족해방투쟁을 위한 민족단일전선으로 창립되었다는 것을 알 수 있다.

이제 신간회 초기 간부들[65]의 성격을 고찰해 보자. 그들 중에는 3·1운동과 관련된 인물들이 일부 포함되어 있었다. 3·1독립선언서에 서명했던 33인의 민족대표 중에 7명이 신간회에 들어 있었고, 다른 간부들도 대부

---

64 위의 책, 180쪽.
65 ① 신간회 발기인의 명단은 다음과 같다.
金明東·金俊淵·金鐸·權東鎭·鄭在龍·鄭泰晛·李甲成·李石薰·李昇馥·李淨·文一平·朴東完·朴來泓·白寬洙·申錫雨·申釆浩·安在鴻·張志暎·曹晩植·崔善益·崔元淳·河在華·韓基岳·韓龍雲·韓偉健·洪命憙·洪性熹. 이상 28명은 『朝鮮日報』(1927. 1. 20.)에 의거함.
② 신간회 간사의 명단은 다음과 같다.
金明東·金俊淵·金活蘭·金順福·金永燮·權東鎭·權泰錫·張志映·鄭春洙·趙炳玉·李昇馥·李淨·李東旭·李順鐸·李灌鎔·李鈺·李鍾翊·明濟世·文一平·朴東完·朴來弘·朴熙道·白寬洙·宋乃浩·申錫雨·安碩柱·安在鴻·吳華英·兪珏卿·崔善益·崔益煥·韓基岳·洪淳泌·洪性熹. 『朝鮮日報』(1927. 2. 17.)에 의거함.

분 어떤 형태로든지 3·1운동에 참가하였다. 이상재·권동진·신채호(申采浩) 등은 조선 말기 개화운동을 전개했던 인물이었고, 김준연·안재홍·백관수(白寬洙)·신석우·한위건(韓偉健) 등은 동경 유학을 한 학생운동의 지도자로서 독립운동 경력을 구비한 인물들이었다. 이렇게 신간회는 중요한 민족운동가들이 총집합한 민족운동의 총결집체로서 구성되었다.[66]

신간회 간부들을 직업별로 구분해 보면 조선일보사 관계자 12명에 동아일보사와 중외일보사 관계자를 합치면 신문사 관계자가 15명으로 가장 많았다. 다음으로 교사(학교장 포함)가 7명, 기독교 목사가 3명 순이다. 교인들도 여러 명 있었는데, 이상재·조만식 등 기독교 교인 외에 천도교 교인 3명, 유학자 3명, 불교 교인 1명 외에 여러 명의 종교 관계자들이었다. 장길상(張吉相)·홍순필(洪淳泌) 같은 지주·자본가도 참여하였지만, 그들은 열심히 활동하지 않았으며 나중에는 간사직을 그만두었다. 창립 당시의 신간회 본부는 대체로 프티부르주아·인텔리로 구성되어 있었다. 이와 관련하여 『중외일보』의 사설 「신간회의 창립을 보고」에서는 "동회(同會)는 순수한 민족주의를 표방하는 정치적 결사로서 신기록을 만든 것이고, 또 동회의 발기인 제씨(諸氏)는 우리가 평소 경애하는 선배 및 동지이다 …"고 평하였다.[67]

신간회의 기관지 역할을 담당하였던 『조선일보』는 신간회가 발기하기 전후에 '민족좌익전선'으로서 신간회를 지지하는 사설을 실었지만, 창립 전후에도 이와 관련되는 몇 편의 논설을 실었다. 『조선일보』의 논조는 '타협적 민족운동'에 대항함을 목적으로 하는 '민족좌익전선'의 의의를 강조하였다. 신간회가 창립되기 직전인 2월 9일 자의 사설 「민족좌익전선의 의의 및 사명」은 "그의 구경(究竟)의 목적은 좌익적인 민족주의운동에 의해서

---

66 水野直樹, 앞의 논문(1981), 302쪽.
67 水野直樹, 앞의 논문(1981), 306쪽.

정치적 투쟁을 지속한다는 것에 있고 그렇게 해서 그의 구경적 해결을 기하는 데 있다"고 하면서 '대중의 정치투쟁'을 다음과 같이 주장하였다.

　금일의 조선에 있어서 비밀결사가 아니면 민족주의 좌익전선의 임무를 달성하는 것이 가능하지 않다고 하지만, 대중적 투쟁을 촉성(促成)하기에는 이 순정(純正)한 이론에만 따를 수 없다. 대중의 정치투쟁은 그 전지(戰地)에서의 실적에 의해서 시작되고 그 가치의 판단을 내릴 수 있다. 이 같은 견지(見地)에서 우리는 민족주의 좌익전선을 스스로 맡고자 하는 신간회의 장래를 축복하고 편달(鞭撻)하고자 한 것이다.

이 사설은 '대중의 정치투쟁'에 의한 '구경적 해결'이라는 문구로 신간회운동의 진행 방향을 제시한 것이었다. 『조선일보』는 2월 24일에 「단일민족진영(單一民族陣營)」, 「신간회의 창립」이라는 두 개의 시평(時評)에 이어, 5월 12일 「민족단일당」, 8월 7일 「민족단일당의 문제」라는 사설을 통하여 민족단일당으로 신간회의 지향점을 다시 제시하였다. 이들 시평과 사설은 안재홍이 집필하였다고 추정되는데,[68] 신간회를 중심으로 결집해서 민족단일당을 성립시키는 것이 긴요함을 호소하였다.

　원래 『조선일보』는 조일동화주의(朝日同化主義)를 표방하고 나선 친일 신문이었다. 그러나 창간 5개월 만인 1920년 8월 14일 발행인과 사장이 물러서고, 교풍회(矯風會)의 유문환(劉文煥)이 사장, 권병하(權丙夏)가 발행인이 되면서 민족주의적 성격으로 변하였고, 그 후 계속해서 철저한 배일운동을 해 나갔기 때문에 수시로 압수·정간 처분을 받기도 하였다.

　신간회 성립에 주동적인 역할을 한 조선일보 측의 이승복은 당시의 사

68　水野直樹, 앞의 논문(1981), 304쪽.

정을 다음과 같이 회고하였다.

신사상연구회(新思想硏究會)라는 것이 화요회(火曜會), 정우회(正友會)로 발전되어 결국 신간회가 되는데 벽초(碧初) 홍명희가 정주(定州) 오산학교장(五山學校長)으로 부임해 가면서 내게 부탁하기를 "내 아들 기문(起文)이와 강령 작성을 비롯한 신간회의 모든 조직을 해 놓게" 하더군. 그래서 내 숙소에서 모든 일을 논의해 나갔죠. 체코와 애란(愛蘭) 등지의 독립운동 취지를 참고하여 3대 강령이 정해졌습니다. 처음엔 '신한회(新韓會)'라는 이름으로 했다가 당국과 절충이 잘 안 돼 벽초가 지은 '신간회'가 됐죠. 강령도 처음에는 '아민족(我民族)'으로 세 번 반복해 썼다가 '우리는'으로 뜻을 바꾸었습니다. 총독부와의 관계는 신석우(申錫雨) 사장이 맡았고, 월남(月南) 이상재 선생과 홍 벽초가 초대 정부(正副) 회장에 선출되었으나 벽초는 굳이 사양하여 권동진 씨에게 부회장을 맡겼지요. 권 부회장은 사실 일을 맡아 한 분이기도 하지만, 일군(日軍) 사령부에 드나든다 하여 배척받았던 것 같소이다. 강령 3항은 동아일보사 고하(古下)·인촌(仁村) 중심의 연정회의 자치주의 폐단에 반기를 든 것이어서 처음은 그 신문사가 별 관여를 않다가 지회가 1백 이상 돌파한 뒤에야 지면을 할애했습니다. 조선일보 진용은 처음부터 간부진 거의 모두가 신간회에 가담해 있었던 관계로 대변지라 할까, 기관지의 성격을 지녔습니다. 신간회 창설 이듬해 『조선일보』가 1백여 일 동안 정간당한 것도 신간회 활동과 무관한 것일 수 없었죠. 신간회 해소가 논의될 때 우리가 끝까지 반대하는 입장을 고수했지만 뜻대로는 안 됩디다.[69]

신간회 조직에 참여한 조선공산당원인 김준연은 신간회의 성격과 목적

---

69 平洲 李昇馥先生 望九頌壽紀念會, 앞의 책, 166~167쪽.

에 거의 차이가 없어서 합동하는 조선민흥회(朝鮮民興會)에 대해 다음과
같이 언급하였다.

　민흥회의 발기는 두 가지 점에서 보아서 큰 의미가 있는 것이니, 첫째는 사
회운동자와 민족운동자가 일차적으로는 공동의 목표에 도달하기 위하여 서로
제휴하는 것이 필요하다는 것을 말하는 것이요.

　둘째는 이런 운동을 표면에 내세우자는 조선 일반 민중의 열렬한 요구를 표
명한 것이다. 여기에서 사회주의자들은 공동전선이 필요한 이상 운동이 일차
적으로는 민족적 성질을 더 다량으로 가지지 않으면 안 될 것이라는 사실을 인
식하게 된 것이다. 그러므로 전진회(前進會)에서 발기한 민흥회에는 자타가 공
인하는 사회주의운동가는 표면에 나서지 않았다. 전진회 측은 민족주의자들
이 운동을 주도하는 것이 최선의 방법이라는 것을 인식하였다. 또 현 조선 정
세(政勢)에서는 공공연히 두 파가 제휴하는 것도 곤란한 일이므로 순(純)민족
주의운동으로라도 전개시켜 나가려면 사회운동자는 당분간 민족운동적 성질
에 대하여 호의적 중립의 태도를 취하는 것이 가장 현명한 방법이었다. 그렇다
면 왜 이렇게 하여서라도 표면운동을 전개시켜야 하는가. 비밀 운동은 극소 범
위에 한할 것이니 대중을 훈련하고 조직함은 반드시 표면운동에 의하지 아니
하면 안 된다. 또 피압박 민족의 생활이 극히 궁핍한 경우에 빠지게 되었을 때
에 우선 숨을 돌리기 위하여 표면적 운동을 행하게 되는 것이니 조선에 있어서
도 오늘날 이 필요를 인정케 된다. 이런 표면운동을 두고 타협적이라고 비난하
는 바를 물론 상상할 수 있으나 그로 인하여 대중을 훈련·조직하고 당면 문제
에 대하여 투쟁해 나가려면 이 정도의 것이라도 대담스럽게 해 나가기를 주장
하지 않을 수 없다.[70]

70　金俊淵,「朝鮮의 今日問題」,『現代評論』 創刊號(現代評論社, 1927年 2月號), 42~46쪽
　　참조.

이 글에서 김준연이 표면운동의 필요성, 협동전선을 조직하고 유지하는 데 필요한 사회주의자들의 자세라는 두 가지 중요한 문제를 지적하였다. 그는 신간회 창립을 앞두고 그 조직 방법과 사회·공산주의자들에게 필요한 자세를 조선민흥회에서 도출하였다. 이 글이 발표된 시기와 ML당 정치부장이라는 김준연의 신분으로 볼 때, 이것은 ML당과 사회주의자들의 신간회 창립에 대한 공식적인 견해라고 보아도 무방하며, 또 이 견해는 신간회 창립이 완료되기까지 사회·공산주의자들에 의해 그대로 지켜졌다.

신간회의 조직이 급속도로 확대된 이면에는 사회주의 계열의 적극적 활동이 있었다. 3·1운동 후 민중의 각성이 높아지면서 시대사조에 예민한 청년들은 전국 각지에서 청년운동을 활발히 벌였다. 1920년 6월 장도빈(張道斌)·박일병(朴一秉)·김명식(金明植)·장덕수(張德秀) 등이 모여 전국 각지의 자연발생적인 청년단체를 규합하여 조선청년연합회(朝鮮靑年聯合會)를 결성하였는데 이해 12월에 600여 단체가 가입하였다. 이 단체는 당시 총독부의 이른바 '문화정치'가 결사의 자유를 어느 정도 허용했기 때문에 일종의 문화계몽 활동을 위해 결성된 것이었다. 그러나 사회주의적 경향이 강한 서울청년회 등 일부 세력이 탈퇴하여 따로 조선청년당을 조직하고 1923년에는 가입 단체가 94개에 달하였다. 1924년 2월 조선청년당은 조선청년연합회의 진보적 세력과 다시 제휴, 조선청년총동맹(朝鮮靑年總同盟)을 결성하여 지방에서 그들의 활동은 매우 활발해졌다.[71] 이 같은 조선청년총동맹 세력이 신간회의 지방 활동에 적극 가담하였음은 말할 것도 없다.

3·1운동 후 노동운동에도 각성이 크게 일었다. 조선노동공제회가 생겨 노동사상을 계몽하다가, 1922년에는 청년운동과 마찬가지로 노동자의 이

---

71 李錫台 편, 『社會科學大辭典』(文友印書館, 1946), 614~616쪽.

익을 위한 노동연맹이 결성되었다. 이때 가입 회원은 1만여 명에 달하였다. 노동연맹은 후일 조선노농총동맹(朝鮮勞農總同盟)으로 발전하였다. 그 후 노동계와 농민층은 제각기 분야가 다르다고 하여 1926년 11월 노동총동맹과 농민총동맹이 각각 조직되어 지방에서 맹렬하게 노동쟁의·소작쟁의를 일으켰다.

당시 시대 상황은 사회주의적 노동총동맹·농민총동맹·청년총동맹 운동이 전에 없이 활발하였으므로, 각성된 농민·노동자들이 신간회 등을 배경으로 이데올로기 운동, 즉 노동쟁의를 적극 전개하였다. 한편 서울의 좌익 세력에서는 홍명희·김준연·송내호 등이 신간회 결성에 적극 참여하였다. 지방에서는 이러한 노동쟁의와 청년운동을 통해 신간회를 지원했으므로 민족단일당인 신간회의 급속한 발전이 사회주의 세력에 힘입은 바 크다는 것은 추측하기 어렵지 않다. 1928년 경기도에서 검거된 2차 조선공산당 관계자의 약 40%가 신간회원임이 밝혀지자, 이에 놀란 일제 경찰은 1928년과 1929년 2월의 정기대회를 허용하지 않았다.[72]

이제까지 살펴본 바와 같이 신간회는 민족해방이라는 큰 과제를 앞두고

---

72 김준연은 조선공산당 간부였던 만큼 좌익이었지만, 홍명희와 송내호가 좌익이었는지는 불분명하다. 『現代史資料』(80쪽, 90쪽)에 의하면, 두 사람이 조선공산당 조직의 일원이라고 기록하고 있다. 그러나 이들은 공산당원으로 검거되지 않았고, 또한 송내호는 공산당에 대항해서 서울파가 1927년 12월에 결성하였던 비이론파(非理論派) 조선공산당에 가입한 사실을 볼 때 과연 이들이 공산당 조직의 일원이었는지는 의문이 든다. 水野直樹, 앞의 책(1981), 302~303쪽. 이인은 해방 전까지 홍명희의 사상 동향을 다음과 같이 규정하였다. "碧初(벽초)(홍명희의 아호)는 원래 민족주의자였다. 해방이 되자 그가 저쪽으로 가게 된 것은 우리들의 실책이었다. 그는 아호를 可人(가인)이라고도 해서 퍽 보수적인 양반 가정 출신이었다. 그의 슈息(영식) 洪起文(홍기문) 역시 사회주의에 동조할 인물일지언정 공산주의를 할 위인이 아님을 잘 안다. 李氏(계씨) 洪性熹(홍성희)가 碧初(벽초)를 이북으로 인도해 갔지만 애석한 일이다. 洪命熹(홍명희)를 비롯한 李克魯(이극로)·鄭魯植(정노식)의 심경은 누구 못지않게 나는 알고 있다. 현실에 대한 단순한 불만이 그들로 하여금 마음에도 없는 北行(북행)을 단행케 하였으니 돌이키지 못할 역사적인 결과를 빚어내고 말았다" 李仁, 「나의 交友半世紀」, 『新東亞』(東亞日報社, 1974年 7月號), 283~284쪽.

사상·이념과 권력의 투쟁을 초월하여 비타협적 민족주의, 사회주의, 공산주의의 연합전선인 민족단일당 혹은 민족협동전선의 성격을 띠었다. '사회·민족주의' 구현을 목표로 지회가 확대되어 가면서 민중의 지지를 기반으로 활동을 전개하는 과정에서 신간회운동은 민중적이고 범국민적인 참여로 민족적 단결을 과시하였다. 비록 합법적인 결사체이긴 했지만 그 활동에서는 비타협적이며 투쟁적이고 급진적이었다는 점에서 신간회는 반제·반식민·반봉건 민족운동의 집합체로서 한국민족운동사에서 중요한 위치를 차지한다고 하겠다.

신간회의 교육적 성격

1. 식민화교육에 대한 민족적 저항

(1) 식민정책과 한국의 사회구조 변화

일본제국주의의 성격

일본식민주의의 실체를 파악하는 것과 함께 제국주의의 개념과 본질을 규명하는 것도 필요하다. 특히 서구제국주의와 일본제국주의를 비교하여 그 실체가 무엇이며, 그들이 자행한 식민주의의 특질이 어떠한 것인가를 살펴보아야 한다.

제국주의(Imperialism)의 개념과 본질은 논자에 따라, 또 시대에 따라 해석이 다양하지만, 대표적인 견해는 제국주의를 초역사적 현상으로 보는 J. A. 슘페터(Schumpeter, 1883~1950)의 견해와 역사적 현상으로 보는 V. I. 레닌(Lenin, 1870~1924)의 견해로 대별된다.

슘페터는 제국주의를 "한 국가가 무한정하게 세력 확장을 꾀하려는 맹목적 성향"으로 규정하였다.[1] 이와 같은 제국주의는 인민제국주의(人民帝

國主義, people's imperialism)로 불린다. 그 이유는 전사(戰士)의 국가에서
는 사회적 공동체는 전사공동체(戰士共同體)이기 때문이다.[2] 따라서 슘페
터의 제국주의 이론은 "명확히 실리적인 목적도 없이 세력 확장을 꾀하려
는 '맹목적인' 성향—다시 말해서 전쟁과 정복을 향한 비이성적이고 반이성적
이며, 철저히 본능적인 성향—이 인류의 역사에서 중요한 역할을 한다는 것
은 의심할 수 없는 사실이다"[3]라는 주장에서 시작된다. 슘페터는 기본적
으로 제국주의를 경제적인 영역에서 설명하지 않고, 과거의 사회적·경제
적 구조에 잔재하고 있는 심리적 요소로 설명하였다. 그는 제국주의와 자
본주의는 근본적으로 기원을 달리하는 하나의 사회현상이라고 보았다.
그는 근대 제국주의는 절대주의가 청산되지 못하였기 때문에 발생한 것
이며, 자본주의의 진전과 함께 사회는 합리화되고 제국주의는 소멸된다
고 주장하였다.[4] 여기에서 제국주의는 유전적인 성격을 띤다. 제국주의는
대다수 집단에게 과거로부터 물려받은 특징의 결과라는 것이다. 다시 말
하자면, 제국주의는 현재가 아니라 과거의 생활 조건에서 유래된 요소이
며, 이를 경제적인 역사 해석의 용어로 바꾼다면 현재가 아니라 과거의 생
활 관계에서 유래된 요소라는 것이다.[5]

　제국주의를 자본주의의 일정 단계에서만 발생하는 것으로 보는 마르크
스주의자들의 견해와는 달리, 슘페터는 제국주의가 고대부터 근대에 이
르기까지 초역사적으로 존재했다고 보았다. 예컨대 이집트·페르시아·아
시리아 등의 국민제국주의(國民帝國主義, Volks Imperialism)와 근세의 절

1　Joseph A. Schumpeter, "Imperialism and Social Classes", New York: Augustus M.
　　Kelly, 1951, p.7.
2　Ibid., p.34.
3　Ibid., p.83.
4　M. Carnoy, "Education as Cultural Imperialism", New York: Longman Inc., 1974,
　　p.36.
5　Joseph A. Schumpeter, op. cit., pp.83~84.

대왕정 국가들의 지배자제국주의(支配者帝國主義, Herr sauer Imperialism) 등이 그것이다.

슘페터에 따르면, 제국주의란 군주나 국가의 무목적·비합리적인 침략적 성향의 발현이다. 그것은 근대적이며 합리적인 자본주의에서는 발생하지 않고, 봉건적 풍토가 강한 자본주의에서 발생한다. 그는 이러한 관점에서 제국주의와 자본주의와의 내재적 관련성을 부정하는 입장을 취하였다.

한편 레닌은 제국주의가 자본주의 성장의 필연적인 결과라고 주장하였다. 그는 "제국주의란 독점체와 금융자본이 형성되어 자본의 수출이 현저한 의의를 갖게 되고, 국제 트러스트(trust)에 의한 지구의 전 영토의 분할이 완료된 그러한 발전 단계의 자본주의이다"[6]라고 규정하였다. 이처럼 레닌은 제국주의와 자본주의를 불가분의 동일물로 파악하였다. 이런 그의 견해는 J. A. 홉슨(Hobson, 1858~1940)과 R. 힐퍼딩(Hilferding, 1877~1941)의 영향을 받아, 자본주의의 발전불균등성(發展不均等性)의 법칙이라는 독자적인 견지에서 제국주의를 자본주의의 최고 단계로 파악하려 했던 것으로 여겨진다.

레닌은 제국주의의 특징으로 다음 몇 가지를 들었다.

첫째, 선진자본주의 제국(諸國)에서의 독점의 강화와 이에 수반한 금융 과두 지배의 확립

둘째, 식민지·종속국에 대한 자본 수출의 격증과 이에 수반한 세력 범위의 분할, 식민지·종속국 민중에 대한 가혹한 착취

셋째, 자본주의 열강 간의 세계 재분할을 위한 항쟁, 그리고 발전불균등에 따른

---

6 V. I. Lein, 'The Highest Stage of Capitalism', "The "New Imperialism": Analysis of Late Nineteenth Century Expansion", Edited by H. M. Wright, Lexington: D. C. Heath & Co, 1961, p. 36.

제국주의 전쟁의 발발[7]

근대 제국주의는 자본주의가 고도의 단계에 이르러, 금융자본이 팽창함에 따라 약소국가 또는 후진 지역을 침략하여 식민지를 탈취하기 위해 군사적 행동을 자행하는 정책이다. 따라서 제국주의는 침략주의로 귀결된다. 금융자본주의가 제국주의의 단계에 돌입하면 "제국주의 열강 간에는 처참한 식민지 쟁탈전이 벌어져 결국 제국주의에 의한 후진국의 침략→정복→병합"[8]의 과정이 속출된다. 그리하여 세계가 소수의 제국주의 열강 간에 분할되면, 이에 대응하는 타국의 식민지 또는 세력 범위를 빼앗기 위한 투쟁, 곧 세계 재분할을 위한 투쟁이 시작되어 세계전쟁으로 확대되어 간다.

제국주의를 초역사적 현상으로 보는 구제국주의(舊帝國主義)나 역사적 발전 단계로 규정하는 신제국주의(新帝國主義)냐를 막론하고, 그것은 국가의 확장을 사회생활의 최고선 또는 최고책(最高策)으로 간주한다. 따라서 그 어떤 이론 또는 이상을 내세운다 하더라도 자기의 세력과 그 세력을 사용할 기회가 허락되는 한, 지구의 표면에서 가능한 한 많은 영토를 점유하고 또한 세력을 넓히려는 주의이다. 이와 같은 의미에서 제국주의는 무력이 필요하고, 필연적으로 군국주의(軍國主義)를 수반하게 된다.

일본제국주의는 서구제국주의와는 다른 특수한 제국주의였다. 일본제국주의는 전근대적 제(諸) 관계를 청산하지 못한 채 금융과 군사공업에만 국가자본을 집중시킨 특징을 가진다. 근대 일본은 이른바 메이지유신(明

---

7 Ibid., p.35 참조.
8 R. Luxemburg, "Die Akkumulation des Kapitals: Ein Beitrag zur ökonomischen Erklärung des Imperialismus", Leipzig: Franke Verlag, 1921[長谷部丈雄 譯, 『資本蓄積論』 下(靑木書店, 1971), 541쪽에서 재인용].

治維新)의 결과 자본주의가 성장하는 과정에서 천황제 절대주의 체제(天皇制絶對主義體制)의 반봉건적 요소와 근대적 요소가 뒤엉킨 사회였다. 메이지 체제는 농민으로부터의 지조(地租)를 최대의 자본원으로 삼아 천황제를 보위하기 위한 군사 경찰력을 배양하였다. 1860년대에 일본의 노동쟁의와 소작쟁의는 극에 달하였다. 이러한 현상은 제국주의적 침략 준비를 위해 민중을 착취하면서 일어났다.

구미(歐美) 제국(諸國)과 불평등조약을 맺은 일본은, 구미 선진 열강에 대해서는 굴종적 태도를 유지하면서 자본주의를 성장시키고 한국과 중국에 대한 침략을 자행하여 한국을 식민지로 병합하였다. 1860년대에 천황제 정부가 생겨난 후부터 일관되게 추진해 온 군국주의적 침략정책은 1890년대, 특히 청일전쟁(淸日戰爭) 이후 급격히 발달한 일본자본주의의 해외시장과 자원을 획득하려는 욕구에 의해 더욱 힘을 얻었다. 19세기 후반의 국제 정세는 일본의 제국주의화를 촉진시키고 확립시키는 계기가 되었다.

일본이 제국주의 국가로 성장할수록 직물·석유·면·차·양모·고무 등 원료가 필요하였고 수출시장의 의존도가 높아졌으므로, 미국과 영국에 대한 경제적 의존을 단절할 수가 없었다. 일본제국주의가 이러한 모순을 해결하는 유일한 방도는 국내에서의 착취는 물론 대만·사할린·한국·만주 등의 식민지에서 착취를 강화하는 한편 대외 침략을 확대하는 것이었다. 구미 제국주의 열강의 비호 아래 한국 침략을 기도한 일본으로서는, 한국 침략이 단순히 국가 영역을 넓히고 국내적으로 천황제를 반대하는 반정파(反政派)를 대외 전쟁에 내보내는 것과 같은 정치적 요인만으로 결정된 것이라 보기 어렵다. 이는 일본제국주의의 경제적 모순을 식민지 경제 약탈로 보충하려는 경제적인 성장의 결과였다.[9]

---

9 沈文淵, 「日本帝國主義經制의 발전: 그 제국주의적 변천과정을 중심으로」, 『形性』 제4편 제2호(서울대학교 문리과대학, 1970), 43쪽.

군사적·봉건적 제국주의라고 할 수 있는 일본제국주의의 성격을 정리하면 다음과 같다. 첫째, 일본 독점금융자본주의(獨占金融資本主義)는 여전히 반봉건적(半封建的) 농업 생산 관계와 깊게 결합되었을 뿐만 아니라, 최대의 독점체 자체가 반봉건적(半封建的) 재벌로 형성되고 있었다. 둘째, 자본주의의 취약성(미숙성)을 천황제의 군사력으로 메꿀 수밖에 없었다. 셋째, 일본은 영국과 미국에 금융적으로 종속되어 있었다.[10]

일제의 식민주의정책

일본제국주의의 식민지정책을 논의함에 앞서 검토해야 할 것은 '식민(植民)'·'식민지'·'식민지정책' 등의 본질을 고찰하는 일이다.

'식민(Colonization)'의 개념은 학자에 따라 다양하게 정의되고 있다. 그중 가장 유력한 것은 사람들이 한 사회에서 다른 사회로 이주하면서 통치권도 함께 연장하는 것을 식민지 개념의 요소로 삼는 경우로, 이 견해에 따르면 '식민'이란 바로 강대국들이 자국민의 이익을 추구하기 위해 타민족을 지배하는 방식을 의미한다.[11]

'식민지(Colony)'는 식민지화에 의해 식민 행위가 이루어지는 지역을 의미한다. 식민지에 대한 정의도 학자나 관점에 따라 해석이 구구하다. 예컨대 O. 마노니(Mannoni)는 심리적인 입장에서 무력에 의한 확장을 향한 맹목적 성향이 다른 식민주의가 아니라 다른 사람을 지배하거나 다른 사람에게서 지배를 받으려고 하는 보편적인 심리적 충동으로 인해서 식민지체계가 생겨난다고 보았다.[12] 그는 유럽인들과 아프리카인들의 육아

---

10 鄭在哲,「日本植民地主義教育에 關한 社會思想史的 研究」(건국대학교 대학원 박사학위논문, 1981), 109~110쪽.
11 P. G. Altbach and G. P. Kelly, "Education and Colonialism", New York: Longman Inc., 1978, p.4.
12 O. Mannoni, "Prosero and Calibon, first published as Psychologie de la Colonisa-

법의 차이를 들어 설명하였다. 한편 멤미(Memmi)와 파농(Fanon)은 마노니의 견해를 부정하면서도 그의 심리학에 의거한 분석을 활용하여 식민지와 경제·정치적 보편성을 결부시켜 설명한다. "… 식민주의의 경제적 측면은 매우 중요하다. … 나는 지금까지 식민화된 자의 가난은 거의 식민주의자가 취득한 이익의 직접적인 결과임을 여러 번 지적하였다. …"[13]

이상과 같이 식민 및 식민지를 건설하기 위한 노력으로 추진된 식민지는 강대국이 자국민의 이익을 도모하기 위한 수단이었다. 그리고 식민이나 병합(倂合)을 위한 조건으로 신영토(新領土)는 착취할 만한 가치가 있어야 하고, 정착민(定着民)을 투입할 수 있는 타당성이 있어야 하며, 자연적인 장애를 극복하기 위한 수단이 강구되어야 한다[14]는 점도 거론된다.

'식민지정책(Colonial policy)'은 식민지를 통합·지배하기 위한 정책 전반, 즉 이미 획득된 식민지를 어떻게 경영·통합할 것인가에 관한 제반 방침을 말한다. 따라서 입법·사법·행정 등 통치 관계에 관한 정책을 비롯한 대(對)식민지 정치·경제 및 문화 공작 등을 그 주요 부문으로 삼고 있다. 특히 행정 가운데는 경제·산업·위생·교육·종교·교통·사회 문제 등이 포함된다.

식민지정책의 주요 문제가 되는 식민지 통치 방침과 형식에는 여러 유형이 있다. 식민지 통치 방침은 식민본국(植民本國) 및 식민지사회의 특성에 따라 일정치는 않으나 크게 네 가지로 구별할 수 있다.

첫째, '종속주의(從屬主義)'로 식민지를 오로지 식민본국의 이익에만 종속시키기 위해 식민 활동을 규율시키려는 주의이다. 둘째, '동화주의(同化

---

tion", Paris: Se Seuil, 1950(M. Carnoy, op. cit., p.59에서 재인용).

13 A. Memmi, "The Colonizer and the Colonized", Boston: Beacon Press, 1965, p.7.

14 J. H. Rose, 'Three Coditions of Expansion', "The "New Imperialism": Analysis of Late Nineteenth Century Expansion", Edited by H. M. Wright, Lexington: D. C. Heath & Co, 1961, p.2.

主義)'로 식민지에 대해서 사회조직의 특수성을 최소한도로 축소하고 식민지사회의 제도와 풍습 등을 본국화(本國化)시키려는 정책으로, 프랑스나 일본의 식민지정책이 전형적인 예이다. 셋째, '자주주의(自主主義=自治主義)'로 식민지사회의 자주적 발전을 목표로 하는 식민지정책으로 통칭된다. 넷째, '협동주의(協同主義)'가 있는데, 이는 식민본국과 식민지와의 관계를 긴밀하게 유지·강화하려는 정책이다.[15]

일본제국주의의 식민정책의 기본 노선은 동화정책이었다. 일제의 동화정책은 식민지 제민족의 일본인화 정책이었으며, 정책 실현의 수단으로 이용한 것이 동화 교육이었다. 일본제국주의는 타민족 말살을 의미하는 동화정책을 은폐하기 위해서 '일시동인(一視同仁)'·'내지연장주의(內地延長主義)'·'내지준거주의(內地準據主義)'·'일본제국신민화(日本帝國臣民化)'·'일본신민화(日本臣民化)'·'황국신민화(皇國臣民化)'·'황국민(皇國民)' 등의 용어를 사용하였다. 특히 한국에 대해서는 '동근동조론(同根同祖論)'·'일선동조론(日鮮同祖論)'·'내선일체(內鮮一體)' 등을 주장하면서 동화정책을 합리화하려 하였다.

식민지 통치상의 동화정책은 "식민본국 내지 지배민족이 식민지민족 내지 국내에 거주하는 소수민족을 자기의 생활양식 및 이데올로기에 동화시키려는 정책"[16]이다. 이는 식민지를 본국의 한 지방으로 간주하고, 그 내정에 관해서도 식민본국에서 시행하는 바와 동일한 조직 아래에 행함으로써, 식민지와 본국과의 차이를 무시 또는 경시하고 양자를 획일적인 방침에 따라 통치하려는 것이다. 식민주의자들이 동화주의를 하나의 이념으로 강조하는 이유는 그들이 지닌 문화의 보편성을 정당화하고 식민지 민족이 희구하는 상향이동(上向移動)의 열망을 집단적 차원이 아닌 개

---

15 矢內原忠雄, 『植民地及植民政策』(東京: 有斐閣, 1941) 참조.
16 下中邦彦 編, 『政治學事典』(東京: 平凡社, 1960), 987쪽.

인적 차원으로 제한하기 위한 것이었다.[17]

식민지동화정책의 문제를 문화적 측면에서 보면, 이종(異種) 문화 간의 교류 관계라고 할 수 있다. 아울러 제국주의란 정치적 지배나 경제적 착취만이 아니라 넓은 의미에서 문화적 접촉이기도 하므로,[18] 식민주의를 정치적·경제적 식민화 이외에 문화·교육의 식민화 문제를 제기하는 것이다.

한국의 사회구조 변화

1910년 8월 29일 한일병합을 공포한 일제는 이어서 칙령(勅令) 제318호로 「조선의 명칭개정」을, 칙령 제316호로 「조선총독부 설치에 관한 건」을 발표함으로써 한국을 완전한 식민지로 삼았다.

메이지정부 성립 이래 숙원이던 일제의 대륙침략정책은 청일전쟁과 러일전쟁의 승리로 한 걸음 전진하였고, 만주 진출과 한일병합을 단행함으로써 그 기초를 확립하였다.[19]

같은 해 10월 데라우치 마사타케(寺內正毅)가 조선총독으로 부임하면서 조선에 대한 식민지배는 본격화되었다. 데라우치는 일본 수상 가쓰라 다로(桂太郞)와 조선 지배에 대한 제반 문제를 숙의(熟議)·결정하고 부임하자마자 총독부 시정방침을[20] 발표하여 악명 높은 헌병경찰에 의한 무단정치로 조선 지배의 대강을 삼았다. 일제가 조선을 식민통치하던 35년간(1910~1945)의 시대를 3기[21]로 나누어 보면 다음과 같다.

---

17 M. Carnoy, op. cit., pp.70~71.
18 I. R. Sinai, "The Challenge of Modernization, the West's Impact on the Non-Western World", New York: W. W. Norton and Co. Inc., 1964, p.50.
19 丸山國雄,『日本歷史全書: 日本近代外交史』第13卷(東京: 三笠書房, 1939), 279쪽.
20 朝鮮總督府,『朝鮮功勞者銘鑑』, 69쪽. "韓國을 倂合한 所以는 朝鮮人 將來의 安寧과 幸福을 增進하기 위하여 필요한 處理의 하나였다. … 朝鮮人民을 指導開發하여 먼저 人民의 生命·財產의 安固를 기하는 데 있다. …".
21 李瑄根,「日帝總督府의 憲兵統治와 思想彈壓」,『韓國思想』第八輯(韓國思想研究會,

제1기(1910~1919)는 일본의 군사력 중 헌병이 치안경찰의 역할까지 담당하여 통치하던 군정기(軍政期), 제2기(1919~1931)는 헌병 통치를 대신하여 '문화정치'를 표방하고 실질로는 복색(服色)만 달리한 고등경찰제도를 실시한 경찰 통치기, 제3기(1931~1945)는 파쇼화한 일제가 내선일체의 동화정책에 더해 황국신민화를 강요한 시기였다. 이 분류에 따라 각 시기별 식민지정책의 특색을 보고 이에 대한 우리 민족의 저항 등을 살펴보기로 한다.

일제의 조선에 대한 초기 무단정치기는 말 그대로 헌병경찰정치기(憲兵警察政治期)였다. 헌병경찰제도는 통감부 시기부터 도입되어 의병 탄압에 주력하였다. 한일병합 후 이 제도는 더욱 확대 강화되어 한국 내의 치안은 사실상 이들이 관리하였다. 헌병이 담당한 직무를 살펴보면, 군사경찰, 일반 행정경찰, 사법(司法)경찰의 임무는 물론이요, 일어의 보급, 도로의 개수, 국고금과 일반 공금의 경호, 식림(植林), 농사의 개량, 부업의 장려, 법령의 보급, 납세 의무의 여행(勵行)에 이르기까지 광범위하게 간여하였다.[22] 한편 이들의 활동 범위는 한국뿐만 아니라 해외까지 미쳤다. 그들은 막대한 기밀비를 써 가며 국제 간첩을 파견하였다. 만주와 러시아령인 블라디보스토크[해삼위(海蔘威)]는 물론 중국의 베이징(北京)·상하이(上海)·난징(南京)과 하와이를 거쳐 미국까지 무대를 넓혀 한국의 애국지사들의 활동을 봉쇄하기 위한 감시와 박해·암살을 기도하였다.

데라우치 총독 시기에는 정치·산업·통신·기타 생활 등 모든 부문에 걸쳐 탄압이 확대되어 "전 조선반도는 군수용소로 변하였고, 극단적인 무단통치로 인해 조선은 다시 중세 독재체제로 변한 것 같았다"[23]라고 일컬어

1966).

22　小森德治 編, 『明石元二郎』 上卷(台北: 臺灣日日新報社, 1928), 448~449쪽.

23　釋尾春芿, 『朝鮮併合史』(東京: 朝鮮及滿洲社, 1926), 81쪽.

졌다. 병합조약이 체결된 3일 후인 8월 25일 모든 정치단체에게 1주일 이내에 해산하라는 명령이 떨어졌다. 단체의 성격을 막론하고 일체의 모임과 토론 및 연설이 금지되었다.[24] 또한 총독부의 비위를 거스르는 어떠한 신문 기사도 금지되었다. 명령을 준수하지 않는 출판업자는 즉시 출판 금지 처분을 내렸다. 그리고 한일병합 즉시 일본 정부의 명령으로 서울의 5개 한글판 신문들도 발행이 금지되었다.[25]

일제는 무단정치의 본산인 조선총독부 경무총감부로 하여금 한국인을 지배하는 한편, 경제적 수탈도 악랄하게 시행하였다. 한일병합 이후 일제는 식민지 수탈체제를 확립하려고 토지조사사업(土地調査事業)이라는 명목 아래 일본인의 토지 점거·투자를 쉽게 만들었고, 「회사령」을 제정하여 기업을 통제함으로써 일본 독점자본의 침투와 육성을 용이하게 하였다.[26]

한국의 전통적인 토지 소유 관계와 경영 방식의 관습을 역이용하여 토지조사사업을 전개함으로써 일본인들이 토지를 점탈, 확보할 수 있도록 하였다. 이 사업을 계획하게 된 이유는 농업국인 한국에서는 지세가 조세 수입 중 가장 큰 비중을 차지했기 때문이다. 또 일제는 한국을 식량공급지로 확보하는 한편, 일본인의 농업 투자를 보호하기 위하여 일본인들이 합법적으로 토지를 점탈할 수 있는 기회를 준 것이다.

1910년 임시토지조사국(臨時土地調査局)을 설치하여 전국적으로 토지 조사에 착수하였고, 1912년에는 이를 법제화(法制化)하기 위하여 「임시토지조사령(臨時土地調査令)」·「부동산등기령(不動産登記令)」·「부동산등명령(不動産登明令)」 등의 법령을 제정·반포하였다. 토지조사사업에서 한국인을 최대한으로 기만한 것은 바로 신고주의(申告主義)였다. 이 같은 새

---

24 朝鮮總督府, 『朝鮮に於ける改革進步の年報(1911~1912)』(1912), 54쪽.
25 崔埈, 『韓國新聞史』(一潮閣, 1960), 184~187쪽.
26 車錫基, 『韓國民族主義教育의 研究: 歷史的 認識을 中心으로』(進明出版社, 1976), 182쪽.

로운 수속 방식에 따라 수속 절차를 어기거나 신고 기간을 넘긴 한국 농민들은 조상 전래의 토지를 몰수당하였다. 더욱이 동중(洞中)이나 문외(門外)의 공유지로서 수조권(收租權)이 없이 국가에 직접 납세하던 전지(田地)는 모두 국유지로 만들어 버렸다. 이와 함께 공유지로서 채초(採草)·기경(起耕)·방목(放牧)이 자유스러웠던 산림·초원·황무지 등은 토지조사사업에 따라 사유지 또는 국유지로 편입되었다. 일제의 이러한 조처로 한국의 소수 양반 지주나 수조권자들은 소유권을 얻었지만 국민의 대부분인 농민은 토지를 빼앗기거나 영세 소작농으로 전락하였다. 1912년 자작농 호가 556,471호이던 것이 토지조사사업이 완료되기 전년도인 1917년에는 517,976호로 감소되었다. 자작농의 감소에 따라 화전민 수가 증가되어 1916년에는 491,619호 20만 명에 이르렀다.[27]

일제는 토지조사사업을 추진시키면서 「회사령」을 실시해 한국인의 기업 활동을 저해하는 작업에 나섰다. 1911년 1월 조선총독부는 한국인의 기업 활동을 규제할 목적으로 허가제를 내용으로 하는 「회사령」을 공포하였는데, 이는 통감부 시대에 반포했던 「회사령」을 한층 강화한 조치였다. 그 주요한 내용은 명령 또는 허가 조건에 위배되는 업체가 있으면 조선총독은 그 사업의 정지·금지·폐쇄·해산을 명령할 권한을 가지고 있었다. 조선총독부는 일본인의 한국 내 기업 활동은 장려·원조해 주었던 반면, 한국인 기업에 대하여는 압박을 가해 민족자본의 성장을 제약하였다. 「회사령」에 의거한 일본인 기업의 장려는 한국의 경제구조를 식민지 수탈 형태로 바꾸었고, 한국 민족산업의 발전을 극도로 억압하여 민족 전체를 빈사의 지경으로 몰아넣었다. 이와 같은 일본의 한국 지배는 동화정책을 전제로 하였지만, 지배자의식(支配者意識)이 없는 지배였고, 식민지의

---

27 朴文圭,「農村社會分化の起點としての土地調査事業に就て」,『朝鮮社會經濟史研究』(東京: 刀江書院, 1933); 愼鏞廈,『朝鮮土地調査事業 研究』(韓國硏究院, 1979).

식(植民地意識)이 없는 식민지 경영이었다.[28]

　일제는 봉건 지배층과 동맹하여 한국 농민의 노동력을 수탈하였다. 한국을 원료 및 소비 시장으로 철저히 이용함으로써 농민층의 고통을 가중시키고 농민층의 분해를 야기하였다. 몰락 농민은 소작 빈농, 공장 노동자, 국내외 유민(遊民)으로 전락하였고, 한국 농민들의 고통과 궁핍은 일본의 경제적 발달과 정치적 안정으로 이어졌다.

　일제가 한국을 식민지로 병합한 후에도 한국인의 민족적 항쟁은 끊임없이 일어났다. 다만 식민지배 초창기에 헌병경찰의 무력 탄압으로 지하로 숨어들어가 현재적(顯在的)인 활동이 활발하지 못하였을 뿐, 배일구국(排日救國)의 소망은 한국인의 염원으로 민족의식 속에 내재되어 있었다.

　국권 피탈 직후 민족적 저항은 순절(殉節) 등의 소극적인 방법과 시위·언론항쟁·무장투쟁 등의 적극적인 방법으로 나타났다. 애국지사들은 자결·할복·투수(投水)·아사(餓死)·음약(飮藥) 등으로 항쟁하면서 민중들의 분노를 일으키고 여론을 환기시켰다. 이러한 방법들은 일제에 대항하는 민족의 표상이기도 하였다. 한편 기독교도들은 합병 반대 연설, 시위운동 등의 적극적인 투쟁을 전개하였다. 이러한 종교단체들의 합병 반대 운동과 아울러 가장 극렬했던 것은 직접 무기를 들고 일제 군경들과 대항한 의병과 무장독립단이었다. 의병 활동과 더불어 일제의 강력한 무단정치에 대항한 것이 민중계몽·교육운동·무장투쟁 등으로 집약되는 비밀결사 조직이었다.[29] 독립의군부(獨立義軍府) 중앙순무총단(中央巡撫總團), 광복단(光復團), 조선국권회복단 중앙총부(中央總部) 등이 그 예였다.

　한민족의 잠재적 민족의식은 그대로 유지되어 탄압하면 할수록 더욱 더

28　旗田巍,『日本と朝鮮(日本人の朝鮮観)』(東京: 勁草書房, 1965).
29　朴慶植,「三·一獨立運動の歷史的前提: 主体的條件の把握のために」,『思想』550(東京: 岩波書店, 1970).

양적인 확대를 가져왔다. 국외로 망명한 독립운동가들은 무력항쟁과 외교선전 등의 방법으로 구국 광복을 도모하였다. 국내에서는 주로 문화계몽에 의거한 구국운동과 함께 비밀단체를 조직하여 일제와 항쟁하였다. 무력에 의한 투쟁도 3·1운동까지 명맥을 유지하였다.

1919년 3·1운동은 한민족의 전 역량이 집중되어 일제의 야만적인 식민지정책에 항거한 민중 시위였다. 한국의 민족운동 세력은 전부 연합하여 비폭력·무저항의 평화적 시위를 목적으로 성명서를 발표하였다. 이 시위가 거족적 독립운동으로 확산되자 일제는 무력을 동원하여 야만적으로 탄압하였고, 이에 우리 민족은 격렬하게 저항하며 무력투쟁을 전개하였다. 3·1운동은 일제의 통치와 우리 민족의 독립운동의 전환점이 되었다.

일제는 병합 이후 10년간의 통치에도 불구하고 한민족이 3·1운동으로 그들에게 대항하여 독립운동을 전개하자, 한국 통치에 대한 근본적인 해결책을 모색하였다. 이에 따라 지금까지의 무단정치에서 이른바 '문화정치'라는 식민지정책으로 전환하였다.

1919년 총독부에 등청(登廳)한 사이토 마코토(齋藤實)는 이토 히로부미(伊藤博文)의 '화려정치(華麗政治)'와 데라우치 마사타케(寺內正毅)의 '무단정치'와는 다른 '문화정치'를 표방하였다. '문화정치'의 근본 목적은 3·1운동 이후 팽배해진 우리의 민족운동을 회유·완화시키기 위한 통치책이었다.

이 시기의 경제정책의 특징은 한국경제를 완전히 일본경제에 예속시키는 식민지경제의 확립에 있었다. 그 중요한 정책의 하나는 산미증식계획(産米增殖計劃)이었다. 일본은 개항 이후 한국을 그들의 식량공급지로 삼아 왔지만 일본자본주의의 급격한 성장에 따라 자국 내 쌀의 수요가 많아지면서 단순히 한국에서 생산되는 미곡을 일본으로 수송하던 종래의 방식에서 벗어나 보다 적극적이며 계획적으로 한국에서의 미곡 생산량을

늘려 더 많은 양을 일본에 수송하고자 하는 산미증식계획을 꾀하게 된 것이다.[30]

산미증식계획은 1920년에서 1935년까지 15년간을 제1기로 하여 42만 정보의 토지를 개량하고 920만 석의 미곡을 증산하려는 계획이었다. 그러나 착수한 후 6년간의 성과는 예정의 50%밖에 달성하지 못하였다. 그리하여 1926년에서 1938년까지로 기간을 수정하고 이 12년간에 816만 석을 증산하는 계획으로 변경하였으나 이 또한 목표에 미치지 못하였다. 그러나 증산은 예정대로 안 되었지만 수출은 예정을 초과하였다. 한국 농민의 희생만 가중된 것이다. 산미증식계획은 세계적인 농업공황으로 1933년부터 국제 농산물 가격이 하락하면서 1934년에 중단되고 말았다.

산미증식계획이 추진되는 동안에 한국의 농업 형태가 크게 변하여 쌀의 단일재배(單一栽培)를 위주로 하는 단작형(單作型) 농업이 확립되었다. 상업·금융·운송 등의 유통 부문도 쌀을 중심으로 편성되었다. 공업 부문 역시 정미·양조 등 쌀 중심으로 재편성되어 한국경제 전체가 단작형 경제로 바뀌었다. 이러한 경제 형태는 경제위기에 매우 취약한 구조로 공황 등의 경제적 변동이 다가오면 무너져 내릴 수밖에 없다.[31]

산미증식계획의 실시는 기술상의 진보를[32] 가져온 반면, 생산관계는 여전히 반(半)봉건적 소작관계에 머물러 있었다. 소작료는 전 수확량의 최저 39%, 최고 90%에 해당하는 고율이었다. 소작료 외에 비료대, 수리세, 곡물 운송비, 지세 등도 부담해야 하였고 부역 노동에도 징발되었을 뿐만 아

---

30 李達淳, 「韓國獨立運動의 政治史的 硏究: 그 背景과 性格을 中心으로」(중앙대학교 대학원 박사학위논문, 1978), 163~164쪽.

31 朴玄埰, 「日帝植民地統治下의 韓國農業; 1920년부터 1945년까지의 展開過程」, 尹炳奭·愼鏞廈·安秉直 편, 『韓國近代史論』 I(知識產業社, 1977), 311~316쪽.

32 산미증식계획의 실시에 따라 경작 면적 증가, 품종 개량, 경작 기술 진보, 수리시설 개선 등과 같은 한국 농업의 기술적 진보가 현저하였으나, 이는 농민을 위해 실시된 것이 아니기 때문에 결과적으로 농민을 빈곤으로 몰아넣고 농민에 대한 경제적 수탈이 이루어졌다.

니라 항상 소작권 박탈의 위협을 받았다. 산미증식계획을 실시하면서 자작농 및 자작 겸 소작농은 점차 감소하였고 소작농은 현저히 증가하였다. 이는 자작농의 영락화(零落化)·소작화를 말해 주는 것으로 생활이 곤궁한 것은 소작농만 아니라 자작농도 마찬가지였다.

이 당시에 빈번히 일어난 소작쟁의는 일제 타도라는 일정한 목적을 지닌 민족운동의 일환으로 전개되었다. 소작쟁의는 3·1운동 수년 후부터 전국 각처에서 일어나기 시작하여 1930년 전후에는 최고조에 이르렀다.[33] 여기에 일제는 악랄한 지주계급의 횡포를 억제함으로써 농업생산의 증진을 기하고, 쟁의가 민족해방운동이나 사회주의적 농민운동과 결합하는 것을 미연에 방지하기 위해 타협적 방식으로서 자작농경제(自作農耕制) 및 소작 조정을 위한 약간의 조치들을 취하지 않을 수 없었다.[34]

1931년 이후 일제의 침략정책은 한반도에만 국한되지 않았다. 대동아공영권(大東亞共榮圈)이란 미명 아래 만주·중국을 비롯해 동남아 각지로 그 세력을 팽창하기 시작하였다. 일본은 1927년 3월부터 금융공황과 뒤이은 세계 대공황으로 경제 위기를 맞이하였다. 또한 정당정치에서 비롯된 의혹들이 속출하면서 정치적·경제적 불안이 조성되어 정당정치에 대한 일본 국민의 불신이 일어났다. 그리하여 일본은 군국주의 체제로 나아갔고 국내의 불안을 해소하고 대륙에 대한 야망을 성취하기 위하여 1931년 5월 만주사변(滿洲事變)을 일으켰다.[35] 일본 군부는 대륙침략전쟁의 기점이 된 만주사변에 만족하지 않고, 다시 상하이사변(上海事變), 5·25사건, 1936년의 2·2사건, 1937년 7월의 중일전쟁 등을 일으켜 군부 세력을

33 朝鮮總督府 農林局,『朝鮮小作年報』2(1938), 11~12쪽.
34 李達淳, 앞의 논문, 176쪽.
35 滿洲史硏究會 編,『日本帝國主義下の滿洲: 滿洲國家成立前後の經濟硏究』(東京: 御茶の水書房, 1972), 3쪽.

파쇼화하고 국내의 여론을 탄압함으로써 군국주의를 강화하였다.[36]

한국은 이러한 대륙침략전쟁을 위한 병참기지(兵站基地)로 인적·물적 자원의 공급원이 되어버렸다. 그러므로 한국에 대한 식민지정책은 전시체제(戰時體制)[37]로 바뀌었고, 1931년 이후 부임해 온 조선총독들은 이를 수행하는 데 전력을 기울였다.

우가키 가즈시게(宇垣一成) 총독이 실시한 농촌진흥운동은 일본의 식량 보급을 위한 정책으로 한국 농민에 대한 지배권이 구체적인 방법으로 시행되었다. 우가키 총독은 일본 재벌을 끌어들여 군수품 생산을 위한 공장을 건설하는 공업화정책을 실시하였다. 또한 국체명징(國體明徵)·내선일체(內鮮一體)를 내세우며 황민화정책을 실시하여 한국인의 민족혼을 말살하고 일본 황민의 자격으로 전쟁에 동원[38]하려 하였다.

섬나라 일본이 세계를 상대로 전쟁을 수행하기 위해서는 막대한 군수물자와 인력이 필요하였다. 이에 따라 인적 자원의 확보를 목적으로 한국인을 강제 징용하여 공장·광산 등으로 보냈는데, 1940년 당시 국내에 260명, 일본과 점령 지역에 72만 명의 한국인 노동자가 강제 노동에 취역하고 있었다.[39] 또한 군수물자를 조달하기 위하여 한국 내에 중공업 공장을 세우고 특히 군수 자재 수입의 대외 지불용으로 산금정책(産金政策)을 적극 강행하였고, 군수용에 필요한 모든 물자에 대한 수탈을 자행하였다. 한편, 전시라는 명목으로 한국인에 대한 사상 통제나 감시를 강화하였다. 이

---

36 車錫基, 앞의 책, 343~344쪽.
37 森田芳夫, 『朝鮮終戰の記錄』(東京: 巖南堂書店, 1964), 19쪽 참조.
38 위의 책, 18~20쪽 참조.
39 趙芝薰, 「韓國民族運動史」, 高麗大學校民族文化研究所 편, 『韓國文化史大系(民族·國家 史)』I(高大民族文化研究所 出版部, 1964), 810쪽. 『日本經濟新聞』특집 1967년 6월 10 일 자에「昭和의 발자취」라는 제목으로 제2차 세계대전 당시 강제 징용으로 일본과 사할 린으로 끌려간 한국인 수는 80만 명이나 되며, 이들 한국인 노동자들은 인간 이하의 대우 를 받으면서 노동을 강요당했다고 보도하였다.

러한 한국에 대한 탄압책으로 말미암아 민족문화는 질식당하고 민족산업은 소멸되었다. 한국인들은 인권과 자유를 박탈당한 가운데 전쟁 수행의 인적 자원으로 전락하고 말았다.

전시의 사회적·교육적 암흑기에 한국 내의 민족운동은 최대의 수난기를 맞는다. 이 시기에는 친일 여론 환기와 강제 동원을 거부한 소수의 지도자, 국어학·국문학을 연구하는 소수의 학자, 일본어문학과 전쟁 협력 예술에의 참가를 거부한 소수의 문인과 예술인들, 신사참배(神社參拜)를 거부한 소수의 기독교도 및 창씨(創氏, 일본식 성명 강요)를 거부한 소수의 인사들이 활동하였을 뿐이다.[40] 이와 같은 상황에서도 한국 민족주의자들은 일장기 말살사건, 수양동우회사건, 조선어학회사건 등의 항일운동을 전개하였다.

앞에서 서술한 바와 같이 일제는 한국 내부에서 움트고 있던 자생적 자본주의 발전을 봉쇄하였다. 그 위에 일제의 식민지 종속경제를 이식시키기 위해 한국을 식민지적 경제관계로 발전시켰다. 이로 인해 한국은 일본의 상품판매 시장이 되고, 자원 획득 시장이 되며, 자본 투하 시장[41]이 되어 기형적인 경제구조를 이루었다. 특히 식량과 원료공급지로서의 한국은 그들의 경제구조를 해결해 주는 주요 시장이 되었다.

한국 식민화의 목표 달성을 위해 일제는 경제적으로는 자본주의 생산양식에 핵심적인 노동력과 자본을 한국의 토지조사와 화폐개혁으로 획득하였다. 정치적으로는 통감부를 설치하여 친일 매판(買辦) 각료를 구성하였다. 사회적으로는 경찰·헌병을 증원하여 한국 민중의 대일본 저항운동인 의병운동과 애국계몽운동을 탄압하였다. 문화적으로는 일본에 동화되도록 동화주의를 채택하여 공교육의 제도적 확립에 힘을 기울였다. 그리하

---

40 위의 책, 812쪽.
41 崔虎鎭, 『韓國經濟史槪論』(普文閣, 1962), 352~365쪽.

여 조선은 마침내 완전히 일제의 식민지체제로 재편성되었다.

일제의 식민화 과정에 대한 연구와 함께 민족 저항의 측면을 연구하여 민족사적 의미를 찾고자 하는 것이 한국근대사 이해를 위한 민족사학(民族史學)의 과제이다. 이 글은 민족사학의 한 연구로서 1920년대 민족운동의 혼란기에 이념이 다른 운동 진영이 어떻게 합일하게 되었는지를 살펴봄으로써, 민족단일의 운동체를 구성하려는 민족운동가들의 이념과 실천이 교육학적으로도 의미가 크다고 보아 민족저항 단체로서의 신간회에 대한 교육사적 연구를 하고자 하는 것이다.

(2) 학교교육의 약화 과정

일제의 식민지교육정책 전개

식민주의는 탐욕·잔인·냉혹 등을 본질로 삼는다. 제국주의 국가는 식민지를 영유하고 식민지 제 민족에 대해서 정치적 예속, 경제적 착취, 문화적·정신적 전통 및 생활양식의 파괴를 자행한다. 이 같은 식민주의의 여러 정책을 추진하는 데 필수불가결한 수단이 교육이다. 식민주의교육은 식민지에 대한 문화정책의 일환으로 식민 제국이 피식민지인을 통치하고 경제적 이익을 추구하기 위하여 의도적으로 실시하는 교육을 말한다.

식민주의교육의 유형과 그 역사를 보면 대체로 다음과 같다.

첫째, 남미의 잉카 문명권에서 스페인·포르투갈 등에 의해 자행된 초기의 식민정책이다. 이 정책은 군사력[무단주의武斷主義]과 기독교, 특히 가톨릭의 전도가 강력한 정책으로 나타났던 것이 특색이다. 따라서 교육은 이교도를 기독교인으로 교화시키는 것을 주된 목적으로 삼았다. 둘째, 프랑스의 식민지정책인 동화주의이다. 프랑스는 교육을 통한 이민족 동화의 가능성을 믿고 식민지에 본국과 동일한 학교를 세워 프랑스어를 가르치고 프랑스문화를 주입시켰다. 그 근저에는 프랑스문화가 인류 문화의 최상이라는 생각이 깔려 있었다. 셋째, 영국의 식민지정책인 간접 통치주의로, 이는 식민지에 가능한 한 많은 정치적 자유를 허용하는 정책이었다. 다만 경제적으로 식민지를 본국에 예속시키는 동시에 식민지 민족에 대한 교육도 중시하였다. 프랑스와는 달리 토착어를 사용하는 원주민 학교의 설립을 허용하고 식민지의 전통과 예술도 존중하였다. 넷째, 미국의 식민정책인 방임주의로, 직접 지배를 통한 영토적 식민이라기보다는 미국화(Americanization)에 의한 문화적 지배를 지향하였다. 그들은 교육을 통하여 식민지 민족을 미국화시키고 생활수준과 소비성향을 상승시킴으로써 미국 시장의 확대를 꾀하는 데 그들의 식민지정책 및 식민주의교육정책의 궁극적인 목적이 있었다.[42] 마지막으로 일본의 식민지정책으로 프랑스와 마찬가지로 동화주의에 기반을 두었다. 일본식민주의교육정책의 기본적 특질은 아시아 제 민족의 아일본인화(亞日本人化), 즉 동화=황민화 정책이었다고 볼 수 있다. 동화교육은 류큐(琉球)를 탈취한 이후 대동아공영권의 와해에 이르기까지 변함없이 견지되었던 일제의 일관된 기본 노선이었다. 일본의 동화교육은 첫째, 일본어 교육의 강제, 둘째, 일본의 역사·문화, 생활양식 등의 주입, 셋째, 근대적 생산기술, 특히 초보적인 농업기술의 전수 등을 실천 내용으로 삼았다. 이는 근대적 학교제도의 이식을 통해서 실현이 모색되었다. 또한 근대적 교육기술은 식민주의라고 하는 특정한 정치 목적에 종속되어 반교육적 목표를 달성하는 데 역이용되는 상황이 이루어졌다.[43]

일제가 실시한 식민지교육정책은 곧 식민지정책을 달성하기 위한 것이었다. 식민지통치정책의 기본방침은 일제 지배기 내내 변함이 없었다. 다만 시세의 변화와 식민지통치정책의 변화에 대응하여 교육행정이 변하였

---

42 青木誠四郎·宗像誠也·細谷俊夫 編, 『教育科學辭典』(東京: 朝倉書店, 1954), 451~452쪽.
43 鄭在哲, 앞의 논문, 149쪽.

을 뿐이다.

식민지교육정책의 기본이 되는 「조선교육령(朝鮮敎育令)」은 1911년에 제정되었고 그 후 일제의 식민지 통치정책의 변화에 따라 1922년·1938년·1943년 3차에 걸쳐 개정되었다.

1922년에는 3·1운동 이후 문화정치를 실시하면서 개정되었고, 1938년에는 대륙 침략이 본격화되면서 이른바 '내선일체'를 강화하기 위해 개정되었다. 1943년에는 태평양전쟁에서 일제가 불리해지자 강력한 군사적 목적에서 다시 교육령을 개정하였다. 그러나 식민지교육의 본질은 한마디로 훈련받은 노예적 인간의 창출이었다. 이를 위해 일제는 겉으로는 황국신민화를 표방하면서 궁극적으로는 민족성을 말살하는 데 목표를 두고 조선인에 대해서는 기초적 교육만 실시하면서 민족 분열에 협조할 일부 친일인사의 육성에 초점을 두었다.

식민지교육정책의 기본방침에 따라 일제는 보통교육과 실업교육에 치중하였고 일어의 보급에 주안점을 두었지만, 그나마 한국의 시세와 민도에 맞는 교육을 실시한다는 이유로 교육 보급에 소극적이었다.[44] 일제의 식민지교육정책을 교육령을 중심으로 살펴보면 다음과 같다.

일제가 한국의 제반 체제를 그들의 침략정책에 따라 재편하는 과정에서 교육에 대한 간섭은, 이미 1894년 갑오개혁 이후의 정치개혁 시기부터 나타나기 시작하였다.[45] 1904년 체결된 「제1차 한일협약(韓日協約)」에 따라 정치·경제·군사에 대한 고문정치(顧問政治)가 시작되었다. 이와 병행하여 학부(學部)에도 시데하라 히로시(幣原坦)가 참여관으로서 한국 교육을

---

44 盧榮澤, 『日帝下 民衆敎育運動史』(探究堂, 1980), 28쪽.
45 車錫基, 앞의 책, 30쪽. 종래의 학사를 관장하던 예조를 폐지하고 그 대신 학무아문(學務衙門)으로 개칭하여 교육의 최고 행정기구로 삼은 것은, 일본의 오토리 게이스케(大鳥圭介)와 서기관 스기무라 후카시(杉村濬)의 의사로 결정되었다.

억제하기 시작하였다. 1906년 통감부가 조선에 설치되고 이토 히로부미 (伊藤博文)가 초대통감으로 부임하자 시데하라를 이어 통감부 서기관 다와라 마고이치(俵孫一)가 학부에 배치되어 촉탁(囑託)에서 차관으로 승진하면서 한국 교육행정의 실질적인 권력자로 교육을 장악하였다.[46]

　한국 교육을 식민교육으로 개편하고자 한 일제의 시도는 1906년 공포된 교육법 개정에 나타나 있다. 이 교육령은 한국 정부를 앞세운 일제의 교육 간섭의 일면을 드러낸 것이었다. 1906년의 교육령에 의하여 이전의 소학교는 보통학교로, 중학교는 고등보통학교로 명칭을 개정하였다. 또한 「사범학교령」이 공포되어 교사 양성 기관에 대한 법규를 일본식으로 개정하고, 「실업학교령(實業學校令)」과 「외국어학교령(外國語學校令)」 등의 학제도 이에 따라 개정하였다. 1908년에는 발표된 새로운 학제에 따라 고등교육기관이었던 성균관(成均館)의 정원을 30명으로 감축하였다.[47] 여기에는 고등 지식인의 양성을 막으려는 일제의 침략적 야심이 그대로 반영되었다. 그들은 민족정신과 국가관념이 투철하지 못한 미성숙한 아동들에게 일본정신을 주입하여 장래에 일본 식민지의 신민으로서의 자질을 형성시키기 위한 교육정책으로 보통교육에 관심을 집중하였다. 보통교육을 담당할 교육자 양성 기관을 관립(官立) 사범학교에만 국한하도록 하여, 일본정신을 내면화한 교육자를 양성하는 기관을 제도적으로 제한시켰다.

　이러한 제도 개혁과 더불어 일제는 한국인의 민족교육기관을 탄압하기 위해, 1908년 8월 칙령 제62호 「사립학교령(私立學校令)」을 공포하고 '교과(敎科)의 질적 향상'이란 미명 아래 교과과정을 친일적으로 재편하였다.[48]

---

46 『日本外交文書』第三八卷 第一册, 861~879쪽. 事項 十八 韓國學部 顧問傭聘學部 改革의 件 參照.
47 『舊韓國官報』, 3546號~3549號, 光武 10年 8月 31日~9月 4日, 16册, 704~737쪽; 『現行韓國法典』第11編 敎育, 2031~2323쪽.
48 『現行韓國法典』, 2265~2275쪽.

일본이 한국을 병합한 1910년부터 3·1운동이 일어난 1919년까지 10여 년간의 초기 식민통치기 교육의 틀을 마련한 「조선교육령」이 1911년에 공포되었다.[49] 같은 해에 보통학교, 고등보통학교, 여자고등보통학교, 실업학교, 사범학교 등의 제반 규칙과 학교 관제에 대한 관계 법규가 공포되었다.[50] 이것으로 식민지교육으로서의 한국교육의 일차적 재편이 이루어졌다.

「조선교육령」은 전문 30조로 되어 있으나, 그중 중요한 조문은 제2조의 "충량(忠良)한 국민의 육성"과 제3조의 "시세와 민도에 맞는 교육"이었다. 이것은 일제의 식민지교육정책을 수행하기 위한 근거였다. 시세와 민도에 맞는 교육을 베푼다는 구실 아래 교육 연한도 줄이고 교육내용도 일본인보다 낮은 수준으로 만들었다. 그리고 교육과정상 일본 및 세계 각국의 상급학교와의 연관성을 고려하지 않은 학제를 만들었다. 일본 또는 한국 내의 일본인을 위한 교육제도가 소학교 6년, 중학교 5년, 전문학교 4년, 대학 6년 등인 데 반해, 이 기본방침에 따라 제도적으로는 보통학교 4년, 고등보통학교 4년, 실업학교 2년 또는 3년, 전문학교 3년 또는 4년으로 하는 단축된 교육연한을 만들었고, 행정적으로는 사실상 보통교육 위주가 되었다. 이와 같이 일제는 이른바 '점진주의'란 명목 아래 한국교육의 질적 저하를 꾀하였다.

일제는 한국인에게 '내선일체'·"조선인도 일본인과 똑같은 천황의 적자(赤子)"라고 공언(公言)하고 '일시동인'을 표방하면서도 충량한 국민을 만드는 것을 교육의 본지로 삼는 교육정책 아래 교육적 차별 대우를 제도화하였다. 「조선교육령」 제29조에 의거하여, 교육과정과 교과서 등 교육내용에 대한 통제정책을 실시하였다. "모든 학교의 교과목 및 그 과정, 직

---

49 『朝鮮教育令』 勅令 第229號, 1911年(明治 44) 8月 23日 공포(朝鮮總督府令 第109號).
50 朝鮮總督府, 『施行年報』, 1913年(大正 2), 1911年度分, 362~363쪽.

원, 교과서, 수업료에 관한 규정은 조선총독부가 이를 정한다"는 조항에서, 한글을 '조선어'라 일컫고 학교교육에서 외국어와 같은 위치로 전락시키면서 외국어의 하나로 편성되었던 일본어가 '국어'로 우리에게 강요되었다. 또한 조선의 역사·지리는 보통학교의 과정에서 완전히 제외되었다. 그 외에도 일제는 분서(焚書) 정책을 통해 "한국인의 민족정기와 국가의식을 고취한 내용의 도서 50여 종 2,000여 권을 불사르고, 이러한 유의 서적에 대하여는 판매를 금하여 그 소지자와 열독자(閱讀者)는 처벌하겠다"[51]고 규정함으로써, 당시 일부 사립학교에서 사용하던 민족사상 앙양을 위한 애국적인 도서는 자취를 감추게 되었다.

　1919년 3·1운동이 전국적으로 확대되어 국권 회복을 위한 민족의 투쟁은 범국민적으로 확대되었다. 한국인의 이 같은 독립운동에 당황한 일제는 하세가와 요시미치(長谷川好道)를 1919년 8월 3일 자로 소환하는 대신, 해군대장 사이토 마코토(齋藤實)를 조선총독으로 임명하여 이른바 '문화정치'를 표방하는 형식적인 융화정책을 실시하였다. 정책 전환으로 비록 형식적이나마 지금까지의 무단정치는 이른바 '문화정치'로 대체되어 헌병경찰제도가 폐지되고, 한국인의 관료 진출 길이 어느 정도 개방되었다. 학교교육에서도 위협적 공포 분위기를 조장하던 교원의 대검(帶劍)이 폐지되었다. 또 「신문지법」에 의거해 1920년 3월 5일에 『조선일보』, 같은 해 4월 1일에 『동아일보』 등의 민족신문과 잡지가 발간됨으로써 한국인에게 약간의 언론·출판의 자유를 허용하였다. 이와 병행하여 한국의 교육제도에서도 「개정교육령」을[52] 공포하여 교육제도에 수정을 가하였다. 그러나 「개정교육령」의 성격은 일본의 식민지정책에 항거하여 나타난 한

51　金鑛學·韓徹永, 『制憲國會史』(新潮出版社, 1954), 20쪽.
52　『朝鮮教育令(新教育令)』勅令 第19號, 1922年(大正 11) 2月 4日. (朝鮮總督府 官報 號外 同年 2月 6日 朝鮮教育令 施行期日; 同年 4月 1日부터 同年 2月 總督府令 第5號).

민족의 민족적 반항을 무마하기 위한 회유정책에 불과하였다. 본질적인 면에서 볼 때 한국인의 민족정신을 박탈하고 일본제국의 신민으로 편성하겠다는 식민지교육정책의 최종 목표는 변함이 없었다. 이 시기에는 형식적으로 문화정치를 표명하면서도 실질적으로는 한국인의 민족정신을 말살시키려는 의도가 음성적으로 더욱 강하게 나타나고 있었다.

「고등보통학교 규칙개정의 건(件)」과 「여자고등보통학교 규칙개정의 건」을 공포한 것에서 이를 확인할 수 있다. 종래의 학교교육에 대한 한국인의 불평을 완화하기 위하여 고등보통학교에서는 외국어를 필수과목으로 하고 이과(理科)를 박물(博物)·화학 두 과목으로 나누었다. 동시에 실업과 경제대의(經濟大意)의 한 과목을 실업과 함께 법제와 경제의 두 과목으로 분리하되, 사정에 따라 이를 전혀 교수하지 않거나 또한 수의과목(隨意科目)으로 할 수 있도록 하였다. 여자고등보통학교에서는 새로이 외국어를 수의과목으로 정하고, 산술을 수학으로 고쳐 일본 내의 상급학교와의 연결을 편리하게 하였다.[53] 보통학교에서도 「조선교육령」을 개정하였다. 종래 4년제의 보통학교 수업 연한을 일본 내의 학교와 동등한 6년으로 개편하여 한국인의 차별의식을 불식시키고자 하였다.

그러나 형식적인 이와 같은 교육정책의 이면에는 한국인의 민족정신을 말살하려는 음모가 숨어 있었다. 앞에서 서술한 고등보통학교와 여자고등보통학교 개정규칙에는 '교육내용의 충실'이라고 한, 조문 13조에 의거해 일본어의 강요가 더욱 강화되었다. 14조에서는 조선어는 보통의 언어와 문장의 "이해를 얻게 한다"를 "요해(了解)할 수 있다"로 고치고, "조선어와 한문은 덕교(德敎)에 자(資)할 문장을 택하여 강독시키고 간이(簡易) 실용적인 조선문을 짓게 하고 또 서취(書取)를 교수하라"하여 조선어의 비

---

53 大野謙一, 『朝鮮敎育問題管見』(京城: 朝鮮敎育會, 1936), 105쪽.

중을 약화시켰다. 15조에는 일본역사·일본지리에 대한 철저한 교수를 강조하였다. 또한 매주 교수시간을 보면 일본어가 7시간, 일본역사가 3시간인 데 비하여, 조선역사는 1시간도 배정되지 않았으며, 조선어는 한문과 합하여 겨우 2시간으로 제한하였다. 그러나 1920년 11월 11일 부령(府令) 제180호로써 다시 「고등학교령(高等學校令)」을 개정하면서 지금까지 필수과목이었던 조선어를 수의과목으로 만들었고, 고등보통학교 보습과에서는 조선어를 완전히 삭제해 버렸다. 또한 같은 날짜 부령 제18호로 개정한 「보통학교규칙(普通學校規則)」 6조에는 지금까지 없었던 교과목으로 일본역사·일본지리가 첨가되고 매주 2시간씩 배정하였다.

이 「개정교육령」은 일제 식민지정책에서 생기는 한국인의 불만을 잠정적으로 해소하기 위한 시도였다. 1921년에 다시 개정된 새로운 교육령은 학제에서는 전기(前記) 교육령에서 나타난 바와 같이 종래의 수업 연한 4년의 보통학교를 6년으로 연장하는 동시에 수업 연한 2년의 고등과를 둘수 있도록 하였다. 그리고 종래의 4년제 고등보통학교는 6년으로 연장하였다. 실업학교도 종래의 4년 정도의 학력을 가진 자를 수용하여 2년 내지 3년 동안 실시되던 것을 개정하여 3년 내지 5년제로 하였다. 실업보습학교(實業補習學校)도 보통학교 4년 수료자를 수용하도록 하였다.

또한 사범교육은 종래 고등보통학교와 여자고등보통학교를 졸업한 자를 수용하여 1년간 수료하게 하던 사범과 제도를 폐지하였다. 이를 대체하여 전문적 교원 양성 기관인 사범학교를 설치하여 남자 사범학교 6년, 여자 사범학교 5년으로 하고, 이를 보통과 각 5년과 4년, 연습과(演習科) 각 1년으로 하였다. 그 안에는 제1부와 제2부를 두어 각각 보통학교 교원과 고등보통학교 교원을 양성하게 하였다.

이 「개정교육령」에서 특히 주목할 것은 우리나라 역사상 처음으로 근대적 대학교육의 학제가 마련되었다는 점이다. II장에서 언급하였듯이 민립대학설립운동의 결과 설립된 경성제국대학의 학제가 바로 그것이다. 수업 연한 2년의 예과와 2년 내지 4년의 본과로 구성되었고, 동시에 일본인과 공학으로 규정한 대학교육이었다. 이렇게 형식적이나마 한국 학제(學制)가 일본과 동일하게 재편성된 것은 한국인의 민족적 저항에 따른 결과이자 소산이었다.[54]

일본이 제국주의 야심을 세계로 확대시켜 감에 따라 전쟁 수행을 위한 정책은 산업 및 경제적 측면에서 뿐만 아니라 인적 동원에서도 나타났다. 1937년 중일전쟁이 일어난 후에는 육군지원병제도를 만들어 한국의 청년·학생을 전장으로 보냈다. 한편 근로보국대(勤勞報國隊)를 조직하여 군사시설 및 군사공업에 강제 동원하는 등 전시 동원 태세를 확립하였다. 1938년 조선방공협회(朝鮮防共協會)를 조직한 뒤, 1940년에는 국민총력동원(國民總力動員)을 전개하였고, 태평양전쟁이 일어난 후에는 징병제를 실시하고 학도 동원·징용·훈련 등을 강요하였다. 일제는 1919년 이후 실시한 형식적 문화정치로는 침략의 야심을 달성할 수 없게 되자, 한국인의 황민화정책을 표방한 식민정책의 최종적 단계로 1938년과 1942년 2차에 걸쳐 교육령을 개정하였고,[55] 이 결과 교육제도와 내용은 완전히 일본화 교육으로 재편되었다.

전시 상황에서 황국신민화 교육정책은 1927년 야마나시 한조(山梨半造) 총독 때 나타나기 시작하여, 정책 실시를 위한 기초적 작업은 우가키 가즈시게 총독 때 일단락되었다. 1936년 총독으로 부임한 미나미 지로(南次郎)

---

54 車錫基, 앞의 책, 45쪽.
55 朝鮮總督府 學務局 學務課, 『朝鮮學事規則』, 183~184쪽.
　　①『朝鮮敎育令』, 1938년(昭和 13) 3月 3日에 공포(朝鮮總督府 官報 號外, 1938年 3月 3日字, 1쪽).
　　②『朝鮮敎育令』(師範學校令, 勅令 第109號), 1943年(昭和 18) 3月 8日 公布 同年 4月 1日 施行, 總督府 官報 號外; 同年 4月 27日字.

는 전임자의 정책을 기반으로 하여 교육방침을 세웠다. 그는 이를 밝히는 성명서에서 "국세(國勢)에 맞고 세운(世運)에 응(應)하는 길은 국체명징·내선일체·인고단련(忍苦鍛鍊)의 3대 교육방침을 철저히 실시하여 국민된 지조, 신념의 연성(練成)을 기반으로 하지 않으면 안 된다"고 하여 한국교육이 지향해야 할 3대 강령을 밝혔다. 일본은 한국을 대륙에 진출하는 병참기지로 보았으므로, 이러한 임무 수행을 위한 정책을 황국신민화 교육방침으로 실현하겠음을 강조한 것이다.

미나미는 황국신민화 교육을 실천하기 위해 멸사봉공(滅私奉公)·신애협력(信愛協力)·견인지구(堅忍持久) 등의 3대 강령을 제시하였다. 당시 학무위원으로 있던 간바라 도키사부로(監原時三郞)의 말은 한국 지배를 꾀한 교육임을 대변하고 있다.

> 내선융화(內鮮融和)는 이념이 아니다. 이상은 선인(鮮人)의 일본화다. … 그 논거는 골격, 혈액형 등의 인류학, 의학상의 점으로, 또한 언어상 우랄 알타이계에 속한다는 일, 종교상 샤머니즘에 속해 있다는 점으로 일언(一言)하여 일본을 지나화(支那化)한 것이 조선인이므로 그 지나화를 벗겨 버리고 모두 일본인을 만드는 일이다. 이처럼 일본화는 가능하다. 그러므로 일본인을 만드는 교육을 하는 것이다.[56]

한국인을 일본인으로 만들겠다는 일본의 의도는 교육정책에 그대로 반영되었다. 그 내용은 첫째, 1937년 「황국신민서사(皇國臣民誓詞)」를 만들어 학생은 물론 한국인 남녀 노소를 막론하고 강제로 외우게 하였다. 둘째, 1938년 3월 개정된 교육령에 따라 조선어를 수의과목으로 하여 학교

---

56 伊藤猷典, 『鮮滿の興亞教育』(東京: 目墨書店, 1942), 3쪽.

122

와 가정에서 조선어를 완전히 배제하였다. 셋째, 1940년 2월에 창씨(創氏) 제도를 공포하여 한국인의 성명을 일본식 씨명(氏名)으로 개명하라는 강제령을 내렸다. 넷째, 1938년 육군특별지원병(陸軍特別志願兵) 제도를 일본 조령(詔令) 제95호로 발표하여 "반도인(半島人)에게 부여한 영광스러운 제국(帝國) 군인"의 명목으로 17세 이상의 한국 청년들을 징병과 근로동원으로 강제 소집하였다.[57] 이 밖에도 한국인 학교의 교가를 일본어로 개정하고, 교명의 변경, 국어(일본어) 정신의 보급, 총동원 운동에 학생들을 동원하였다. 그리고 사립학교를 중심으로 한 민족교육을 말살시키고 한국인의 국권운동을 위한 민족단체 등을 탄압하였다.

1938년 3월 일본 칙령 제103호로 「개정 조선교육령」이 발표되어, 보통학교를 심상소학교(尋常小學校)로, 고등보통학교를 중학교로, 또 여자고등보통학교를 고등여학교로 개명하여 일본인의 각 해당 급(級)의 학교와 명칭이 같아졌다. 1922년 교육령에 의해 설정된 5년제의 보통학교의 교육연한이 상급학교 진학에는 지장이 없는데도, 이와 같은 형식적 명칭만 바꾼 이유는 한국인 학생들에게 더 많은 의무를 부과하기 위한 것이었다. 일제는 '일시동인'의 실현을 이런 방법으로 악용하였다.

종래 사범학교교육에서는 교원과 한국인 교육을 맡을 교원의 양성 기관이 분리되어 있어 각기의 특수성을 고려하였다. 그러나 개정된 교육령은 이들을 통합하여 교원에게 보다 철저한 일본정신을 강조하였다. 한국인 학생들의 특수성을 무시하고, 일본인 학교에서 가르치는 국가사상과 일본의 민족관념을 한국인 학생에게 강요하고자 한 것이다.

---

57 車錫基, 앞의 책, 49~50쪽.

민족교육의 저항과 일제의 탄압

일제는 한국인의 민족교육의 온상인 사학을 탄압하기 위해 사립학교 규칙을 만들어 민족교육을 경계하였다. 또한 학교 설립도 억제하여 사립학교는 점차 감소하였다. 침략이 확대됨에 따라 민족교육에 대한 탄압은 더욱 가혹해졌다. 사립학교를 공립학교로 개편한다든가[58] 또는 사립학교에 일본인 시학관(視學官)을 파견하여 교육내용과 교육운동을 감독하게 하였다. 동시에 교육령에 의거하여 한국인과 일본인 자제의 공학(共學) 원칙을 명목으로 신설되는 사립학교에도 일본인 교장을 취임시켰다. 심지어는 교명이 민족적 색채가 농후하다는 이유로 개명하게 하였고, 심하게는 폐교도 서슴지 않았다. 한편 일제는 신사참배에 반발한 것을 빌미로 1935년부터 1938년까지 평양의 숭실(崇實)중학교·숭실전문학교·숭의여학교와 선천(宣川)의 신성학교(信聖學校)·보성여학교(保聖女學校) 및 대구의 계성학교(啓聖學校)·신명학교(信明學校), 재령(載寧)의 명신남녀학교(明信男女學校), 전주의 신흥학교(新興學校)를 포함한 18개 사립학교를 폐지하였다.[59] 특히 제2차 세계대전의 전세가 불리하게 전개되던 1943년은 민족교육의 수난기였다. 일제는 「교육임시조치령(教育臨時措置令)」에 의거하여 거의 모든 사립학교를 폐쇄하고 학교를 전쟁 준비를 위한 요원 양성소로 전환하였다.[60] 일제의 식민지교육정책 강화와 민족교육에 대한 탄압이 점점 가중되었지만, 민족정신을 꾸준히 계승하고자 하는 민족교육은 계속적으로 식민지교육에 저항하였다.

일제의 침략에 대항하여 한국인들은 대체로 두 가지 방향의 민족운동을

---

58 1933년 1월 모곡학교(牟谷學校) 교장 한서(翰西) 남궁억(南宮檍) 선생은 민족주의사상을 지녔다는 이유로 일본 관헌에게 체포되었고, 학교는 공립학교로 개편되었다.
59 坪江汕二, 『朝鮮獨立運動史』(東京: 日刊勞動通信社, 1959), 131~135쪽.
60 車錫基, 앞의 책, 53쪽.

전개하였다. 하나는 직접 무기를 들고 일제에 항쟁했던 의병활동이었다. 다른 하나는 실력을 양성하여 일본과 대등한 위치에 다다르면 자연히 일제의 지배에서 벗어날 수 있다는 근대적인 애국계몽운동이었다.[61]

의병활동은 을미의병에서 시작되어 을사의병·정미의병으로 확대·발전되면서 일제에 대항하였다. 구한말 위정척사(衛正斥邪)사상을 바탕으로 한 의병은 충군애국의 정신은 투철하였지만 청일전쟁·러일전쟁 등 국제전쟁에서 승리한 위세당당한 일본군에게는 상대가 되지 않아서 일제를 이 땅에서 구축하기에는 역부족이었다. 의병활동은 1907년을 고비로 차차 약화되었고, 한일병합 후에는 활동 무대를 만주·연해주로 옮겨가지 않을 수 없었다.

애국계몽운동은 독립사상과 민권사상을 기반으로 언론·결사·교육·산업 등에 걸쳐 자강지술(自强之術)을 강구하여 쓰러져가는 나라를 구하고자 하였다. 모든 국민을 무지로부터 깨우치기 위해 서양 근대학문을 보급시키고 애국정신을 일깨워 주어야 된다는 교육 구국의 이념이 애국계몽운동의 근간이 되었다.

"아는 것이 힘, 배워야 산다", "교육이 일어나지 않으면 생존할 수 없다" 등의 구호는 일제 침략 앞에 놓여 있던 한민족의 생존권에 대한 절규였다. "우리가 살 수 있는 길은 오직 교육뿐"이라는 의식으로 인해 「을사늑약(乙巳勒約)」을 전후한 시기에 교육열이 고조되었다. 또한 언론·출판·결사 등이 이를 부채질하여 교육열은 요원의 불길과 같이 전국으로 확산되었다. 그 결과 헤아릴 수 없이 많은 사립학교가 우후죽순처럼 생겨났다.

1908년 「사립학교령」이 반포된 후인 1909년 전국 국공립·사립학교 총수는 5,727교에 달하였다. 정부 미인가 사립학교 700여 교를 합하면

---

61 金鎬逸, 「韓國教育振興運動史」, 高麗大學校民族文化研究所 편, 『韓國現代文化史大系』 5(高大民族文化研究所出版部, 1981), 74쪽.

6,499교에 이르렀다.[62] 1910년 사립학교 중 통감부에 인가를 받은 학교 수가 2,250교에 달하였다.[63] 이 중 한국인의 민족자본으로 설립된 학교가 1,402교이며 미인가 700여 교를 합하면 3,000여 교를 넘었다. 이처럼 많은 사립학교가 설립된 것은 교육구국운동의 결과였다.

애국과 교육열만 가지고 설립되었던 당시 사립학교는 시설이라든가 교과내용 등에서 매우 빈약하였지만, 민족을 구하고 나라의 주권을 되찾아야겠다는 민족정신과 민족의식은 투철하였다.

사립학교의 설립 관계를 보면 우선 각 학회에서 설립한 학교가 많았다. 서우학회(西友學會)에서는 1907년 서우사범학교라는 속성사범과 야학교를 설치하고 서북협성학교(西北協成學校, 오성학교五聖學校)를 세웠다. 기호흥학회(畿湖興學會)는 1908년 기호학교를 설립하여 후에 융희학교(隆熙學校)와 합병하여 중앙학교(中央學校)라 하였다. 대동학회(大同學會)는 1908년 대동전수학교를, 대한동인회(大韓同寅會)는 1907년 동인학교를, 보인학회(輔仁學會)는 1908년 보인학교를, 여자교육회는 1906년 양규의숙(養閨義塾)과 1907년 신학원(新學院)을 설립하였다.[64]

선각자들이 세운 사립학교도 있다. 1906년 민영휘(閔永徽)가 휘문의숙(徽文義塾)을, 같은 해 7월에는 남궁억이 강원도 양양(襄陽)에 현산학교(峴山學校)를, 9월에는 이용익(李容翊)이 보성학교(普城學校)를, 12월에 신규식(申圭植)이 중동학교(中東學校)를 설립하였다.

1907년에는 도산(島山) 안창호(安昌浩)가 평양에 대성학교(大成學校)를 설립하고, 같은 해에 남강(南岡) 이승훈(李昇薰)이 평안북도 정주(定州)에

---

62 國史編纂委員會,『韓國獨立運動史』(探求堂, 1965), 359쪽.

63 弓削幸太郎,『朝鮮の敎育』(東京: 自由討究社, 1923), 73쪽.

64 孫仁銖,『韓國近代敎育史: 韓末·日帝治下의 私學社 硏究』(延世大學校出版部, 1971), 31~32쪽.

강명의숙(講明義塾)과 오산학교(五山學校)를, 이봉래(李鳳來)가 봉명학교(鳳鳴學校)를, 유일선(柳一宣)이 정리사(精理舍)를, 이종호(李種浩)가 함경북도 경성(鏡城)에 경성중학교를, 김구(金九)가 안악(安岳)에 양산소학교(楊山小學校)를 설립하였다. 1908년에는 장지영(張志暎) 등이 소의학교(昭義學校)를, 1909년에는 김홍량(金鴻亮)이 발의하여 양산소학교 자리에 양산중학교를 설립하였다.

이 시기에는 기독교 계통의 학교도 설립되어 발전하여 1910년 2월 당시 그 수가 801교(장로교파 501교, 감리교파 158교, 성공회 4교, 안식교회 2교, 각파 합동 1교, 천주교 46교, 종파 미상 84교)였다.[65]

외세의 침략으로 인한 국권 상실은 한국인의 민족적 각성을 촉구시켰다. 이러한 민족적 각성은 국권 회복을 위한 민족교육운동으로 번져 나갔다. 이에 일제는 한국인을 탄압하기 위해 두 가지 정책을 마련하였다. 그것은 민족교육의 온상이었던 사립학교에 대해 단속을 엄격히 하는 한편, 민족단체와 이에 동정적인 선교사에 대한 탄압과 배척으로 나타났다. 한일병합 이후 국내에서는 민족교육이 적극적으로 표면화하지 못했으나, 일제의 탄압으로 망명한 해외 거주 한국인들은 국권 회복을 위해 각종 민족교육에 대한 노력을 하였다.

그중 재미 조선인들은 독립운동을 위한 군인 양성 기관으로 1910년 의용훈련대(義勇訓練隊)[66]를 클레어몬트(Claremont)에서 조직하였다. 캔자스시티(Kansas City)에 소년병학원(少年兵學院)을, 메리다(Merida)에 숭무학교(崇武學校)를 설립하여 병농(兵農) 일치 교육을 실시함에 따라 독립군 편성에 대한 기대가 컸다. 그러나 숭무학교는 1919년 10월 국민군단(國民軍團)의 경작 계약이 완료되고 주둔할 적지(適地)를 얻지 못하여 해체되었

65　朝鮮總督府,『朝鮮の保護及併合』(1918), 378쪽.
66　김원용,『在美韓人五十年史』(California, 1959), 345쪽.

다. 이후 재미동포의 국권 회복을 위한 군인 양성 교육은 중지되었으나[67] 네브래스카(Nebraska)에 소년병학교가 설립되었다. 그 학교의 교육과정은 국어·국문·영어·영문·한어·한문·일어·수학·역사·지지(地誌)·이과(理科)·성서·병학(兵學)으로 구성되어 있었다. 또한 우리의 말과 글을 중심으로 조국의 문화를 교육하였다.

또한 각 지방에 학교가 설립되었다. 1917년에는 골로아 지방에 신흥학교(新興學校), 호놀룰루(Honolulu) 지방에 신민학교(新民學校), 코나(Kona) 지방에 코나부인소학교가 세워졌고, 1912년에는 멕시코 지방에 신소학교(新小學校)가, 1913년에는 버팔로(Buffalo) 지방에 한웅학교가, 1914년에는 리휘 지방에 융등학교가 개칭·설립된 한인기독청년학원 등이 한국의 문화를 계승하기 위한 목적으로 설립되었다.[68]

도쿄(東京)에서는 1919년 2월 8일 유학생 60여 명이 한인기독청년회관에 모여 한국의 독립을 요구하는 선언서와 결의문을 선포하였다. 20일 후 1919년 3월 1일 국권 회복을 위한 민족독립운동이 전국적으로 일어난 것이 3·1운동이다.

민족교육운동이 보다 활발하고 강력하게 전개된 시기는 3·1운동 이후였다. 이 시기에는 일제의 식민지정책이 이른바 '문화정치'를 표방하였다. 교육·문화·언론 등 각 분야에 대해 활동의 외적 조건이 어느 정도 완화되었으며 3·1운동으로 독립을 위한 항일투쟁의식이 크게 성장하였기 때문이었다. 이와 같은 상황 속에서 시위운동의 한계성을 느낀 민족지도자들은 우선 민족의 실력 배양과 자유 진영과의 외교주의를 통해 역량을 배양하려는 경향을 보였다. 3·1운동 후에는 교육열이 더욱 고조되었다. 민족운동을 이끌어 간 민족지도자들은 대부분이 실제로 교육운동에 관여

---

67 위의 책.
68 車錫基, 앞의 책, 40쪽.

하였다.

민족적 각성으로 한국사회에서는 지금까지 볼 수 없었던 민족단체가 활발히 설립되었다. 1920년부터 1925년 사이에 설립된 주요한 단체만 하더라도 조선교육회·조선노동공제회(朝鮮勞動共濟會)·조선청년연합회·기독청년연합회·조선청년총연맹·전조선청년당대회(全朝鮮靑年黨大會) 등 130여 개에 이르렀다.[69] 이들 단체들은 다 같이 한국인의 민족적 각성을 촉구하는 공동의 목적을 지니고 있었다. 이들 단체의 활동 중 교육적으로 가장 특기할 것은 조선교육회가 주관한 민립대학설립운동(民立大學設立運動)이었다. 그러나 일제는 한국인의 고등교육에 대한 여망을 무시하며 1924년에 식민지정책의 상징인 경성제국대학(京城帝國大學) 예과(豫科)를 개설하고 2년 후에는 법문학부와 의학부를 설립하여 조선총독부 정무총감(政務總監)을 총장에 앉혔다.

3·1운동 이후 한국인의 민족교육은 내적으로는 실력 배양 교육으로 민족의식을 높였고, 외적으로는 각 단체를 통하여 일제에 대항하였다. 일제의 식민지교육정책에 대응하여 민족의식을 고양한 민족교육에서 서당교육 또한 일익을 담당하였다. 서당은 오랜 전통을 지닌 교육기관 중 하나이며 개항 후 근대 교육기관이 설립되기까지 유일한 초등교육기관이었다. 이러한 서당은 유일한 서민 교육기관인 동시에 전적으로 사설교육기관이라는 특성도 지니고 있었다.

서당교육은 19세기 말 근대적 교육이 도입됨에 따라 변화가 요구되었다. 특히 일제 강점기에 들어오면서 커다란 변화가 일어났다. 근대적 교육의 도입과 일제의 식민지교육정책, 한국인의 교육열 등 당시 여러 사회적 상황에 따라 서당교육은 형태뿐만 아니라 교육내용이나 성격의 큰 변

---

69 盧榮澤, 앞의 책, 21~22쪽; 車錫基, 申千湜, 『韓國敎育史硏究』(載東文化社, 1969), 374쪽.

화를 겪게 되었다. 당시의 서당은 구형태를 그대로 유지한 재래서당(在來書堂)과 새로운 시대성에 적응하여 개량된 개량서당으로 대별되는데, 특히 후자는 이 시기에 중요한 역할을 담당하였다.

개량서당은 재래서당과는 달리 근대교육의 교과를 도입·설정하고 교원도 신교육을 받은 자들로 구성되었으며 민중교육에 기여하였다. 이는 일제의 탄압으로 사립학교가 폐지되거나 설립이 어려울 때 사설 학술 강습에 대한 탄압을 피하고 계속 교육하기 위해 설립되었다. 지역적 사정에 따라 초등교육시설이 전혀 없거나 부족하기 때문에 설립된 경우도 있었다. 이들 개량서당은 근대적 초등교육을 실시하여 국민 교양을 높이는 동시에 문맹 퇴치 등에 기여하였다. 한편 재래서당은 전통과 보수성을 그대로 유지함으로써 끈기 있게 일제에 수구적 항거를 하였다. 비록 신교육을 실시하지 않았다 해도 수많은 아동들을 위한 초등교육기관으로서의 기능을 유지하였다.[70]

서당교육이 관제학교(官制學校)와 다른 점은 일반 대중에게 교육의 기회를 부여했다는 점이다. 대중에게 교육을 실시한다는 것은 단순한 학문적 교수 외에 그들을 교화시킨다는 또 다른 의미를 갖고 있었다. 서당이 일반 대중의 문맹 퇴치에 공헌함으로써 민중을 무지로부터 탈피시키는 역할을 담당하였을 뿐만 아니라, 『소학(小學)』이나 『동몽선습(童蒙先習)』과 같은 교육내용을 통하여 일반 대중의 실행이나 지방 민속의 양풍(良風)을 보존하고 폐습(弊習)은 지양하도록 하였다. 또한 민중 교화를 통하여 일제에 항거할 수 있는 민중의식을 앙양하는 역할을 하였다.[71]

이와 같이 서당교육은 그 형태를 바꾸어 음성적 구국운동을 담당하게

---

70 위의 책, 80쪽.
71 車錫基, 「日帝下 書堂의 民族主義教育: 漢文書堂과 改良書堂을 中心으로」, 『師大論集』 I(高麗大學校 師範大學, 1976), 4~5쪽.

되었다.[72] 서당교육은 한문 습득에 만족하지 않고 민족정기를 내세우며 전통사상인 존왕(尊王) 애국정신을 함양하는 장소로 변모해 한자뿐만 아니라 한국사·한국지리 등을 교재로 채택하고 여기에 신교육을 가하여 독립운동 정신을 고취하려 하였다.[73]

당시 일제의 탄압에 저항하며 사립학교를 세우고 교육을 통한 구국운동을 실시하려던 민족지사들이 감시를 피하여 비교적 자유롭게 항일구국운동을 할 수 있었던 장소가 서당이었다. 의병 활동을 하던 독립투사들은 의병 활동이 실패로 돌아가자 서당을 그들의 은신처로 삼고 아동 교육에 투신하여 구국교육운동의 역할을 전개하였다. 이처럼 서당교육은 초등교육기관으로서, 또 민족의식 고양 기관으로서 민족교육사적 의의가 매우 크다.

학교교육의 한계

한국이 일제의 통치를 받는 상황 속에서 학교교육은 자연히 일제의 식민지교육정책에 의거해 이루어졌다. 그에 종속되지 않을 경우에는 일제의 탄압 때문에 존립할 수가 없었다. 일제의 식민통치에서 교육은 다음과 같이 이용되었다.

(1) 사립교육기관들을 폐쇄하고 한국문화의 교육을 금지시키며, 한국인들에게 교육의 기회를 제한하는 문화말살정책

(2) 초등교육기관을 확대하여 일제 식민지교육을 전개하는 우민교육정책

(3) 한국의 지식인들을 회유하고 기성 지배계층 출신들에게 교육적 특전을 주어 식민통치의 앞잡이로 기르거나, 또는 기왕의 피지배층 속에서 우수한 인

---

72 위의 논문.
73 위의 논문.

재를 선발 교육하여 식민지 우민교육정책 수행의 앞잡이로 활용하는 것[74]

식민지교육이 갖는 음성적 기능으로 인해 식민통치 아래에서 학교교육은 계층 형성에 아주 중요한 관건이 되었다. 그리하여 민족주의자들이 의도했던 대로 "실력을 길러 독립 이후를 대비한다"기보다는 일제에 부화뇌동하는 지식인 기회주의자를 양성하는 제도로 고착되었다.

일제의 식민지정책으로 인하여 당시의 학교가 민족교육를 실시하기에는 한계가 있었던 점을 몇 가지로 정리할 수 있다.

첫째, 교육 목적과 내용이 일제의 식민지교육을 반영하고 있었다. 1911년 공포된 「조선교육령」 2조에 "교육은 교육에 관한 취지에 더하여 충량(忠良)한 국민을 육성하는 것을 그 본의로 한다"[75]고 하였다. 여기에서 충량한 국민이란 바로 일본제국주의에 충복(忠僕)할 수 있는 신민으로서의 국민이다.[76] 계속하여 이 교육령 8조에는 보통학교교육의 목적을 "보통학교는 아동에게 국민교육의 기초가 되는 보통교육을 베푸는 곳으로 신체의 발달에 유의하고 국어(일본어)를 교수하며, 덕육(德育)을 베풀어 국민된 자질을 양성하고 일상생활에 필요한 지식과 기능을 기른다"[77]고 하였다. 여기에서의 인격과 덕육은 2조에서 말한 일제 신민으로서 자긍(自肯)하고 충성할 수 있는 인격과 덕육이었다. 고등보통학교의 교육 목적에 대해서는 이 교육령 11조에 "고등보통학교는 남자에게 필요한 고등보통교육을 베풀어 국민된 자질을 도야하며 그 생활에 유용한 지식과 기능을 기른

---

74 金仁會, 『敎育과 民衆文化』(한길사, 1983), 37쪽.
75 「朝鮮敎育令」, 勅令 第229號, 1911年(明治 44) 8月 23日 公布; 「朝鮮敎育令」, 第109號, 同年 10月 14日; 同年 11月 1日부터 施行. 第2條.
76 車錫基, 앞의 책, 197쪽.
77 앞의 법령, 第8條.

다"[78]고 하였다. 이 교육령 15조의 여자고등보통학교의 교육 목적에 대하여는 "여자고등보통학교는 여자에게 고등보통교육을 베푸는 곳으로서 부덕(婦德)을 육성하고 국민된 자질을 도야하며 그 생활에 유용한 지식과 기능을 기른다"[79]고 하였다.

「보통학교규칙(普通學校規則)」[80]에 의거하면, 보통학교의 교과목은 수신·국어(일본어)[81]·조선어 및 한문·산술·이과(理科)·창가(唱歌)·체조·수공(手工)·재봉(裁縫) 및 수예(手藝)·농업초보·상업초보 등이다. 이과 이하 상업초보까지는 지역의 상황에 따라 당분간 뺄 수 있게 하였다. 여기에서 일본어과 교수 시간이 학년별 주당 10시간으로 주당 총교수 시간인 26시간의 38.4%에 해당된다. 이에 반해 조선어 및 한문 교수 시간은 6시간이었다. 그리고 1920년 11월에는 「조선교육령」 일부와 「보통학교규칙」을 개칭하여 일본의 역사·지리 교과를 새로 추가하였다.[82] 교육령이 개정됨에 따라 교과 명칭과 시간 수에 약간의 변동만 있을 뿐 대개 앞과 같은 교과를 교육하였다. 특히 유의할 점은 조선어의 교수시간 수가 점점 줄어들었고 1941년 초등학교 규정에는 완전히 없어진 것이다.

고등보통학교의 교과목은 수신·일본어·조선어 및 한문·역사·지리·수학·이과·실업(實業) 및 법제경제(法制經濟)·습자(習字)·도화(圖畵)·수공(手工)·창가·체조·영어 등이었다. 그러나 사범과 입학을 지원하는 자에게는 교육을 별도로 더하였다. 실업은 농업, 상업 중 한 과목을 택하였고

---

78 앞의 법령, 第11條.

79 앞의 법령, 第15條.

80 「普通學校規則」, 朝鮮總督府令 第110號, 1911年(明治 44) 10月 20日 公布, 同年 11月 1日부터 施行. 修文館輯, 『現代法規大全: 第8編 教育』(京城: 修文館, 1911), 6~12쪽.

81 「조선교육령」 시행기의 교육령이나 규칙 등에는 일본어를 교과목의 '국어'로 표현하고 있다.

82 「朝鮮教育令」 중 改正, 勅令 第529號, 1920年(大正 9) 11月 12日, 朝鮮總督府 官報 第2477號, 同年 11月 12日.

영어는 수의과목으로 하였다(「고등보통학교규칙」제7조).[83] 여자보통학교의 학과목은 고등보통학교와 거의 같고 실업 및 법제경제 대신에 가사, 수공 대신에 재봉 및 수예 과목이 있었고, 영어는 없었다.

교과목의 설정·신설·폐지·통합 과정에서 특징을 보면, 한국어 교과는 제1차 「조선교육령」 시행기에는 조선어 또는 조선어 및 한문 등의 명칭으로 포함되었지만 제3차 「조선교육령」 시행기(1938)부터는 수의과목으로 전락되었고 실질적으로는 한국어를 교수하지 못하게 하였다. 일본어 교과는 국어라고 지칭하고 모든 수업에서 일본어를 사용하도록 하였다. 심지어 한국의 역사와 지리 교과는 초등학교의 경우 제1차 「조선교육령」 때는 교과과정에서 빠졌고, 1920년부터는 일본 역사와 지리가 교과과정에 들어갔다. 중등학교의 경우에는 제1차 「조선교육령」 시행기에는 한국의 역사나 지리를 제외한 역사와 지리를 교수하였으며, 제2차 「조선교육령」 이후에는 일본사의 일부로 한국사 및 한국지리를 교수하도록 하였다. 그러나 제3차 「조선교육령」 이후에는 「역사과교수요지(歷史科敎授要旨)」에서[84] "일본사의 일부로 한국의 역사를 교수한다"는 내용이 삭제되었다. 공민과(公民科)는 1932년부터 중등학교에 새로운 교과로 설정되어 주로 일본 국민으로서의 자질 교육을 담당하였다가, 1943년에 국민과(國民科)를 강화하면서 삭제되었다. 또한 직업 교과가 1929년부터 초등학교와 사범학교에 새로 설정되어 직업교육을 강화하였다.[85]

일제는 1912년 6월 개정 「교과용도서검정규정(敎科用圖書檢定規程)」을

---

83 「高等普通學校 規則」, 『朝鮮總督府令』 第111號, 1911年(明治 44) 10月 20日 公布, 同年 11月 1日 施行, 위의 책, 13~20쪽.

84 「中學校 規程」, 『朝鮮總督府令』 第25號, 1938年(昭和 13年) 3月 15日 公布, 同年 4月 1日 施行, 第15條.

85 劉奉鎬, 「日本植民地政策下의 初·中等學校 敎育課程 變遷에 관한 硏究」(중앙대학교 대학원 석사학위논문, 1982), 202~206쪽.

공포하고, 교과서는 총독부에서 편집 내지 검정한 도서만을 사용해야 한다는 규약을 내용으로 하여 사립학교의 교과서에 대한 제재를 가하였다. 그리고 운동회·창가 등에 이르기까지 민족교육의 색채를 가진 모든 활동을 간섭하였고, 사립학교의 존폐를 그들의 자의대로 행하였다.

당시의 학교는 식민지교육정책에 제재를 받아 교육 목적과 내용이 일제의 동화교육을 원칙으로 하고 있었다. 이러한 상황 아래에서 학교교육은 민족교육을 실시할 수 없었고, 다만 비밀리에 조직된 비밀결사와 과외 활동을 통해 겨우 민족정신을 배양할 수 있었다.

둘째, 일제는 사립학교에 일본인 교사를 채용케 하여 직접 한국인의 민족교육을 간섭하였으므로 교육의 질적 전환을 가져왔다. 「사립학교령」을 개정하여 「사립학교규칙」을 1911년에 공포하였다. 「사립학교규칙」 제10조에 사학의 교원은 일어에 통달해야 된다고 하였다. 이는 일어 보급과 동시에 일본인 교원을 사립학교에 채용하기 위함이었다. 조선총독부는 사학에 일본인 교원을 학교 당국이 원하는 여부와 상관없이 강제로 배치하였다. 조선총독부의 인가를 받은 사립고등보통학교의 일본인 교원 수를 보면 1913년 5월 말에 한 학교에 일본인 교원 4명(한국인 3명), 1914년에 두 학교에 일본인 교원 7명(한국인 11명), 1915년에 두 학교에 일본인 교원 6명(한국인 9명)을 배치하였다.[86] 이밖에도 조선총독부의 인가를 받지 못한 각종 사립학교에도 많은 수의 일본인 교원을 배치하였다.

1915년에는 종래의 「사립학교규칙」을 다시 대폭 개정하여 「개정 사립학교규칙」을 공포하였다. 이 규칙 제10조 2항에 "교원의 자격·보통교육·실업교육 또는 전문교육을 하는 사립학교의 교원은 일본어를 통달하고 해당 학교의 정도에 응하여 담당 학과에 대한 학력을 가진 자가 아니면 안 된

---

86 朝鮮總督府 學務局, 『朝鮮諸學校一覽』(1940).

다"고 하였다. 이 같은 교원 자격에 대한 엄한 규칙은 일본인 교원을 사립학교까지 대폭 채용하는 데 그 목적이 있었다. 또 사립학교 교원까지 교수 용어를 일본어로 하도록 하였다.

관공립학교는 물론 사학조차도 일본인 교원를 채용할 수밖에 없었고, 수업도 일본어로만 할 수 있는 상황에서 민족교육의 실시는 불가능하였으므로, 민족의 실력 양성이라는 사학 본연의 교육 목표는 변질되었다.

셋째, 일제의 식민통치 아래에서는 비싼 월사금 때문에 부유층 자녀만 교육을 받을 수 있었고 일본인에 비해 한국인의 교육 기회와 고용 기회가 제한되었다. 한국인 중에 교육 기회가 주어진 것은 주로 양반 출신의 자제들이었고, 다음으로는 관공리와 상공업가의 자제들이었다. 이것은 교육 시설의 도시 집중에서 초래된 현상이기도 하겠으나, 그보다도 그들의 경제적 기반, 즉 사회적 배경이 강했기 때문이다. 특히 고등교육을 받거나 관료가 될 수 있는 기회는 식민지 지배 세력에게 대부분 개방되었다.[87] 그러나 1910년대에서 1920년에 걸쳐 일제가 우리나라에 세운 공립보통학교의 수는 그야말로 이름뿐이지 학령 아동의 1할도 수용할 수가 없었다. 1930년에 들어서면서부터 초등교육기관 수만 약간 늘렸으나 그것도 전체 학령 아동의 2~3할 정도를 수용하는 데 불과하였다. 이렇게 문이 좁고 학비가 비싼 공립보통학교에 노동자·농민·도시 빈민의 자녀들은 다닐 수 없었다. 일제는 일부 계층에만 교육의 기회를 부여함으로써 한국인들의 단결을 저해하고 위화감을 조성하였을 뿐만 아니라 소수에게 교육적 특권을 주어 식민통치의 앞잡이로 활용하였다. 경성제국대학 출신들 및 일본 고등문관시험(高等文官試驗) 합격자들의 관료화가 좋은 예이다. 따라서 식민지 상황에서의 학교는 민족적 과제를 실현시키는 제도로서 기여

---

87 金泳謨,「植民地時代 韓國의 社會階層」, 安秉直·慎鏞廈 외,『變革時代의 韓國史: 開港부터 4·19까지』(東平社, 1978), 219쪽.

할 수 없었다. 그것은 식민통치 아래에서 공적 교육제도가 갖는 일반적인 속성 때문이었다.

결국 교육이 일반적으로 사회 변화를 긍정적으로 유발시킨다는 낙관적인 교육론은 더 이상 지지받을 수 없었다. 당시 민족주의자들의 실력양성운동도 한계가 명백히 드러났다. 그리하여 민족독립이라는 민족적 과제 실현을 위한 노력은 각종 사회운동, 즉 민족운동을 통하여 발현되기 시작하였다. 1920년대 일제의 식민지로부터 독립하기 위한 각종 민족운동이 활발하게 전개되던 상황 속에서 민족운동 진영의 이데올로기적 대립을 완화시키고, 민족운동의 역량을 한데 모아 보자는 노력이 곧 신간회운동이었다. Ⅲ장에서 살펴보았듯이, 신간회는 순수한 교육단체는 아니었고 오히려 민중들의 정치·사회적 각성을 도모하려는 단체였다. 그러나 식민통치 아래에서 민족의 최대 과제를 실현시키려는 신간회의 노력은 교육 부문에서도 전개되고 있었다.

2. 사회운동의 교육적 성격

일제의 식민통치 아래에서 관공립학교는 물론 민족의지의 발로로 설립한 사학과 전통 교육기관인 서당도 동화교육을 기초로 한 가혹한 탄압정책 때문에 민족운동의 긍정적 역할을 충분히 발휘할 수 없었다. 이런 상황에서 민족의식을 고취시키고 민중을 계몽하여 우리 문화를 보급하는 진실한 의미에서의 민족교육은 각종 사회운동에서 발견할 수 있다. 특히 학생·농민·노동자들로 주축을 이룬 운동이 더욱 그러하다. 여기에서는 학생·농민·노동운동 등의 사회운동이 민족교육에서 어떠한 역할을 담당하였고, 이것의 교육적 의미와 성과는 어떠한가를 살펴보고자 한다.

(1) 학생운동

1919년의 3·1운동[88]은 비폭력 무저항주의로 만세시위만 감행하면 독립할 수 있다는 소박한 민족정신 아래 시작되었다. 그러나 3·1운동이 일제의 무력 탄압으로 실패하자 국내의 민족독립운동은 몇 가지 형태로 새 양상을 보이며 발전하였다. 3·1운동 정신을 민족의 실력배양운동을 통하여 해결해 나갈 것을 목표로 사업의 자립, 교육·문화운동, 언론·계몽운동이 활발히 전개되었다.[89]

1920년대의 실력양성운동은 각 분야에서 활발하게 진행되었다. 민족을 각성시키고, 민족정신을 고취시키며, 실력을 기르기 위해서 민중을 계몽시키는 데 주력하였다. 민족지도자들은 민중계몽을 위한 단체의 결성, 순회 강연, 야학(夜學) 설치 등을 통한 민족운동에 매진하였다.

기성세대들의 단체 조직과 계몽운동에 영향을 받아 학생층에서도 이러한 움직임이 나타났다. 학원 내에서 동맹휴학·비밀결사와 함께 밖으로는 학생단체 조직, 계몽활동, 6·10만세운동, 광주학생운동을 전개하여 일제의 식민지배 아래에서 신음하는 민족을 구하고 국가를 독립시키기 위한

---

88 3·1운동은 일제에게는 반일운동이었지만, 우리에게는 처음으로 민족주의를 개화시켰으며, 독립된 민족으로서의 자결의 권리를 부르짖은 것이었다. 이 같은 3·1운동의 정신은 1920년대 교육 진흥 운동 및 민족 역량의 개발 운동으로 전개되었다. 이 운동의 교육사적 의의를 살펴보면 다음과 같다. 첫째, 3·1운동은 관·공·사립 구별 없이 전개된 학생들의 민족 감정의 총화였다. 둘째, 사립학교 간의 유대의식이 더욱 강화되었고, 한편으로는 이들이 중심이 되어 조선교육회를 조직하였다. 셋째, 학생 간의 유대의식이 더욱 강화되었다. 넷째, 3·1운동은 안방(내방)에 갇힌 여자를 바깥사회로 끌어내는 계기가 되었다. 다섯째, 3·1운동 후 우리 교육계에서는 줄곧 '인간 본위의 교육'과 '조선 본위의 교육'을 주장하게 되었다. 여섯째, 3·1운동 후 소년운동과 아동중심주의 교육사상이 대두되었다. 일곱째, 3·1운동은 우리나라 학생운동의 전통을 세웠다. 끝으로 3·1운동은 일제로 하여금 교육제도와 방향을 수정하게 하였다. 孫仁銖, 앞의 책, 152~159쪽.

89 鄭世鉉, 「6·10萬歲運動」, 尹炳奭·愼鏞廈·安秉直 편, 『韓國近代史論』 II(知識産業社, 1977), 401쪽.

민족운동에 앞장섰다. 계몽운동과 민족운동을 위하여 학생 자체 내의 단결과 친목을 도모하려는 단체 조직 움직임이 1920년부터 나타나기 시작하였다.[90] 특히 1928~1930년에 걸친 학생결사(學生結社)를 살펴보면 〈표 3〉과 같다.[91]

이 중에서 수원고등농림학교(이하 수원고농)의 조선개척사(朝鮮開拓社), 대구학생비밀결사, 광주학생비밀결사, 그리고 경신학교 등 사립중등교가 중심이 된 학생전위동맹 등은 당시 널리 알려진 학생결사체였다. 특히 수원고농의 비밀결사운동은 활발하였다. 수원고농은 조선개척사 운동을 통하여 학내외에서 민족정신을 고취하고, 식민통치에 시달리는 농민의 지위 및 생활 향상을 위한 실력 배양에 힘을 기울였다.

1930년대에 들어서도 김종수(金種壽) 등이 중심이 되어 상록수운동(常綠樹運動)과 독서회 활동을 펴 나갔다. 이들은 교외 활동으로서 개학 중에는 수원 인근에 야학교를 설치하였다. 그리고 방학 기간을 활용하여 농업 지도자로서 전국에 퍼져 있는 졸업생들과 제휴하여 문맹 퇴치와 농촌 개발을 위한 여러 형태의 활동을 전개하였다.

교내에서는 식민지농업정책과 황민화교육에 반대하며 이에 대응하는 능력의 연마를 위해 독서회를 강화하는 한편, 한국인 학생들의 정신적 통일을 위하여 ① 농촌지도를 위한 '새벽 사람'이요 '여명(黎明)의 아들'이라는 긍지를 강조하고, ② 한인 학생의 기숙사 내 자치적 생활, ③ 한인 학생 전원이 참여하는 축구부를 편성하는 등 정신·체력의 단련을 통해 항일민족의식의 발전을 도모해 나갔다.[92]

학생층의 경향을 발전과 집약의 차원에서 정비하기 위하여 학생 역량의

---

90 車錫基, 앞의 책, 297쪽.

91 朝鮮總督府 警務局, 『最近に於ける朝鮮治安狀況』(1933), 100~101쪽 참조.

92 鄭世鉉, 『抗日學生民族運動史研究』, 一志社, 1975, 463쪽.

〈표 3〉 학생 결사·단체 현황(1928~1930년)

지역	학교	사건	검거 연월일	관계 인원
경기	中央基督靑年會學館 外 鮮人側 私立中等學校	학생ㄱ당	1928. 8. 10.	17
	第一高普, 中央, 徽文, 培材, 中東, 徽新, 普成 各學校	독서회	〃 . 9. 1.	12
	水原高等農林學校	치안유지법 위반	〃 . 9. 1.	11
경북	大邱公立高等普通學校 大邱公立商業學校 大邱公立農林學校 大邱公立中學校 私立嶠南學校	대구학생비밀결사	〃 . 11. 6.	105
함남	北靑公立農林學校	독서회	〃 . 11. 10.	15
경남	釜山公立第二商業學校	비밀결사 革潮會	〃 . 11. 19.	11
평북	新義州公立高等普通學校	在新留學生總規睦會聯合會事件	1929. 5. 23.	80
전북	全州女子高等普通學校	秘密結社班會	〃 . 7. 27.	23
전남	光州公立高等普通學校 光州公立農業學校 光州女子高等普通學校 全南道立師範學校	광주학생비밀결사	〃 . 11. 21.	112
	木浦公立商業學校	목포학생비밀결사사건	1929. 11. 25.	25
경성	徽新學校 外 鮮人側 私立中等學校	학생전위동맹	〃 . 12. 6.	39
전북	高敞高等普通學校	비밀결사S당	1930. 2. 13.	11
경북	大邱道立師範學校	秘密結社「舉」隊事件	〃 . 3. 31.	6
경성	苦學堂	학생전위동맹 후계 조직	〃 . 5. 15.	5
	官立師範學校	교원 중심의 치안유지법 위반	〃 . 12. 1.	2

응집을 개발한 것이 조선학생대회(朝鮮學生大會)였다. 1920년 5월 서울 시내의 학생이 중심이 되고 전국 각 지방 출신의 재경 학생 80여 명이 참석하여 조선학생대회를 조직하고 사업과 목적을 다음과 같이 밝혔다.[93]

---

93 『東亞日報』(1920. 5. 10.).

(1) 조선 학생의 친목과 단결을 도모함

(2) 조선 물산(物産)의 장려

(3) 지방열(地方熱) 타파

이렇게 조직된 조선학생대회는 과거의 지방 단위 학우회 및 친목회 활동에서 보여 준 분산성을 지양하고 학생 계층의 구심력을 집결하기 위한 노력이었다. 조선 물산의 장려를 주장한 것은 뒷날 민족주의 계통의 물산장려운동·민족산업운동·토산물(土産物)애용운동을 유도하는 선구적 활동을 보여 준 것이었다.[94]

조선학생대회는 당시 사회가 요구하고 실천하고자 하는 실력양성운동[95]에 앞장서서 강연회·토론회·체육대회·음악·지방순회강연 등을 열어 학생들뿐만 아니라 일반 대중에게도 민족의식을 고취시키고자 힘썼으며, 새로운 학문에 대한 교화에 주력하였다.[96] 조선학생대회는 3·1운동 때에 발휘한 민족주의 정신이 그들의 구심점이 되어 동지적(同志的) 학생층 형성을 위해 많은 노력을 기울인 결과 전국 회원 수가 약 2만 명이나 되었다.

일제 당국은 이에 대해 탄압[97]을 가하였고, 그 결과 조선학생대회로 결

---

94 鄭世鉉, 앞의 책, 404쪽.

95 국내의 순회강연 붐을 조성한 것은 1920년부터 동경유학생학우회(東京留學生學友會)가 하기방학을 이용, 강연단을 조직하여 국내 각 지방에서 순회강연회를 개최한 데서 비롯되었다. 동경학우회의 순회강연은 동아일보사의 후원 아래 1920년 7월 10일 도쿄를 출발, 부산에 도착하여 영남지방에서부터 순회하면서 서울에 입경하였다가 다시 3대로 나누어 관서·관북·호남 방면으로 유세하였다. 그러나 경기도 제3부는 김준연(金俊淵)을 소환하여 해산 명령을 내렸다. 동경유학생학우회의 순회강연은 좌절되었지만 조선학생대회의 지방순회강연회는 계속되었다. 車錫基, 앞의 책, 299~301쪽.

96 金鎬逸, 「日帝下 學生團體의 組織과 活動」, 『史學研究』 22(韓國史學會, 1973), 129~130쪽.

97 일제 당국은 학교 경영자들에게 압력을 가해 다음과 같은 결의를 받아 냈다. ① 조선 중등학교 학생은 일체의 사회단체에 가담할 수 없고 중등학생 전체를 조선학생대회에서 탈퇴시킨다. ② 조선학생대회 회원 학생으로서 탈퇴 명령을 받고 즉시 퇴회(退會)하지 않는 자는 학교 당국에서 퇴학 처분을 단행한다. 坪江汕二, 『(改正增補) 朝鮮民族獨立運

집되려던 학생 세력의 구심력에 동요와 약화 작용이 가해져 무력해지기 시작하였다. 그러나 이런 교내외의 어려움을 극복하고 조선학생대회를 대신할 수 있는 학생 조직체를 만들기 위하여 전문학교의 뜻있는 학생이 중심이 되어 조선학생회[98] 창립운동이 일어났다. 조선학생회는 학생층의 여건 조성으로 이루어진 것이지만, 당시 국내 정세는 '문화정치'의 허점을 최대한도로 활용하여 문화·종교·교육·언론에 걸친 광범위한 사회운동을 전개한 상황의 소산이기도 하였다. 특히 당시 한국의 사상계는 제1차 세계대전 이후 세계에서 양성화되고 있던 각종의 정치사회사상이 국내에 투사된 결과 민족독립운동의 방법과 노선이 크게 분화되거나 다양화된 상태에 있었다. 이러한 현실적 형세와 조류는 가장 먼저 학생계에 투영되었고 학생운동도 이에 영향을 받고 발전하였다.

조선학생회는 창립 당시에 학생회 간부의 지지와 참여가 있었을 뿐만 아니라 국문 민간지인 『조선일보』·『동아일보』·『중외일보』 등의 후원을 받으면서 공인된 민족 세력의 일익을 담당해 나갔다.[99]

1920년대부터 한국사회에 침투한 사회주의 영향으로 1925년 9월에 창립된 조선학생과학연구회(朝鮮學生科學硏究會)는 계몽운동에 적극 나섰다. 이 단체는 강연을 ① 사회과학의 보급, ② 학생의 사상 통일, ③ 상호 단결, ④ 인간교육 본위의 실효(實效), ⑤ 조선 학생 당면 문제의 해결[100]을 내세워 학생활동을 전개하였다. 1926년 4월 24일 정기총회에서는 다음

動祕史』(東京: 嚴南堂書店, 1966), 158쪽.

98 조선학생회는 1923년 2월에 창립되어 문화계몽운동을 계속 추진하였다. 1923년 제1회 전문학교 연합 학술대강연회를 개최하였고, 이어서 1924년에는 제2회 대회를 종로 청년회관에서 개최하였다. 그 밖에 웅변대회·음악회·무용회·강연회를 비롯하여 전조선 학생 육상경기대회, 전문학교 연합정구대회 등을 개최하여 학생들의 친목과 단결을 꾀함과 동시에 문화계몽운동에 적극적인 활동을 하였다. 車錫基, 앞의 책, 302~303쪽.

99 高大60年誌, 『徐廷觀交友의 報告』, 119쪽 참조.

100 朝鮮總督府 警務局, 『高等警察用語辭典』(1933), 250쪽.

과 같은 결의사항을 채택하였다.

一. 하기(夏期)를 이용하여 중요 도시에 하기 대학을 설립하자.

一. 하기를 이용하여 회원 각자가 향촌에서 농촌강좌를 설치하고 계몽운동에 노력하자.[101]

그러나 1926년 4월 26일 일제에게 주권을 상실당한 지 17년 만에 대한 제국 최후의 황제 순종(純宗)이 와병 중 53세를 일기(一期)로 승하(昇遐)하였다. 정신적으로나마 민족의 상징이었던 순종의 승하 소식은 한민족에게 커다란 슬픔과 울분을 안겨 주었는데 같은 해 6월 10일 국상이 거행된다고 발표되었다. 조선학생사회과학연구회의 학생들은 순종의 인산일(因山日)을 계기로 일대 가두시위를 통한 민족운동을 전개하기로 하고 계획을 추진하였다. 이 때문에 미리 계획한 하기 학생운동을 실천에 옮길 수 없었고 조선학생과학연구회는 1928년 7월 1일이 되어서야 제5회 집행위원회를 열고 여기에서 결의한[102] 것을 실천에 옮기기로 하였다. 이 연구회는 농촌계몽운동에 전심하면서 학생들에게 과학과 과학사상을 보급시키기 위하여 학술강연회를 계속 개최하였다.

6·10만세운동은 3·1운동 이후 일본의 식민통치에 대항하여 학생층 전체를 망라한 계획적·조직적인 반일학생운동의 첫 봉화였다. 1920년대의 실력양성운동이 전국적으로 확대됨에 따라 교육열이 고조되고 학생들의

---

101 『東亞日報』, 1926. 4. 29.
102 결의된 내용은 다음과 같다. 一. 하기휴가 이용에 대한 건(件). 一. 일반준회(一般準會)에 관한 건. ① 강좌: 강연회·음악회·연극·토론회 등을 개최하기로 함. ② 농촌 단기강습회·임간학교(林間學校)를 설립키로 함. 一. 일반사회 사정 조사에 관한 건. ① 행정·교육·금융기관 및 산업조합의 상황을 조사할 것, ② 인구, 토지분석 및 직업별·산업별 상황을 조사할 것, ③ 일반 인민의 생활정도를 조사할 것. 一. 독서 및 작문에 관한 건. 『東亞日報』, 1928. 7. 5.

민족적 자각이 크게 싹터 학원 내에서는 동맹휴학과 비밀결사, 학원 외에서는 계몽운동과 학생단체조직 등으로 활발히 민족운동을 전개하였다. 이러한 결과의 소산으로 집단적인 가두시위운동이 가능했던 것이다.

6·10만세운동은 크게 두 갈래로 나뉘어 추진되었다. 하나는 사회주의적 색채가 농후한 민족운동가들이, 다른 하나는 학생들이 주도하였다. 전자는 해외와 연결된 사회주의자들이 제1 단계로 민족운동을 전개하고, 이것이 성공하면 제2 단계로 적화운동(赤化運動)을 강행하려는 계획 속에 추진되었다. '6월 사건'이라고도 하는 이들의 계획은 조선노농총동맹(朝鮮勞農總同盟)의 간부 권오설(權五卨) 일파가 중심이 되어 제1차 공산당사건에 관련되어 중국 상하이에 망명 중이던 조봉암(曺奉岩), 김찬(金燦), 김단야(金丹冶), 여운형(呂運亨)과 권오설 등이 회동하여 국내에서 대대적으로 민족 적화운동을 벌이는 것이었는데 그 기일을 메이데이인 5월 1일로 정하였다. 권오설이 국내에 잠입하여 계획을 추진하다가 6월 4일 중국지폐 사건과 『개벽』 압수사건이 일어나는 바람에 이들의 인쇄물인 「조선독립포고문(朝鮮獨立布告文)」 4종 5만여 매가 발각되었고 이에 따라 6월 6일부터 관계자에 대한 검거가 시작되고 권오설이 6월 7일 체포됨으로써 이 계획은 완전히 실패로 돌아갔다.[103]

따라서 6·10만세운동은 순전히 학생들이 계획하고 실천한 학생들의 민족운동이라 할 수 있다. 이러한 6·10만세운동을 계획·추진한 학생들은 두 갈래였다. 하나는 조선학생과학연구회를 중심으로 한 전문학교 학생들의 사직동계(社稷洞系)였고, 또 한 갈래는 중등학교 학생들을 중심으로 한 통동계(通洞系)였다.[104]

---

103 車錫基, 앞의 책, 306~307쪽.
104 國史編纂委員會,『韓國獨立運動史』IV(探求堂, 1965, 3~8쪽)에서는 6·10만세운동의 계획, 추진 세력을 세 갈래로 보아 ① 노총계(勞總系), ② 사직동계, ③ 통동계로 분류하였

조선학생사회과학연구회·신흥청년동맹(新興靑年同盟) 및 민족주의 단체에서 활약하던 이선호(李先鎬)·이병립(李炳立)·박두종(朴斗種)과 같은 학생들이 주동이 된 사직동계는 순종의 인산일인 6월 10일에 독립만세와 가두시위를 전개할 것을 결의하였다. 그 준비 책임자로 이병립·이선호·이천진(李天鎭)·박두종을 선출하고, 자금 조달은 박하조(朴河鈞)·박두종에게 일임하였다.[105]

6월 8일 이선호·이병립·박두종·박하조는 서대문 솔밭에서 태극기, 「조선독립만세문」약 30매를 작성하였다. 같은 달 9일에 평동(平洞) 12번지 3의 김종찬(金種讚)의 방에서 이병립이 기초한 "2천만 동포여 원수를 구축하라! 피의 대가는 자유이다. 대한독립만세"[106]라는 격문을 청운동(靑雲洞) 130번지에 사는 장규정(張奎晶)에게 빌린 인쇄기로 약 1만 매를 인쇄하여 각기 나누어 가지고 다음 날 살포하기로 하였다.

통동계는 중앙고보와 중동학교 학생인 박용규(朴龍圭)·곽재형(郭載炯)·김재문(金載文)·황정환(黃廷煥)·이동환(李東換) 등이 같은 해 5월 29일 김재문의 하숙인 경성부 통동 71번지 김소사(金召史)의 집에서 "조선 민중이여 우리의 철천의 원수는 자본제국주의 일본이다. 2천만 동포는 죽음을 결단하고 싸우자, 만세 만세 대한독립 만세"[107]라는 격문을 작성하였다. 그리고 그날부터 31日 사이에 낙원동(樂園洞) 250번지에 사는 김성기(金性琪)에게 등사기를 빌려 5,000매를 인쇄하여 전기한 5명이 각기 1,000매씩 나누어 갖고 다시 이를 각 학생들에게 분배하여 거사일인 6월 10일 국장일에 애도 대열 속에 있다가 살포하기로 하였다.

으나, 노총계인 사회주의자 권오설을 중심으로 추진되다가 체포되어 나머지 학생 계열인 사직동계와 통동계가 6·10만세운동을 추진시킨 것이다. 車錫基, 앞의 책, 307쪽.

105 朴龍圭, 『6·10萬歲運動 37周年』; 『東亞日報』, 1963. 6. 10.
106 京城覆審法院 刑事部, 『6·10萬歲運動事件 判決文』.
107 國史編纂委員會, 『韓國獨立運動史』 IV, 7쪽.

6월 10일에는 인산일(因山日)을 애도하는 백의(白衣) 군중의 물결이 온 시내를 덮었으며, 돈화문(敦化門) 앞에서 홍릉(洪陵)까지 도열한 학생들만 해도(보통학교 6학년 이상으로 제한했음) 약 2만 4,000명이나 되었다.[108]

학생들이 계획한 만세시위운동은 실행되었으나 군데군데 배치되어 있던 일제 군경에 제지당하거나 체포되어 계획했던 만큼 실행되지 못하고 좌절되었다. 그러나 이 운동은 일제 당국자를 놀라게 하였고, 우리 민족의 독립정신을 민중에게 심어 주었으며, 독립을 위해 끝까지 투쟁하겠다는 결의를 새삼 보여 준 것이다.

6·10만세운동의 직접적 계기는 순종의 승하였지만 민족항쟁을 준비하고 표현할 수 있었던 것은 한민족의 궁극적 목표가 자주 해방에 있었기 때문이다. 이런 민족의 가치관과 목적을 생각에 그치지 않고, 행동과 실력으로 보여 주는 전위적 투쟁에 나선 계층이 학생이었다.[109] 일제의 탄압 아래에서 자라난 젊은 학도들이 독자적으로 계획하고 조직하여 민족정기를 발산한 것으로 이후의 학생운동의 방향과 성격을 향도하였으며, 반식민지 민족운동을 전개한 독립운동으로 그 의의가 컸다.

6·10만세운동 이후 학원 내에서는 실력 양성과 민족정신을 정리하기 위한 동맹휴학과 비밀결사[110]가 계속 일어났다. 학원의 소요가 끊일 날이 없었다.

일제 강점기에 한국 학생들이 학원 내에서 전개한 대표적인 운동 유형이 동맹휴학과 비밀결사였다. 특히 1920년대에 들어오면서 동맹휴학은

---

108 李炫熙, 「六·十獨立萬歲運動攷」, 『亞細亞研究』 12-1(高麗大學校 亞細亞問題研究所, 1969).

109 鄭世鉉, 앞의 책, 437쪽.

110 동맹휴학이란 학생들이 교육상의 제(諸) 문제나 또는 정치적 제 요구를 관철하기 위한 수단으로 학업을 거부하는 집단행동이라 할 수 있다. 李錫台 편, 『社會科學大辭典』(文友印書館, 1946), '同盟休學' 조항.

서울을 비롯한 전국 각지에 파급되어 보통학교에서 전문학교에 이르는 각급 학교에서 거의 날마다 일어났다.

1921~1928년 동맹휴교의 도별(道別)·연도별 비교와 총 건수는 〈표 4〉와 같다.[111] 1921년부터 1928년 사이 동맹휴학에 관련되어 처벌받은 학생수는 7,674명에 이르러 연평균 959명을 기록하였다. 퇴학자가 1,560명, 정학이 4,753명, 근신이 485명, 견책 4명으로 되어 있다. 경찰 처분을 받은 학생 865명 중 형이 집행된 학생은 172명이나 되었다.[112]

동맹휴학(줄여서 '맹휴盟休'라고도 하였다)의 원인에 대해 일제는 다음과 같이 분류하였다. (대체로 맹휴의 원인에 따라 맹휴의 형태가 결정되었다.) ① 학교 설비, 교규, 학과, 기타에 기인하는 맹휴, ② 교원 배척에 관한 맹휴, ③ 학교의 내부 사업에 관한 맹휴, ④ 학생 간의 사안에 기인하는 맹휴, ⑤ 지방 문제에 관한 맹휴, ⑥ 민족의식 및 좌경사상의 반영에 기인하는 맹휴 등이었다.[113] 이렇듯 동맹휴학은 지엽적이며 주변적인 불만으로부터 시작하여 식민지교육제도의 시정을 요구하기에 이르렀고, 다시 민족독립운동의 성격을 띠기도 하였다.

동맹휴학의 성격은 동맹휴학에 나타난 요구 조건·건의문·결의문·진정서 등을 분석하여 규명할 수 있다. 1920년부터 1926년 6·10만세운동 이전 시기의 동맹휴학은 실력양성운동에 발맞추어 온건한 성격으로 일제의 식민지교육, 특히 차별 대우에 대한 불만 및 교장을 비롯한 교원들의 모욕적인 언사 등 주로 학원 내의 문제가 원인이 되어 발단하였다. 이 시기

---

111 朝鮮總督府 警務局,『朝鮮に於ける同盟休學の考察』(1929), 5쪽.
112 李如星·金世鎔,『數字朝鮮硏究』第1輯(世光社版, 1932), 93~97쪽.
113 위의 책, 20쪽. 그러나 일제 고등경찰의 이상과 같은 분류는 타당한 분석이라고 할 수 없다. 왜냐하면 분류하는 방법 자체가 식민지 통치라는 그들의 일반적 테두리를 크게 벗어나지 못하였고, 엄연히 항일성이 강한 맹휴라 하더라도 전기한 제6항 이전의 항목으로 분류하여 의식적으로 내용을 왜곡하는 고등경찰적 행위가 첨가되었기 때문이다. 鄭世鉉, 앞의 책, 214쪽.

〈표 4〉 동맹휴교 연도별 비교표

지역		1921	1922	1923	1924	1925	1926	1927	1928	계
경기도		10	14	12	5	6	6	10	14	77
충북			1			4	5	4	3	17
충남		2	1	2	1	2	2	9	1	20
전북			2	2	3	2	7	5	8	29
전남		1	6	4	4	1	1	4	7	28
경북			2	2			3		7	14
경남		2	8	6		2		8	12	38
황해			3	10	1	12	12	1	3	42
평남		3	4	5			5	1	2	20
평북		3	2	5				3	11	24
강원			2	2		9	6	9	1	29
함남		2	6	5		9	4	12	13	51
함북			1	2		1	4	6	1	15
총계		23	52	57	14	48	55	72	83	404
관공립	初	4	18	15	5	30	27	30	27	156
	中	3	5	7	6	2	12	20	24	79
	專(高)	1	1	1			2		2	7
사립	初	2	2	7		8	6	6	5	36
	中	12	26	25	3	6	8	16	25	121
	專(高)	1		2		2				5

* 이 표는 『朝鮮に於ける同盟休學の考察』, 6~9쪽의 동맹휴교 누년(累年) 비교표를 참조하여 작성한 것임.

의 동맹휴학은 ① 교장 및 교사 배척, ② 교육방법 및 교과과정의 시정, ③ 학교시설의 확충, ④ 학교 승격 요구 등이 대부분을 차지하였다. 교장 배척은 주로 우월감을 가진 일본인 교장의 불성실·폭언·모욕·구타가 원인이었고, 교사 배척은 불친절·폭언·폭행 및 교수 불충분 등이 원인이 되어 일어났다.[114]

---

114 車錫基, 앞의 책, 291~292쪽.

1925년 맹휴사건 48건 중 교장·교사 배척이 38건으로 75% 이상이었다.[115] 동화교육이란 명목 아래 우리 민족의 언어·역사·풍습·제도를 배우는 수업을 없애거나 시간 수를 줄이고 일본어와 일본역사의 시간 수를 늘리거나 신설하려는 교수방법 및 교과과정에 대한 시정 요구는 식민지교육에 대한 반발의 표현이었다.

6·10만세운동 이후부터 변화가 일어났다. 6·10만세운동 때 내걸었던 격문 내용에 "조선인 교육은 조선인 본위로", "보통교육은 의무교육으로", "보통학교 용어는 조선어로", "중등 이상 학생의 집회는 자유로", "대학은 조선인 중심으로"[116] 등의 요구는 동맹휴학을 격렬하고 과격하게 하는 소인(素因)이 되었고 1929년 광주학생운동을 거쳐 그 여파가 1931년경까지 계속되었다. 이 시기의 각종 학교들이 일으킨 동맹휴학의 요구조건·진정서·결의사항 등을 분석해 보면 대체로 ① 노예교육 철폐, ② 조선역사의 교수, ③ 교내 조선어의 사용, ④ 학생회의 자치 허용, ⑤ 언론·집회의 자유[117] 등이 주를 이루었다. 이 시기에 교사 배척이나 시설 설비의 요구가 없지는 않았으나, 이보다는 식민지교육, 나아가 일본제국주의에 대항하는 민족운동의 일환으로 전개되었다. 1928년 동맹휴학 건수 83건 중에서 민족운동의 성격으로 일어난 건수가 37건이나 되었다.[118] 1927년 중앙고등보통학교의 맹휴 시 학생들이 강조한 것은 "문제는 지금에 있는 것이 아니고 교장이나 모 교사에 대한 인간적인 배척이 아니라, 민족적 울분과 청년의 열혈(熱血)을 토로할 광장을 만들어 달라는 것이 더 중요하다"[119]고

115 金鎬逸,「日帝下의 學生運動研究-1920~1926」(中央大學校 大學院 碩士學位論文, 1965) 참조.

116 李錫台 편, 앞의 책, '6·10萬歲運動' 조항 참조.

117 金鎬逸,「日帝下 學生運動의 한 形態: 1920年代 同盟休學을 中心으로」,『亞細亞學報』 第11輯(亞細亞學術研究會, 1975).

118 朝鮮總督府 警務局, 앞의 책(1929), 99쪽.

119 中央高等學校,『中央60年史』(民衆書館, 1968), 151~152쪽.

하였다. 1920년대의 학생운동은 일제 고등경찰이 밝힌 것과 같이 그 기본 성격은 일반적 사회현상의 반일사(反日史) 속에서 식민지 노예교육을 반대하는 민족적 원동력에 두고 있었다.[120]

3·1운동과 6·10만세운동 이후, 일본의 굴욕적인 식민지교육에 대한 학생들의 분노가 차차 더해 가고 있을 무렵, 1929년 8월에 야마나시 한조 총독이 물러나고 한때 '문화정치'로 우리를 우롱하던 사이토 마코토(齋藤實)가 다시 조선총독이 되어서 부임하였다. 그는 교육 보급 실적 증가와 시학기관(視學機關)의 확충을 목표로 하였다. 그러나 그가 부임한 지 3개월이 못 되어서 광주고등보통학교 학생을 중심으로 민족적인 항쟁운동이 일어났다. 이 운동은 일본인들의 사이비교육과 차별교육에 대한 반향으로 일어난 것이었다.[121]

당시 전라남도 광주에는 전남의 인재를 양성하는 중등학교로서 광주고등보통학교(이하 광주고보)·광주농산학교·광주여자고등보통학교(이하 광주여고보), 일본인 중학과 공학인 광주사범학교, 일본인 학생만이 수학하는 광주중학교가 있었다. 광주에 있던 한국인학교 학생들은 식민지 노예교육에 대한 불만을 품고, 민족의식의 고취를 위한 학생들의 조직적인 결합을 이루어 갔다. 1925년 11월에는 광주고보와 광주농산학교 학생 10여 명이 모여 노예교육을 자각하고 민족문화를 연구하려는 성진회(醒進會)를 조직하였다. 이것은 다시 1926년 민족문화와 사회과학연구를 목적으로 하는 독서회로 발전하였고, 광주학생독서중앙본부(光州學生讀書中央本部)를 결성하기에 이르렀다. 이 회합에는 광주에 있던 중등학교의 학생들이 가입하였다. 조선 해방과 노예교육 절대 반대가 이 회합의 중심

---

120 朝鮮總督府 警察局 保安課, 『高等警察報』第5號(1936), 35쪽.
121 孫仁銖, 앞의 책, 213쪽.

구호였다.[122]

광주 시내 중등학교의 비밀결사인 성진회·독서회의 조직은 식민지 노예교육을 받고 있던 학생들의 행동화(行動化)가 기폭제가 되었다. 광주학생운동의 전초전으로서 각 학교의 학생들은 우선 학원 내의 문제 해결을 위한 동맹휴학을 일으켰다.[123] 광주에서의 동맹휴학은 1920년 사립학교로 출발한 광주고등보통학교가 1925년 공립으로 바뀐 다음 해부터 일어났다. 이들은 동맹휴학을 통해 민족정신과 배일사상(排日思想)을 적극적으로 표면화하였다. 이와 같은 상황 아래 1928년 대맹휴(大盟休)사건이 일어났다. 1928년 6월 26일부터 시작된 동맹휴교의 직접적인 동기는 광주고보 5년생 이경채(李景采)가 불온문서사건으로 연행되어 구속되고, 학교에서 퇴학 처분을 당하자 학생들은 진정서를 제출하고 동맹휴학에 돌입하였다.[124] 이때 광주고보의 동맹휴학에 부응하여 광주농업학교에서도 맹휴가 발생하였다.

광주농업학교의 동맹휴학은 광주고보의 맹휴와 연합전선을 구축한 것이라 학생들의 기세가 충천하여 광주 시내는 계엄 상황을 방불케 하는 긴장된 분위기였다. 1928년의 광주고보·광주농고의 대맹휴사건은 다음 해에도 기세가 계속되었다. 해가 바뀌면서 학생들의 학교에 대한 울분과 저항은 더 거세졌다. 이런 분위기 속에서 한일 통학생 간의 사소한 분규가 광주뿐만 아니라 전국적인 항쟁운동으로 발전하였다.

1929년 11월 3일은 당시 음력으로 시행하던 10월 3일 개천절(開天節)

---

122 梁東柱 편저, 『抗日學生史』(靑坡出版社, 1956), 27~28쪽; 朴準埰, 「光州學生運動」, 『新東亞』(東亞日報社, 1969年 9月號); 金成植, 「光州學生運動」, 尹炳奭·愼鏞廈·安秉直 편, 『韓國近代史論』 III(知識産業社, 1977).

123 車錫基, 앞의 책, 312쪽.

124 『東亞日報』, 1928. 6. 29. 진정서의 내용은 다음과 같다. ① 교우회의 자치권 인정, ② 물리·화학 교실의 신축, ③ 이경채의 제적 사유 해명과 무죄 시의 복교, ④ 하세가와(長谷川) 외 6명의 무자격 일본인 교사의 축출, ⑤ 조선인 교유(敎諭)의 채용.

이면서 이른바 '명치천황(明治天皇)'의 생일인 명치절이었는데 때마침 일요일이었다. 또한 이해에 전남에서는 누에고치가 600만 석이나 생산되었으므로 광주신사(光州神社, 현 광주공원) 앞에서 '전남산견(全南産繭) 600만 석 돌파 축하회'도 겹쳤던 만큼 수많은 사람들이 광주에 모여들었다. 이날은 당시의 강요된 풍습에 따라 각급 학교에서도 기념식을 거행하였으므로 학생들도 광주 거리에 많이 모였다.

그런데 이날 광주고보 학생들은 명치절 축하식장에서 일본국가를 부르지 않았다. 『광주일보』는 이것에 대해 한국인 학생들이 불온 불손하다는 기사를 대서특필하였다. 이에 분노한 광주고보 학생들은 신문사를 찾아가 항의하고 윤전기 속에 모래를 뿌렸다. 한편 시가에서는 광주고보 학생들과 광주중학교 학생들이 각각 10여 명씩 떼를 지어 다니다가 패싸움이 벌어졌다. 일본 경찰의 편파적인 대처로 광주농고·광주여고보·수피아여학교(須皮亞女學校) 등 한국인 학생들이 광주고보 학생 편에 가담하였다.[125]

시가에 나온 학생들은 "조선독립만세", "식민지 노예교육을 철폐하라", "일인日人 학교인 광주중학교를 폐쇄하라" 등의 구호를 외치고, 애국가·응원가를 부르면서 행진하였다. 한국 학생들의 사기는 충천하였다.[126] '전남산견 600만 석 돌파 축하회'에 참석한 수많은 시민들도 동참하면서 당시 신문에서는 시위군중이 학생을 포함하여 3만여 명이 참가하였다고 보도하였다.[127]

이 시위로 일경은 한국 학생 70명을 검거하였다. 이에 비해 일인 학생은 겨우 7명을 검거하였고, 그것도 얼마 지나지 않아 석방하였다. 이러한 불공평한 처사에 대하여 민중들은 불만을 표시했으며 언론기관, 신간회를

---

125 車錫基, 앞의 책, 215쪽.
126 金成植, 『日帝下 韓國學生獨立運動史』(正音社, 1974), 205쪽.
127 光州學生獨立運動同志會 편, 『光州學生獨立運動史』(國際文化社, 1974), 57쪽.

비롯한 사회단체에서도 이를 규탄하고 비밀리에 조사단을 현지에 파견하여 진상 조사에 나섰다. 그중 신간회의 허헌(許憲)·김병로(金炳魯)·황상규(黃尙奎) 등은 11월 9일 광주에 도착하여 시라이(白井) 광주고보 교장과 사토(佐藤) 광주중학교 교장을 방문하고 사건의 진상을 조사하는 한편, 관계 기관을 방문하여 사건을 불공평하게 처리한 것에 항의하였다.

광주고보·광주농고·광주사범·광주여고보·광주수피아여학교·광주숭일학교(光州崇一學校) 등의 한국 학생들은 편파적인 행정기관의 처사에 대하여 격분하여 끝까지 항쟁할 것을 결의하고 제2차 시위운동을 전개하였다. 11월 12일의 제2차 가두시위로 일경에 검거된 학생은 광주고보·광주농교를 합하여 280여 명이었다. 이와 함께 일본 경찰은 광주 시내의 일반 사회단체에 대해서도 대대적인 검거를 실시해 사회단체 간부 100여 명을 차례로 검거하였다. 이로써 광주고보와 광주농고를 비롯한 광주 시내의 중등학교에는 전부 휴교 조치가 내려졌다.

광주 학생들이 들어 올린 첫 봉화는 전국 각지에 파급되어 유례를 찾아볼 수 없는 학생운동으로서의 민족구국운동이 전개되었다. 전국적으로 항일학생운동에 참가한 학교는 보통학교·고등보통학교·전문학교를 합하여 194개교였고 참가한 학생 수는 94,000여 명에 이르렀다.[128] 따라서 광주학생운동은 3·1운동 이후 가장 규모가 큰, 학생들이 주체가 된 운동이었다. 이 사건은 결코 우발적인 것이 아니라 민족적 양심을 촉진하기 위해 일어난 필연적인 귀결이었다.

광주학생운동은 1920년대로 접어들면서 일제가 실시한 '문화정치'에 대한 일침이었으며, 우리 민족이 추구한 실력양성운동에 대한 민족교육의 성과가 가져다 준 소산이었다.[129]

---

128 國史編纂委員會, 「學生思想의 傾向」, 『(資料編) 韓國獨立運動史』 V(探求堂, 1974).
129 車錫基, 앞의 책, 339쪽.

식민지배 아래에서 제도적 교육은 문자 그대로 동화교육으로 한인을 일본화시키는 것이 교육 목적이었다. 그러나 어느 시대건 현실적으로 부적합한 교육이념은 배척당하기 마련이다. 또한 비현실적인 교육이념은 교육학에서 논의하는 순수한 의미에서의 교육이념에 대한 논의에 해당되지도 않는다. 당시 한민족의 이해에 부합되지 않는 동화교육 이념은 당사자인 조선 학생들에게 받아들여질 수 없었다. 그 결과 학생운동이 적극적으로 전개된 것이다. 학교교육이 갖는 긍정적 기능도 여기서 찾을 수 있다. 식민지배 아래에서 학생집단은 어느 정도 혜택 받는 집단이라고 할 수 있지만, 이들에게 아무리 의도적으로 왜곡된 사실을 주입시킨다 하더라도 현재의 사회적 모순이 심화됨에 따라 학생들은 진실을 갈구하게 된다. 이 결과 순수한 진리를 찾으려는 운동이 일어나는데 그것이 일제 강점기의 학생운동이었다. 사회적 모순을 해결하려는 사회운동이 교육적 의미가 되는 지점도 바로 교육의 해방적 성격에서 가능한 것이었다.

(2) 노동자·농민운동

1919년의 3·1운동 이후부터 민족독립투쟁의 신단계가 시작되었다. 한 가지 특색은 노동자와 농민 계급 등의 투쟁이 크게 앙양되었다는 사실이다. 노동자계급에서는 단결을 지향하는 움직임이 나타났다. 1920년 4월 서울에 한국 최초의 노동조합조직인 조선노동공제회(朝鮮勞動共濟會)가 결성되었다. 이 조직은 노동자들의 계급적 이해에 입각한 노동단체라기보다는 오히려 계몽주의적 성격이 짙은 개량주의 단체였다. 지도부에 노동자는 극소수였으며 유지신사(有志紳士)와 고등유민(高等遊民)이 많았다. 강령도 ① 조선 노동사회의 지식 계발, ② 저축의 장려, ③ 노동자의 품성 향상, ④ 위생사상의 향상, ⑤ 환난 구제, 직업 소개, ⑥ 일반 노동 상황의 조

사 등을 내걸었다. 따라서 조선노동공제회는 적극적으로 노동쟁의를 지도
하지 못하였고, 노동 상황의 조사나 노동강연회를 열었을 정도였다. 이 조
직은 지도부의 사상적 대립의 격화로 1922년 10월에 해체되고 말았다.[130]

1922년 10월 18일에 조선노동연맹회(朝鮮勞動聯盟會)[131]라는 노동단체
가 창립되었다. 이 단체는 조선노동공제회보다 훨씬 노동자의 계급적 이
해관계를 강조하는 사회주의적 성격을 띤 단체였다.

노동단체의 결성과 더불어 한국의 노동자·농민의 계급의식과 민족의식
은 앙양되었다. 노동조합·농민조합 등 단체가 결성되었으며 동맹파업·소
작쟁의가 연이어 일어났다. 노동자·농민의 투쟁 역량을 전국적으로 모으
기 위해 1924년 조선노농총동맹(朝鮮勞農總同盟)[132]이 결성되었다. 그러나
각 분야에서 적극적으로 생존 투쟁을 벌이고 있는 상황 속에서 노동운동
과 농민운동의 양상이 각기 다르게 나타났다. 각 영역에서 적극적인 투쟁
을 위해 조선노농총동맹이 조선농민총동맹과 조선노동총동맹의 두 단체
로 분리되었다(1927).

조선노동총동맹은 일체의 전면적 강압과 집회 금지로 합법적 투쟁을 하
지 못하여 이렇다 할 노동운동을 전개하지 못하였다. 그리하여 1930년에
는 조선노동총동맹 해체론이 지방의 노동조합으로부터 나와, 노동조직은

---

130 姜東鎭, 「3·1運動 이후의 勞動運動」, 尹炳奭·愼鏞廈·安秉直 편, 『韓國近代史論』 III(知
　　識產業社, 1977), 223~224쪽.
131 여기에 참가한 세포조직을 보면 인쇄직공친목회·전차종업원조합·이발조합·공우협회
　　(工友協會)·진주(晉州)노동공제회·감포(甘浦)노동공제회 등으로, 2만여 명의 가입 인
　　원을 가진 단체였다.
132 이 조직의 참가 단체는 182개, 출석 대표는 295명, 중앙위원은 정운해(鄭雲海)·이학수
　　(李學洙)·김종범(金鍾範) 등 47명이었으며 강령은 다음과 같다. ① 오인(吾人)은 노동
　　계급을 해방하고 완전한 신사회를 실현할 것을 목적으로 함. ② 오인은 단체와 위력(威
　　力)으로써 최후의 승리를 얻을 때까지는 철저적으로 자본계급과 투쟁할 것을 기(期)함.
　　③ 오인은 노농계급의 현하의 생활에 감(鑑)하여 각각 복지 증진 경제 향상을 도모함.
　　『東亞日報』, 1922. 10. 21.

직업별 단위조직에서 산업별 비합법조직으로 전환하고 지방에서부터 활발한 노동운동이 전개되기 시작하였다.

1920년대 노동운동에서는 노동쟁의가 질적으로나 양적으로 괄목할 만한 성장을 이루었다. 이는 당국이 발표한 노동쟁의 건수와 참가 인원수를 보면 잘 알 수 있다(표 5 참조). 노동쟁의의 원인 가운데 으뜸은 임금 문제였다. 그것도 1920년대 중기에는 임금 인상을 요구하는 쟁의보다는 임금 인하를 반대하는 투쟁이 많았다. 노동쟁의는 성공보다는 불성공의 경우가 비율이 더 높고, 타협으로 끝난 것도 꽤 많았다(표 6 참조).

당시의 노동쟁의는 노동법도 없었으므로 일정한 법 절차나 냉각 기간 등이 없이 바로 동맹파업[133]으로 들어가는 것이 일반적이었다. 동맹파업의 구호는 임금 문제, 일인 감독 배척, 인간적인 대우 개선 요구, 직공들에 대한 부당해고 반대, 노동시간의 연장 반대와 취업 시간 단축 요구, 중국인 노동자의 채용 제한 또는 반대, 경찰의 파업 간섭 반대, 한인에 대한 민족적 차별 반대 등이었다. 또 1920년대 후반기가 되면 한 공장의 파업이 곧 동종업계의 동정(同情)파업으로 확산되는 경우도 많았다. 드문 예이기는 하지만 1929년 1월부터 4월 사이 80여 일 동안 지속된 원산총파업(元山總罷業)같이 한 도시 전체의 노동자가 파업에 돌입한 경우도 있다.

일본제국주의는 노동운동이 민족독립투쟁의 일환으로 발전할 것을 두려워한 나머지 노동운동과 공산주의운동을 동일시하여 극심한 노동운동 탄압정책을 실시하였다. 일본의 노동운동 탄압은 일본제국주의의 식민지 정책의 일환으로 장시간 노동·저임금이라는 식민지 초과이윤을 수탈해

---

133 일제 강점기 파업 중 대표적인 것으로는 1921년 5,000여 노동자가 참가한 부산 부두노동자 파업, 1925년 두 차례에 걸쳐서 일어났던 경전(京電)전차종업원의 파업, 1929년 2,000여 노동자가 참가한 원산총파업, 1930년 1월 부산 노동방직노동자 3,000여 명의 파업, 같은 해 6월의 신흥탄광(新興炭鑛) 광부의 파업과 광산습격사건, 1931년 일제 강점기 최후의 총파업인 평양총파업을 들 수 있다.

〈표 5〉 일제 강점기 노동쟁의 발생 상황표

연도	건수	참가 인원(명)	연도	건수	참가 인원(명)
1912	6	1,573	1923	72	6,041
1913	4	487	1924	45	6,725
1914	1	130	1925	55	5,700
1915	9	1,951	1926	81	5,784
1916	8	458	1927	94	10,523
1917	8	1,148	1928	119	7,759
1918	50	6,105	1929	102	8,293
1919	84	9,011	1930	160	18,972
1920	81	4,599	1931	205	21,180
1921	36	3,403	1932	152	14,824
1922	46	1,799			

출처: 『朝鮮警察概要』에 의거함.

〈표 6〉 동맹파업 발생 건수·참가 인원·원인 및 결과 분석

구분 / 연도	건수	참가 인원(명)	원인			결과		
			임금	대우	기타	성공	불성공	기타
1917	8	1,148	6	1	1	4	1	3
1918	50	6,105	43	2	5	18	18	14
1919	84	9,011	76	4	4	12	35	37
1920	81	4,599	76	3	2	38	31	12
1921	36	3,403	30	1	5	14	18	4
1922	46	1,799	41	2	3	12	15	17
1923	72	6,041	64	2	6	22	49	1
1924	45	6,751	35	4	6	14	13	18
1925	55	5,700	31	8	16	24	22	9
1926	102	8,293	57	10	35	24	44	34

출처: 朝鮮總督府 警務局, 『最近に於ける朝鮮治安狀況』(1933), 143쪽에 의거함.

가려는 일본자본주의의 제국주의적 성격의 구현이라 하겠다.[134]

---

134 姜東鎭, 앞의 글, 231쪽.

한국에서 노동자 교육을 담당한 것은 초기 노동운동에 종사한 인사들의 노동계몽강연회와 노동야학이었다. 조선노동공제회의 박중화(朴重華)·박이규(朴珥圭), 조선노동연맹회의 윤덕병(尹德炳)·차금봉(車今奉) 등 간부들은 그 당시 노동강연회에서 많이 활약하였다. 1920년에서 1930년대 초에 걸쳐 노동 대중에게 계몽적 역할을 가장 많이 한 기관이 바로 노동야학이었다. 노동야학은 도시나 농촌을 막론하고 1920년대 중기부터 거의 전국에 걸쳐서 수백 개가 설립되었다. 노동야학에서는 노동자 본인은 물론 소작인과 빈농의 자제들도 무료로 수용하였고, 당시의 선진적인 청년지식인이 무보수로 교단에 섰으며, 그들 중에는 애국적인 청년이 많았다. 교과 내용은 국어(우리말)·산술을 주로 하고 우리나라 역사와 음악도 비공식적으로 교수하였다.[135] 일제는 이런 자생적이며 자주적인 새 교육 형태를 민족주의적이며 사회주의적이란 이유로 탄압하였다. 그러나 그런 압박에도 굴하지 않고 노동야학에서 양성된 노동자들이 노동전선으로 속속 진출하였다.

노동야학의 역사적 역할과 교육적 의의는 다음과 같다. 첫째, 일제의 식민통치 초기 단계에서 우리 민족이 전개한 일련의 신문화계몽운동의 일환으로 매우 반일적·민족적 성격을 띤 근대화운동이었다는 점이다. 둘째, 이 운동이 1920년대에는 노동운동·농민운동·청년운동·여성운동 등 일련의 사회운동과 밀접한 관련을 가지고 전개되어 당시의 사회운동의 성쇠와 궤도를 같이한 점이다. 셋째, 노동야학이 당시 우리나라의 대중교육에서 차지하는 비중이 일제가 세운 공립보통학교보다도 훨씬 컸다는 점이다. 넷째, 당시 무보수로 대중교육에 헌신한 노동야학 교원들의 애국애족 정신이 노동자 계층의 민족정신교육에 큰 영향을 끼친 점 등이다.[136]

---

135 위의 책, 232쪽.
136 姜東鎭,「日帝支配下의 勞動夜學」,『歷史學報』46(歷史學會, 1970), 37쪽.

토지조사사업이 완성되고 근대적 토지소유제도가 확립된 1920년 초기가 되면 조선의 농민들은 자신들의 사회·경제적 지위를 유지·향상시키기 위한 농민운동을 전개하기 시작한다. 이 시기의 농민운동은 소작농민들을 중심으로 하는 소작쟁의가 주류를 형성하였다. 농지의 50.8%가 소작 농지였다. 또한 농가 호수의 42.2%는 소작농이었고, 34.5%는 자소작농이었다. 따라서 농업 분야에서의 갈등은 주로 지주와 소작농민 간에 일어났다. 농민운동은 소작인조합 결성, 소작권 보호, 소작료 감하(減下)를 비롯한 소작 조건 개선을 위한 투쟁도 주요한 과제였다.[137]

일제 강점기 소작 생산 관계에서 가장 문제가 된 것은 고율의 소작료였고, 이외에도 여러 가지 불리한 소작 관행이 생겨났다. 이 소작 관행 중 소작 기간이 짧아진 것이 문제가 되었는데 소작 기간은 전체의 70%가 1년이었다. 소작 기간의 단기화는 소작권 이동의 계기가 되어 소작권 쟁탈을 격화시켰고 소작인을 더욱 수탈하였다.[138] 〈표 7〉에 나타난 소작쟁의의 원인을 살펴보면 1920년과 1921년에는 소작료 감액 요구가 가장 많은 비율을 차지하였지만, 1922년 이후에는 소작권 취소 및 이동으로 인한 분규가 많았다. 1924년의 경우에는 총 162건 중 77.8%인 126건이 소작권 취소 및 이동 분규였다. 소작쟁의는 1920년 이전에는 거의 없다가 3·1운동을 겪고 난 후부터 증가하기 시작하였다. 1923년부터는 격증하고 참가 인원도 1930년에는 만 명이 넘었다(표 8 참조). 이는 '문화정치'란 미명 아래 조선 민중을 악랄하게 수탈하였음을 드러내 주는 것이다.

1920년대의 소작쟁의는 단순히 소작 조건 개선을 위한 투쟁뿐만 아니

---

137 權斗榮, 「日帝下의 韓國農民運動」, 尹炳奭·愼鏞廈·安秉直 편, 『韓國近代史論』 III(知識産業社, 1977), 180쪽.

138 朱奉圭, 「日帝下 小作爭議의 性格에 관한 硏究」, 金鎬逸 외 편, 『日帝下 植民地時代의 民族運動』(풀빛, 1981), 137~138쪽.

〈표 7〉 소작쟁의 원인별 누년(累年) 비교표

구분 　　　연도	1920	1921	1922	1923	1924
小作權取消及移動紛擾	1	4	8	117	126
小作料減額要求增額反對	6	9	5	30	22
地稅及公課地主負擔要求	3	2	2	11	5
小作權取消訴訟	－	－	1	－	－
不當小作料返還要求	1	1	－	1	－
小作料運搬關係	1	－	－	2	－
地主 및 小作人反感	－	2	1	－	－
小作料査定方法	1	6	1	6	2
地稅返還要求	－	－	－	2	－
기타	2	3	6	7	7
계	15	27	24	176	162

출처: 鮮總督府府 警務局, 『最近に於ける朝鮮治安狀況』(1933), 168쪽.

〈표 8〉 소작쟁의 사건 및 참가 인원수

구분　연도	쟁의 건수		참가 인원(명)	
	경무국 조사	식산국 조사	경무국 조사	식산국 조사
1920	15	－	4,140	－
1921	27	－	2,967	－
1922	24	24	2,539	2,539
1923	176	176	9,060	9,060
1924	164	164	6,929	6,929
1925	11	204	2,646	4,002
1926	17	198	2,118	2,745
1927	22	275	3,285	3,973
1928	20	1,590	3,576	4,863
1929	36	423	2,620	5,319
1930	93	726	10,037	13,012
1931	－	667	－	10,282

* 1925년부터 경무국 조사는 비교적 대쟁의(大爭議)라 할 수 있는 것만 계산하였고, 식산국 조사는 비교적 작은 쟁의까지 계산하고 있다.

라 대중적 또는 민족적 독립운동의 성격을 띤 일면이 있었다. 즉 소작쟁의는 소작 문제의 사회적 노골화, 곧 주체적인 문제의식의 성립을 반영한 것이었다.

　그것은 당초 민족의식을 촉발하였고 점차 계층 대립 항쟁, 곧 소작쟁의의 방향으로 확대되었다. 따라서 소작쟁의는 제1차 세계대전 후 급격히 팽배된 민족자결사상과 사회의식의 일반적 발전에 대응한 사회운동이었다. 동시에 근대적인 농촌사회운동의 일환으로 농민의 복지 향상을 추구하기 위한 운동이자 농민 자주운동의 성격을 지닌 것이었다.[139]

　3·1운동을 계기로 민족운동에서 대중의 역할이 중대해졌다.[140] 그리고 민중의 절대다수를 점하는 농민은 가장 중요한 중심축이었다. 따라서 이때의 민중교육은 의당 농민교육을 의미하였고 민족 역량의 성장이란 몇몇 개인의 고차적 교육수준을 달성하는 것이 아니라 농민의 역량을 성장시키는 것이라는 의식이 생겨났다. 이에 따라 민족운동에서 농민·노동자의 계몽과 문맹 타파가 중요한 문제로 간주되었고 특히 농촌계발 문제가 강조되었다. 그리하여 농민의 자각 촉진과 농촌 개선을 위해 강습회·야학활동이 전개된다.

　고원(高原)에서 농민야학을 조사하고 소감을 발표한 김병제(金秉濟)는 "우리도 살아야 되겠다. 우리의 운명은 우리의 손으로 개척하여야 되겠다고 하면서 그 첫 수단으로 오늘날 방방곡곡에 우후죽순처럼 일어난 것이

139　朱奉圭, 앞의 논문, 143~144쪽.
140　3·1운동 당시 농민·노동자의 참여도가 매우 높았다. 3·1운동 당시의 입감자(入監者)의 직업을 보면 농민이 58%, 노동자도 3.85%로 나타났다. 물론 그 당시 한국은 농민이 8할 이상을 차지하고 있었기 때문에 참여도가 높았지만, 무지·무능하게만 여겨졌던 농민들이 약 60%나 차지할 만큼 3·1운동에 참여하였다는 것이 농민의 자각이 그만큼 높아졌음을 의미하며, 이로써 3·1운동 후 농민들의 자신감이 더욱 높아졌고 민족운동 지도자들은 농민층에 대한 관심이 집중되었다. 盧榮澤, 앞의 책, 61~62쪽.

<표 9> 연도별 야학 설립 상황

연도	1906	1909	1911	1913	1914	1915	1916	1917	1918	1919
학당 수	1	1	3	2	1	2	4	3	3	6
연도	1920	1921	1922	1923	1924	1925	1926	1927	미상	계
학당 수	7	16	11	8	19	26	59	113	32	317

농민야학이다"[141]라고 발표하였다.

노동야학과 농민야학의 수를 보면 〈표 9〉와 같다.[142]

〈표 9〉와 같이 일제 강점기 아래 민중교육은 수적(數的)으로 보나 열의로 보나 제도적 교육을 능가하는 교육활동이었다. 민중교육의 목적은 조선인의 정신적 각성과 경제적 기반 확립을 위한 것이었다. 그러므로 민중의 욕구와 일치하는 교육방법으로 매우 대화적이고 실천적인 생활교육이었다. 민중교육이 시대적 과제를 교육적 과제로 일치시킨 해방적 교육임은 부정할 수 없다. 노동운동과 농민운동의 교육사적 의미는 신간회 및 타 사회교육운동의 결과라고 할 수 있다.

---

141 『朝鮮農民』(朝鮮農民社, 1928年 11月 號), 38쪽.
142 趙東杰, 『日帝下 韓國農民運動史』(한길사, 1979), 201~208쪽.

신간회 활동의 민족교육적 성격

1. 사회개혁적 성격

신간회는 대규모의 민족단체로 발전해 갔다. 내부에서 좌우 세력 간의 대립이 있고 일제의 탄압은 더해 갔지만, 신간회는 식민지교육정책을 비판하고 노동운동과 농민운동을 지원하면서 적극적인 항일운동을 전개해 나갔다.

3·1운동 이후 노동자·농민층의 사회의식과 민족의식이 급격히 높아져서 전국적으로 노동운동·농민운동·학생운동이 활발히 추진되었다. 신간회 지회들은 이런 사회운동과 연결됨으로써 빠른 시일에 그 기반을 확대시켜 나갈 수 있었다. 한 경찰 보고에서는 이 단체가 "조직되지 않은 대중의 동원을 위해 노력하고, 사회제도의 개혁을 요구하며, 일본의 한국 통치를 공격하고 비판하며, 여러 가지 사건을 민족주의적 편견에서 분석하고 모든 지역 문제에 그들의 관점을 도입하였다"라고 하였다.[1]

신간회는 이 같은 성격을 띠고 각종 민족운동에 적극 개입하였다. 노동운동과 농민운동을 통해 식민지 상황 아래의 사회적 모순을 폭로하고 반발하였다. 이는 우리의 민중의식과 민족의식을 고양한 사회개혁운동인 동시에 민족의식운동이었다. 또한 식민지교육에 반대하여 일어난 학생운동은 바로 항일독립운동이었다. 사회운동은 당시 학교교육기관이 체제의 한계 때문에 실현시킬 수 없었던 민족적 과제를 대신하였다. 각종 사회운동으로 민중을 계몽하여 민족의식을 고취했으며, 우리 민족의 얼을 보존하고자 하였다. 더 나아가 사회의 모순을 극복하고 특히 식민지 상황을 벗어나려는 민족해방운동을 전개하였다. 그렇다면 형식적 학교교육을 대체한 신간회가 담당한 사회교육의 기능은 무엇일까?

1927년 12월 27일에 신간회 중앙본부는 지회 100개소 돌파 기념식을 열고, 이듬해인 1928년 봄에는 실제 운동의 당면 과제를 내걸었다. 행동 강령이라고도 할 만한 이 과제는 ① 농민 교양에 적극적으로 노력한다, ② 경작권을 확보하고 외래 이민을 방지한다, ③ 조선인 본위의 교양을 확보한다, ④ 언론·집회·결사·출판의 자유 확보를 위한 운동을 전개한다, ⑤ 협동조합운동을 지지하고 지도한다, ⑥ 염색한 옷의 착용, 단발을 권장 시행하고, 백의(白衣)·망건(網巾)을 폐지한다는 등 6개 항목이었다. 이러한 중앙본부의 당면 과제 설정은 대부분의 지회에서 전개되고 있는 활동보다 미온적인 것이었다.[2]

신간회 지방지회에서는 그 지방의 지방행정이나 시사 문제들을 중점으로 하여 일상 투쟁을 전개하는 과정에서 민중들의 지역적인 말단 지배기구에 대한 불만을 전체 식민지 지배체제의 구조적 모순에 대한 인식의 차원으로 끌어올리려고 노력하였다.

---

1 「說明資料」, 7쪽[李庭植 저, 한밭편집부 역,『韓國民族主義의 政治學』(한밭출판사, 1982), 315쪽에서 재인용].
2 『朝鮮思想通信』, 1928. 5. 31.~6. 2.;『朝鮮日報』, 1928. 3. 27. 사설.

신간회 지회 중 가장 적극적이며 전투적인 성격을 띤 곳이 동경지회(東京支會)였다. 동경지회는 1927년 12월 8일 제2회 대회를 개최하고 일반 정세 보고와 활동 보고를 마친 후 각종 의안을 토의하였다. 여기에서는 24개의 당면정책이 제안되었다(이 책 83~84쪽 참조).[3]

『조선일보』 1928년 2월 14일 자에는 신간회 안성지회(安城支會) 활동이 실려 있는데, 2월 10일 총무 간사회를 열어 본부대회 건의안을 작성하였다는 내용이다.

◇ **건의안**

1. 정치 문제

　一. 언론·집회·결사·출판의 자유 획득에 관한 건

　二. 악법 철폐에 관한 건

　三. 경찰의 고문제 사실상 폐지에 관한 건

　四. 일체 혹세(酷稅) 폐지에 관한 건

　五. 이민정책 반대운동에 관한 건

　六. 재외동포 옹호에 관한 건

　七. 조선경찰의 불법구금 반대에 관한 건

　八. 도일(渡日) 조선인 저해(阻害)에 관한 건

　九. 사형 폐지에 관한 건

2. 경제 문제

　一. 민중 본위의 금융기관 설치에 관한 건

　二. 현 금융기관 고리(高利) 반대에 관한 건

　三. 조선·일본 간 수입품에 대한 관세 징수에 관한 건

---

3 趙芝薰, 「韓國民族運動史」, 高麗大學校民族文化研究所 편, 『韓國文化史大系(民族·國家 史)』Ⅰ (高大民族文化研究所 出版部, 1964), 782~783쪽.

3. 농민 문제

　一. 소작권 확립에 관한 건

　二. 최고소작료 확정 및 지세 지주 부당 실시에 관한 건

　三. 불가항력(不可抗力)에 대한 소작료 철폐에 관한 건

　四. 사음(舍音) 및 농감(農監) 불법 행사에 관한 건

　五. 농촌 교육기관 설치에 관한 건

　六. 봉건적 관습 폐지에 관한 건

　七. 조선농민총동맹 지지에 관한 건

4. 노동 문제

　一. 노동자 단결 및 파업권 확립에 관한 건

　二. 노동조건에 관한 민족적 차별 대우 철폐에 관한 건

　三. 부인 노동 보호에 관한 건

　四. 노년 및 유년 노동 철폐에 관한 건

　五. 부인 및 소년 야간작업에 관한 건

　六. 최고노동시간제 확립에 관한 건

　七. 최저노동임금제 확립에 관한 건

　八. 조선노동총동맹 지지에 관한 건

5. 부인 문제

　一. 여성대우 차별 철폐에 관한 건

　二. 인신매매 사실상 폐지에 관한 건

　三. 부인운동 단일기관 근우회 지지에 관한 건

6. 상공(商工) 문제

　一. 각 도시 조선인 본위 상공기관 조직 철폐에 관한 건

　二. 학생의 과학사상 연구 자유권 확립에 관한 건

　三. 민간 교육기관 허가 폐지에 관한 건

四. 일반 교육용어에 관한 건

7. 형평衡平 문제

一. 형평운동 지지에 관한 건

8. 당면 문제

一. 지방열 고취 단체 및 파벌주의자 배격에 관한 건

二. 신간회 기관지 발행에 관한 건

三. 조선물산장려회 지지에 관한 건

四. 조혼 및 강제 결혼제 폐지에 관한 건

동경지회의 정책 안건과 안성지회의 건의안을 볼 때 신간회가 민족단일당으로서 당시의 현실을 잘 파악하고, 사회 각 분야의 문제에 개입하고 있음을 보여 준다. 또한 비타협적이고 투쟁적이며 급진적인 활동을 지향하지만 사회교육과 개혁을 통한 장기적인 독립 쟁취에 목적을 두었음을 알수 있다. 대표적인 신간회 지회 활동을 살펴보자.

(1) 만주지방 동포를 위한 신간회 활동

만주지역에는 일찍부터 이주한 조선인들이 간도지방과 일부 대도시를 비롯해 농촌지역에까지 광범위하게 분포하고 있었다. 그러나 다음 상황들로 인해 이 지역 한인들에게 여러 시련들이 닥쳤다. 첫째, 만주는 항일무장투쟁의 근거지로 가장 강력하고도 구체적인 투쟁이 전개되는 곳이었다. 둘째, 만주지역의 정세가 혼미하여 지방 지배 세력이 난립한 데다 단일 지배 세력이 있다 하더라도 그 영향력이 미약해 마적(馬賊) 등 농민 출신의 자위단체가 무분별한 행동을 하는 등 만주지역 동포들의 생활환경이 불안정하였다. 셋째, 분할된 군벌 세력들이 자파(自派) 세력의 유불리에 따라 일본의 주구 노릇도 서슴지 않아 한민족의 독립운동이 방해를 받았다. 넷째, 세계 대공황의 여파로 대내적으로 위기에 몰린 일제의 다나카(田中) 내각이 만주·중국에 대한 적극적인 공세를 벌인 까닭에 지역 군벌(軍閥)인 봉천파(奉天派)와 중앙정부 사이에 이간 공작과 산둥(山東)·직예(直隸) 등지에서 온 중국인 이주민과 한국인 이주민 사이에 충돌이 빈번하게 일어나고 있었다.

이렇듯 여러 세력의 각축장이 된 만주지역에서 이주 한인들은 일제의 갖은 책동과 흑색선전 등으로 그 시련은 가중되었다. 여기에 대해『조선일보』는「재만(在滿) 한족동포회(韓族同胞會)의 조직」이란 제목으로 다음과 같은 사설을 실었다.[4]

在滿(재만) 朝鮮人(조선인) 問題(문제)는 昨今(작금) 兩年(양년) 동안 社會(사회)에 큰 衝動(충동)을 일으키고 있는 重大(중대)한 問題(문제)다. 朝鮮(조선)의 環境(환경)이 變(변)하여짐에 따라 過去(과거) 數十年間(수십년간) 生活(생활)의 壓迫(압박)에 못 이기어 朝鮮(조선)으로부터 滿洲(만주)에 移住(이주)한 者(자)가 이미 二百萬(이백만)을 넘기게 되며 그 年年(연년)이 八九千戶(팔구천호) 流離(유리)하여 간다. 그리하여 滿洲(만주)의 開拓(개척)에 朝鮮(조선) 移住民(이주민)의 공헌이 多大(다대)한 것도 사실이다마는 그 特殊(특수)한 政治的(정치적) 經濟的(경제적) 環境(환경)은 그들로 하여금 安住(안주)함을 許諾(허락)지 아니한다. … 昨年(작년) 以來(이래) 在滿(재만) 朝鮮移住民(조선이주민)에 對(대)한 壓迫(압박)은 漸漸(점점) 露骨化(노골화)하여 處處(처처)에 集團的(집단적) 放逐(방축)이 行(행)하여졌었다. 이로 因(인)하여 朝鮮(조선)에서는 在滿同胞擁護同盟(재만동포옹호동맹)이 昨年來(작년래)에 組織(조직)

---

4 『朝鮮日報』, 1928. 11. 18.

되었으며 滿洲(만주)에서는 東省(동성) 韓僑(한교) 問題對策(문제대책) 講究會
(강구회) 같은 것이 成立(성립)되어 그의 自衛的(자위적) 精神(정신) 아래 가지
가지의 劃策(획책)한 바가 있었으니 그 中(중)에 가장 指導的(지도적) 結論(결
론)을 入籍運動(입적운동)에 歸着(귀착)하고 말았다. … 지난 九月(구월) 中旬
(중순)에 東省(동성) 韓國問題聯合講究會(한국문제연합강구회)의 發起(발기)
로 開催(개최)된 東省韓族代表大會(동성한족대표대회)에서 滿鐵沿線皮延吉
(만철연선피연길) 和龍琿春(화룡혼춘) 旺淸(왕청) 四縣(사현)을 제외한 四十七
縣(사십칠현)의 移住同胞(이주동포)를 網羅(망라)하여 韓族同鄕會(한족동향
회)라는 團體(단체)를 組織(조직)하였다고 한다. 그 目的(목적)은 中國民(중국
민)과 朝鮮人民間(조선인민 간)의 感情(감정) 융화를 도모하며 敎育(교육) 參
政(참정) 實業(실업)에 關(관)하여 入籍民(입적민)으로서 當然(당연)히 享受
(형수)할 權利(권리)를 획득하여 그의 生活(생활)을 安定(안정)케 하는 同時(동
시)에 在滿朝鮮人(재만조선인)의 組織的(조직적) 訓練(훈련)을 기함에 있다고
한다. …

만주에서는 1925년 일본과 중국 간에 「쌍방상정취체한인변법강요(双
方商定取締韓人辯法綱要)」를 체결한 이후부터 재만한인에 대한 중국관헌
의 압박과 구축이 더 심해졌다. 이 「쌍방상정취체한인변법강요」는 중국
동북지방에 있는 한국독립군을 토벌하기 위해 일본이 중국에게 협력을
요청하는 협정이었다. 그러나 중국 동북 당국은 한국독립군을 체포한다
는 구실로 재만한인을 박해하기 시작하였다.[5] 이와 관련하여 신간회에서
는 각 지부별로 재만동포옹호를 위한 활동을 전개하여 재만주동포옹호동
맹이 결성되었고, 각 지회에서 그 참혹상을 폭로하고 위문금을 걷는 일이

---

5 朴永錫, 『萬寶山事件硏究: 日帝 大陸侵略政策의 一環으로서의』(亞細亞文化社, 1978),
　47~50쪽.

대대적으로 일어났다. 각 지회의 결의문이나 토의사항에 나타난 것을 보면 다음과 같다.

- 선산(善山)지회 정기대회(토의사항)

  1. 재만동포 구축 문제에 관한 건(1928년 1월 8일, 신간 각지 소식)

- 장성(長城)지회 간사회(결의안)

  1. 재만동포옹호 장성동맹 후원에 관한 건(1928년 1월 14일, 신간 소식)

- 벌교(筏橋)지회 간사회(결의사항)

  1. 재만동포옹호동맹 지지에 관한 건

- 경서(京西)지회 정기대회(의안)

  3. 유리민 대책 강구

  4. 재외동포 생활상태 조사(1928년 12월 11일)

- 용천(龍川)지회 정기대회(토의사항)

  1. 재만동포옹호운동에 관한 건(1928년 1월 15일, 신간 소식)

- 북청(北靑)지회 정기대회(결의사항)

  1. 재만동포옹호 북청동맹 창립의 건(1928년 1월 21일, 신간 소식)

- 이원(利原)지회 정기대회(토의안)

  1. 재만동포 ○○의 건(1931년 1월 11일)

- 경성(鏡城)지회 간사회(결의사항)

  7. 재만동포옹호동맹 지지의 건

  재경성 재만동포옹호동맹에 가맹하여 동일한 보조를 취할 것(1928년 1월 12일, 신간 소식)

- 나남(羅南)지회 정기대회(토의사항)

  1. 재만동포옹호동맹의 건(금지)(1928년 1월 22일)

- 대판(大阪)지회(공동위원회)

1. 재만동맹 구축에 관한 건(1927년 12월 22일)

이외에도 1927년 12월 8일 신간회 안주지회(安州支會)는 "재만동포추해건을 토의하고 전 민족적 항쟁을 본부에 건의할 것을 결의"[6]하였고, 평남의 선천지회(宣川支會)도 다음 날인 9일에 "재만동포의 곤경과 군산면(群山面) 주재소 조선인 오(吳)순사의 폭행구타사건"[7] 등을 다루었다. 이어서 거제지회(巨濟支會)는 「중국 관헌의 폭정에 관한 건」,[8] 합천지회(陜川支會)는 「재만동포 구축 문제에 관한 건」[9] 등과 영덕지회(盈德支會)는 같은 해 12월 15일 "남북 만주 거주 조선동포에 대한 중국 관헌의 폭정에 항의"하는 경고문 발송을 결의하는 등 그 파급 속도는 무서울 만큼 경향 각지에 전파되었다. 그리고 옹진지회(甕津支會)와 대구지회(大邱支會)[10]는 연설회 건 등을 토론하기도 하고, 함양지회(咸陽支會)[11]는 재만동포 구축 반대를 결의하고, 경성지회는 재만동포옹호동맹 가입을 결의했으며, 사천(泗川)과 광주(廣州) 지회도[12] 뒤를 이었다. 광주지회(光州支會)는 「재만동포옹호의 건」[13]을 토의하다가 경관에게 제지당해 중단되기도 하였다. 또한 장연(長淵)·안동(安東)·성진(城津)·밀양(密陽)·개성(開成)·재령(載寧) 등지에서 재만동포옹호동맹의 가입 건 등이 토의되었고, 해를 넘기면서까지도 재만동포의 참혹상에 대한 선전·강연회가 속출하였다. 1928년 1월 3일 하동(河東) 신간회 지회의 결의를 비롯하여 선산(善山)·임실(任實)·장

---

6 『朝鮮日報』, 1927. 12. 14.
7 『朝鮮日報』, 1927. 12. 13.
8 『朝鮮日報』, 1927. 12. 15.
9 『朝鮮日報』, 1927. 12. 20.
10 『朝鮮日報』, 1927. 12. 14.
11 위와 같음.
12 『朝鮮日報』, 1927. 12. 20·21·22.
13 『朝鮮日報』, 1927. 12. 20.

성(長城)·용천(龍川)·경성(鏡城)·강릉(江陵) 등지에서 벌떼같이 일어났다. 이 문제는 황주지회(黃州支會)의 "세계 약소 민족해방운동 조사연구", "세계 식민정책에 관한 연구"[14] 등에서 보인 바처럼 민족해방의 기조의 일환임은 말할 필요도 없다. 이에 곁들여 반제국주의투쟁의 기치로 경성지회(鏡城支會)는 "대중(對中) 비간섭 동맹을 적극적으로 지지하자"[15]고 결의하여 일본제국주의의 대중 적극 간섭정책에 정면으로 대항하기도 하였다.

대중적인 항거에 당황한 일제의 주구(走狗)들은 토의 금지·중단 등의 강압책으로 막으려고 하였다. 1928년 2월 『조선일보』 기사는 대개의 신간회 집회가 금지 소동을 겪었음을 보여 주고 있다.

재만동포의 참혹상을 폭로·선전하는 것이 한국 내 일반 민중에게 큰 영향을 준 것은 바로 이들의 이웃이 만주로 이주하였기 때문이다. 재만동포의 문제를 두고 민중과 조선총독부 사이의 충돌은 매우 심각한 정도였다.

(2) 원산총파업과 신간회

신간회가 비타협적 민족운동의 대변인 역할을 한 것 중에서 원산총파업은 빼놓을 수 없는 사건이다. 당시 원산 지방은 인구 3만의 소항구에 지나지 않았지만 원산총파업이 일어나기 전까지 70여 회의 노동쟁의가 계속되어 온 지역이었다. 이때 원산노동연합회 위원장 김경식(金瓊植)은 사립학교 교원 출신이었고, 고문으로 추대된 김두산(金頭山)은 만주독립단에 적을 둔 독립운동 지사였다.

원산노동연합회(이하 원산노련으로 약칭함)는 역사적 경험과 지도적 역량을 발휘하여 1927년 국제통운(國際通運)·국제운수(國際運輸)·대성상회

---

14 『朝鮮日報』, 1928. 1.
15 『朝鮮日報』, 1928. 1.

(大盛商會) 등을 비롯한 중요 운송업자들과 단체협약[16]을 체결하였다. 그 내용은 일체의 노동조건의 결정은 자본가와 개개인의 노동자가 결정하는 것이 아니고 원산노련과 자본가가 결정하는 것으로 되어 있었다. 그뿐만 아니라 노동자의 모집과 해고 등도 원산노련과 협의하여 이루어지도록 하였다.

원산총파업은 1929년 1월 14일 오전 10시부터 시작된 원산노련 산하 단위노조인 문평석유공장(文坪石油工場) 노동자들의 동맹파업으로부터 시작하여 원산노련 산하의 다른 노조원까지 합세함으로써 원산시 전체 노동자의 총파업으로 발전하였다.

그러나 파업의 발단은 1928년 9월에 있었던 문평제유공(製油工)파업 이었다. 함경남도 덕원군 문평리에는 당시 영국인이 경영하는 라이징선 (Rising sun)석유회사가 있었는데, 지배인과 주요 간부는 모두 일본인이었 다. 이 일본인들은 평소에 민족적 멸시와 차별 대우로 한국인 노동자를 대 하였다. 그중에도 고다마(兒玉)라는 일본인 현장감독은 한국인 노동자에 게 욕설과 구타를 일삼는 대단히 난폭한 자였는데, 1928년 9월 초에 또다 시 한국인 유조공(油槽工)을 구타하는 사건이 일어났다. 이에 120여 명의 제유직공들이 분연히 들고 일어나 고다마 현장감독의 철직(撤職)을 비롯 한 대우 개선을 요구하며 파업에 들어갔다.

파업단은 원산노련의 적극적인 협조를 얻어 지구전의 태세를 취하였 다. 이에 강경한 태도를 계속할 수 없게 된 회사 측은 파업에 돌입한 지 20 일 만에 노동자의 요구조건을 받아들이지 않을 수 없었다. 이때 회사 측과 노동자 대표 간에 맺은 협정에는 최저임금·상병위자료(傷病慰藉料)·해고 수당 등에 관한 협정을 3개월 내에 체결할 것을 약정하였는데, 기한이 지

---

16 『朝鮮日報』, 1928. 1. 25.

나도 이행되지 않았다. 이에 관하여 원산노련은 1928년 12월 29일 산하 조직인 문평제유 노조를 위해서 협정최고서를 회사 측에 제출하였다.[17] 회사에서는 이에 대해 자기들은 원산노련을 인정하지 않는다고 회답하고 원산노련의 요구를 무시하였다. 이에 분개한 원산노련은 1929년 1월 13일 긴급히 집행위원회를 개최하고 토의한 결과, 8시간 노동제의 실시, 취업규칙의 개정 등 새로운 요구조건을 제시하고, 회사 측이 이를 수락하고 노동단체를 승인토록 촉구하는 한편, 단체계약에 응할 때까지 동맹파업을 단행하도록 문평제유노동조합과 문평운송노동조합에 지령하였다. 1월 14일 문평제유노동조합과 문평운송노동조합은 파업을 단행하였다. 문평석유회사의 자동차 운전수와 취사부·수위까지 파업에 가담하여 회사는 완전히 정지 상태에 빠지고 말았다.

이와는 별도로 원산부두노동조합에서는 대성상회 외 9개 운수회사에 대해서 1929년 1월 3일 임금 인상을 요구하였고, 1월 10일 국제통운과 국제운수에 대해서도 임금 인상을 요구하고 있었다. 그러던 중에 원산노련이 호소하자, 문평 노동자들에 대한 협조 차원에서 라이징선석유회사 하물(荷物)의 하역(荷役) 작업을 거절하였다.

그러나 문평석유회사와 두 하역 회사의 중재 의뢰를 받은 원산상업회의소(元山商業會議所)는 쟁의의 해결책을 찾는 대신에 원산노련을 공격하는 자세를 취하였다.[18] 사태가 이렇게 되자 원산노련은 1월 22일 다시 집행위

---

17 朝鮮總督府 警務局, 『元山勞動爭議に關する新聞論調』(1930), 50쪽.

18 金潤煥·金洛中, 『韓國勞動運動史』(一潮閣, 1970), 30~31쪽. 원산상업회의소는 중국 안동(安東)과 인천(仁川) 등지에 급히 사람을 보내어 중국인 및 한국인 한산노동자를 모집해 오도록 하는 한편, 원산유조업조합(元山油槽業組合)으로 하여금 같은 해 1월 21일부로 원산노련 소속 노동자는 일절 고용하지 않겠다는 도전적 통고문을 내도록 하였다. 그 결과 같은 달 29일 각 운수회사는 파업에 동조하는 일체 노동자에게 해고 통지를 내고, 문평석유회사에서도 파업에 가담하여 결근하는 자는 모두 퇴직으로 간주하겠다는 것을 고시하였다. 그러면서 원산 시내에 전단을 뿌려 한산 비조직 노동자를 대대적으로 모집

원회를 열고, 원산상업회의소의 적대적 도전에 대항하기 위해서 원산노련 산하 전체 노동자들이 총파업을 단행하고 노동자 규찰대의 조직 및 파업 파괴를 위해 한산(閑散)노동자가 고용되지 않도록 하는 운동을 전개하기로 하였다.

이에 따라 같은 해 1월 22일 원산 두량노조(斗量勞組)·해륙노조(海陸勞組)가 파업에 돌입하였다. 다음 날인 23일에는 결복노조(結卜勞組)와 운반노조(運搬勞組)가, 24일에는 원산중재조합(元山仲在組合)과 원산제면노조(元山製麵勞組)가 파업에 들어갔다. 그리고 며칠 뒤인 1월 27일에는 양복직공조합(洋服職工組合)이 파업에 들어갔다. 28일에 우차부조합(牛車夫組合)과 인쇄직공조합, 2월 1일에는 양화직공조합(洋靴職工組合)이 파업에 가담함으로써 원산노련 산하의 전체 노동자 거의가 총파업에 참가하였다.

원산총파업은 피압박 민족인 한국인 노동자에 대한 일본 기업주의 횡포를 비호하는 일제의 폭압으로 폭발하였다. 이 사건은 단순한 노사 간의 노동쟁의가 아니라, 일제가 한국인에 가한 민족적 압박에 항거하는 한민족의 해방 투쟁으로 발전하였다.

파업이 장기화됨에 따라 1만여 명이 넘는 노동자 가족들은 생활고에 빠졌고, 원산노련은 파업노동자들의 생계를 위해서 양식을 배급하기에 노력하였다. 원산총파업 소식을 들은 전국 각지의 노동자들은 저마다 동정 금품을 보내는 데 열성적으로 나섰다. 그러나 파업은 3월 중순이 지나도록 해결되지 않았으므로, 원산노련의 파업기금도 고갈되었고 1만여 명 노동자들의 생활고는 말이 아니었다. 하루 벌어 하루 먹고 사는 노동자들이 2개월이 지나도록 벌이를 못하니 1일 1식도 어려울 지경에 이르렀다. 이런 상황에서 투쟁적 간부들은 모조리 검속되었다.

하러 나섰다.

수개월 동안 일사불란하게 평화적이며 합법적인 투쟁만을 계속해 오던 노동자들은 더 이상 참을 수 없는 한계점에 도달하고 말았다. 4월 1일 오후 6시, 흥분한 노동자들 수십 명이 어용 노동단체인 함남노동회(咸南勞動會)의 간부와 회원들을 난타한 사건이 발생하였고, 이로 인해 많은 노동자가 체포·구금되었다. 또한 원산노련에서는 대부분의 간부가 구속된 상황에서 남은 소수의 간부가 4월 6일 전체 회원들에게 무조건 자유 취업하도록 결의하여 각 세포단체에 하달하도록 함으로써 3개월여에 걸친 원산총파업은 막을 내렸다.[19]

원산총파업은 노동자들이 요구한 최초의 요구조건을 관철하지 못했다는 점에서는 실패로 끝난 셈이나, 한국노동운동사뿐만 아니라 민족독립운동사에서도 하나의 획기적인 대사건임에 틀림없다. 원산총파업을 통해서 한국 노동자들의 굳센 단결과 평화적이며 합법적인 투쟁이 일제의 야만적인 탄압 아래에서는 불가능하다는 것을 보여 줌으로써 한국인의 항일독립정신을 크게 고무시켰으며, 전 세계에 일제의 잔인성을 폭로하고 한국 노동자·농민들의 실상을 알림으로써 한국의 독립과 해방에 대한 필요성을 인식시키는 데 크게 기여하였다는 점에서도 의의가 컸다.

1929년 원산 부두노동쟁의가 일어나 파업에 돌입했을 때 신간회가 개입하였는데 신간회의 중앙위원이자 변호사협회장이었던 이인(李仁)이 원산파업에 대한 진상을 조사하기 위해 파견되었다. 2월 4일 원산에 도착한 이인은 노동자들에게 그들의 일치단결에 대하여 경의를 표하고, 인권 유린이 있을 경우에는 묵과하지 않겠다는 요지의 발언을 하였다. 그리고 신간회 각 지회가 원산총파업 노동자들에게 동정금을 보냈으며, 원산지회도 파업을 선전하고 동정금을 모으는 데 앞장섰다.[20] 한편 지회 간부들은

---

19 朝鮮總督府 警務局, 앞의 책(1930).
20 李源赫, 「新幹會의 組織과 鬪爭」, 『思想界』(1960年 8月號), 280쪽.

원산노련에 격려 전문을 보내고 청주지회(淸州支會)도 원산노련에 격려문을 보냈다. 경서지회 소속 정의극(鄭義極)은 격려 차 갔다가 퇴거당하였다. 대중적인 단체인 신간회 등 각 단체의 열성적인 호응에 놀란 일제는 1929년 2월에 들어서면서부터는 일체의 성원을 금지하였다. 그러나 이미 1월 25일부터 약 일주일 동안 신간회를 비롯한 청년동맹·노동조합 등 국내의 사회단체에서 보낸 전보와 위문단, 동정금뿐만 아니라 재외동포 단체와 신간회 경도지회(京都支會)·대판지회(大阪支會)·동경지회의 격려 전보와 지원 등이 있었다. 이 같은 각 사회단체와 신간회 등의 격려가 대중 동원에 큰 힘이 되었다. 사회단체와 신간회의 치밀한 조직, 반복된 투쟁의 경험과 원산노련의 대동단결한 힘의 산물인 파업 과정에서 보여 준 투쟁 정신은 높이 살 만하다.

신간회는 투쟁기간 중 노동운동을 통해 신간회의 독립정신을 삼천리 반도에 속속들이 심는 데 한몫하였다. 그러나 신간회는 원산총파업의 주도세력이 아니었지만 이를 지원함으로써 사회운동의 기세를 높이려 하였으나 모든 정보의 유통 과정이 일제의 사회·문화정책에 의해 노출되어 있어서 이러지도 저러지도 못하고 부분적이고 이차적인 운동에만 관심을 두는 한계를 보였다.

(3) 광주학생운동과 신간회

1929년 11월 3일 광주에서 한일 학생 간의 대충돌이 있은 후 신간회를 비롯한 재경 각 민족운동 단체에서는 조사위원을 광주에 파견하는 등 광주학생운동에 개입하였다. 광주에서 대대적 학생시위가 벌어진 다음 날 신간회 광주지회로부터 신간회 중앙본부에 보고가 왔다. 이와 때를 같이 하여 광주 청년 장석천(張錫天)이 서울로 와서 신간회 본부를 방문하여 사건의 동기와 내용을 상세히 보고하고, 저녁에는 각 학교에 나가 광주학생 사건의 진상을 학생들에게 강의하였다.

이튿날 신간회 본부에서는 긴급 간부회의를 열고 대책을 상의한 후에 그날로 장성(長城)·나주·담양(潭陽)·광주 등 각 지부에 전보로 그 다음 날까지 각 지부의 간부들을 광주로 집결하도록 지시하였다. 1928년 11월 5일 오후 5시에 신간회 본부에서는 중앙집행위원장 허헌(許憲)의 사회로 제19회 중앙상무집행위원회를 열고 각부 경과 보고를 수리한 후, "광주·송정(松汀)·장성 지회에 지령하야 사건 내용을 조사 보고케 하기로 함"이라는[21] 결의사항을 채택하였다.

중앙본부의 간부이자 변호사인 김병로(金炳魯)와 허헌, 서기장(書記長)인 황상규(黃尙奎) 등은 광주로 파견되었다.[22] 광주로 내려간 이들은 광주서중학교의 일본인 교장, 광주경찰서장, 일본인 검사 등을 만나서 한국 학생들만을 처벌하는 문제에 대하여 항의하고 진상을 조사하여 상경하였다. 이들이 상경하자마자 신간회는 긴급 상임위원회를 열고 '광주학생사건 보고 대연설회'를 열기로 하고 민중들에게 선전하였으나 경기도 경찰부의 금지령을 받아 연설회는 못하게 되었다. 본부에서는 다시 회의를 열고 광주 검사국의 한국인 학생에 대한 부당한 조치와 그 진상 보고 강연회에 가한 무리한 압박을 통박(痛駁)하는 항의서를 작성하였다. 김병로·이관용(李灌鎔)을 대표로 선정하여 총독에게 항의서를 제출하고 면담하였지만, 총독은 광주학생사건에 관해 보고받은 바 없으며 자세한 보고를 들은 후에 선처하겠다고 하였다. 이러한 상황 속에서 서울에서는 경성제국대학의 한국인 학생을 비롯해 서울 시내 고등보통학교 8개교의 학생들이 태극기를 흔들며 "광주학생만세"와 "대한독립만세"를 부르짖었고 동맹휴학

---

21 『朝鮮日報』, 1929. 11. 17.
22 趙炳玉, 『나의 回顧錄』(民敎社, 1959), 104쪽.

을 하였다. 사태가 이렇게 진전됨에 따라 신간회 본부에서는 민중대회를 비밀리에 추진하였다.

광주학생운동은 민족적 역량을 시험하는 중요한 계기가 되었다. 이것을 기점으로 신간회는 대중적 시위운동을 전개할 것을 결의하고 다음과 같은 결의문을 냈다. ① 민중대회를 개최할 사(事), ② 시위운동을 할 사, ③ 좌기(左記) 표어로써 민족적 여론을 환기할 것, ④ 광주사건의 정체를 폭로하자, ⑤ 경찰의 학교 유린을 배격하자, ⑥ 포악한 경찰정치에 항쟁하자 등이었다. 표어는 "래(來)하라, 형제여 자매여, 광주 대연설회 아등(我等)의 자질(子侄)이 희생되는 것을 묵시(默視)키 불능하다"였다.

민중대회는 지역별로 나누어 안국동 로터리는 조병옥(趙炳玉)과 이병헌(李炳憲)이, 종로 네거리는 안재홍(安在鴻)과 박호진(朴昊辰)이, 단성사(團成社) 앞은 이원혁과 정칠성(丁七星)이 담당하였고 용산·영등포 방면은 인원 배치를 미처 못하였다. 또 인천은 김충환(金充煥)이, 평양은 조만식(曺晚植)이 맡기로 하였고, 기타 지방은 각 지부에서 맡기로 하였다.[23]

그러나 민중대회 예정 8시간 전에 신간회 중앙본부는 포위당하여 현장에서 대회 추진에 열중하던 조병옥 등이 검거되었고, 권동진(權東鎭)·홍명희(洪命憙)·김병로·이관용·이원혁 등 44명의 신간회 회원과 신간회의 자매단체인 여성단체 근우회와 조선청년총동맹·조선노동총동맹 관계 인사 47명[24]이 검거되었다. 그러나 간부들이 투옥된 후에도 광주학생사건의 여파는 전국으로 파급되어 함흥·진주·원산·평양·신의주·북간도·해주·사리원·개성·인천·수원·대전·대구·부산·마산·전주·목포·여수·통영·청주·충주·천안·조치원·김천 등지에서 동맹휴학 및 시

---

23 姜聲媛, 「新幹會에 關한 一考察」(梨花女子大學校敎育大學院, 1980), 39쪽.
24 李炳憲, 「新幹會運動」, 『新東亞』(東亞日報社, 1969年 9月號), 200쪽.

위운동이 일어났다.[25]

광주학생운동이 전국적 규모로 확대될 수 있었던 것은 비타협운동을 내세운 신간회의 전국적 조직을 기반으로 했기 때문이다. 일례로 경기도에서 1930년 1월 15일의 가두시위에 여학생 동원을 담당한 사람은 허정숙(許貞淑)이었다. 허정숙은 신간회의 자매단체인 근우회의 간부였으며 당시 신간회의 중앙집행위원장이었던 허헌의 딸이다.[26] 1929년 11월부터 시작된 시위운동은 1930년까지 계속되었으며, 광주학생운동은 신간회가 조직된 후 신간회가 지도한 가장 큰 민족운동이었다. 광주학생운동의 이면에는 신간회와 학생 비밀결사가 큰 역할을 하였다.

11월 3일 광주 학생 투쟁의 리더격이었던 학생들은 대부분이 학생운동 비밀단체였던 성진회와 독서회의 회원이었다.

성진회는 신간회 결성과 비슷한 시기인 1925년에서 1926년 사이에 만들어진 광주학생들의 결사였는데, 1927년경에 독서중앙회본부로 확대 개편되었다. 즉, 각 학교가 학년 반마다 단위 독서회를 조직하고 그 대표자로 광주학생 독서회 중앙본부를 두고 민족문화와 사회과학연구 등을 목표로 하였다. 이것이 광주 학생층을 통제하고 지도하는 조직으로 당시 신간회 등 여러 조직과도 관련을 맺고 있었다. 주요 학교는 광주고보·광주농업학교·전남사범학교·광주여고보·목포농업학교 등이었다.[27]

학생 비밀결사 회원들은 성진회·독서회 및 학생소비조합 등을 통해 사상적·경제적으로 일제에 저항하고 있었다. 이때 한일 학생 간의 충돌 사

---

25 趙炳玉, 앞의 책, 108쪽.
26 朝鮮總督府 警務局 編, 『(極秘文書)光州抗日學生事件資料』(名古屋: 風媒社, 1979).
27 崔聖源, 「光州學生鬪爭」, 『新東亞』(東亞日報社, 1979년 11월호), 248쪽.

건이 일어났고, 이를 계기로 각 학교에서는 격문을 뿌리고 시위를 벌였다.

대정(大正) 15년 11월 이후 광주에 있는 조선인 중학교 학생 사이에는 조선
공산당의 지도를 받고, 공산주의사회의 실현과 무산자의 독재정치를 실시할 실
제 투사를 양성하기 위한 비밀결사 성진회·독서회를 조직하였다. 이들 결사회
원은 학교를 졸업한 뒤에도 교내 동지와 연락을 취하면서 주의(主義)의 선전·
연구에 노력하였다.[28]

시위운동이 일어난 11월 3일은 한국의 개천절과 일본의 명치절이 겹친
것 이외에도 3년 전 성진회가 창립된 날이기도 하다. 독서회 중앙본부에
서는 이날을 기하여 일제히 의거하자는 비밀연락과 지시가 있었다.[29]

성진회는 뒷날 제4차 조선공산당사건으로 검거되는 강해석(姜海錫)·
지용수(池龍洙)·한길상(韓吉祥) 및 공산주의자 장석천·강영석(姜永錫) 등
이 주동하여 광주농고 학생 왕재일(王在一)·정남균(鄭南均), 광주고보 학
생 국순엽(鞠淳葉)·장재성(張載性) 등을 사주함으로써 사회주의사상 연구
에 흥미를 갖게 하여 결성되었다. 이들은 "이 비참한 조선민족을 해방시
킬 첩경은 노서아(露西亞, 러시아)와 같은 공산주의 사회를 건설하는 데 있
다"[30]고 하면서, 결사원의 의무로 ① 사회과학 연구의 정진, ② 비밀 엄수,
③ 언문(諺文) 신문의 열독, ④ 동지의 획득[31]을 결정하였다. 이들은 매월
제1·3 토요일에 회합을 가졌다. 회원은 33명까지 이르렀으나, 공산당사
건으로 주동 인물들이 투옥되자 회의는 침체에 빠졌다.

---

28 朝鮮總督府 警務局 編, 앞의 문서(1979), 360쪽.
29 崔聖源, 앞의 글,『新東亞』(1979年 11月號), 255쪽.
30 朝鮮總督府 警務局 編, 앞의 문서(1979), 360쪽.
31 朝鮮總督府 警務局 編, 앞의 문서(1979), 361쪽.

성진회가 위기에 처하자 장석천·장재성은 성진회를 해체하였다. 그러나 이 해체는 위장 해체였다고 하는데, 이유는 회원 중에 밀고자가 있을 것을 우려한 때문에 위장전술을 썼던 것이다.[32] 그리고 후속 단체로서 독서회를 조직하였다.

독서회는 특히 장재성의 지도 아래 활동하였다. 그는 일본 유학을 한 인물로 사회과학 연구에 몰두하였고, 그중에서도 마르크스 경제학에 조예가 매우 깊었다. 장재성은 장석천의 권유에 따라 학업을 중단하고 독서회 활동에 종사하였다. 그는 김기계(金基繼) 등과 함께 각 학교의 대표를 소집하고 통일된 활동을 위해 중앙본부를 조직하였다. 그 아래에 조사선전부·조직교양부·출판부·재정부를 두었다. 이러한 체제 아래 각 학교에는 세포반을 편성하고, 중앙조직의 존재는 극비로 할 것을 결의하였다. 그들은 월 1회 회합을 가졌다. 독서회에 가담하였던 학교는 광주고등보통학교·광주사범학교·광주농업학교·광주여자고등보통학교 등이었다.

광주고등보통학교에서는 28명이 모여 결성되었다. 대표는 5학년 김상환(金相煥)이었는데 그는 결사원에게 ① 결사원은 비밀을 엄수한다, ② 공고한 단결에 의해 사회과학을 연구한다, ③ 우리 피압박민족의 해방운동을 일으킨다, ④ 무산자의 독재정치를 현출(現出)하도록 노력할 것[33]을 지시하였다. 그들은 매주 모여 사상 연구와 실제 활동 방법을 연구하였다.

광주사범학교는 26명으로 결성되었다. 사범학교 학생은 졸업한 뒤 아동들에게 계급의식을 주입해야 한다는 중대한 임무를 가지고 단결을 공고히 하였다. 학교 대표는 송동식(宋東植)이었다. 그들은 A·B반으로 조직되었는데 A반은 주의(主義) 연구의 정도가 높은 자로, B반은 비교적 낮은 자를 가입시켜 회합하였다.

32 崔聖源, 「光州學生運動의 主役들」, 『新東亞』(東亞日報社, 1981年 6月號), 349쪽.
33 朝鮮總督府 警務局 編, 앞의 문서(1979), 362쪽.

광주농업학교는 7명으로 결성되었다. 인원이 적었기 때문에 분반하지 않고 활동하였다. 광주여자고등보통학교는 사회주의사상을 가정에까지 침투시키기 위해 결성되었다. 장재성의 누이동생 장매성(張梅性)은 그의 집에 13명을 초치하고, 여성의 노예적 기반(羈絆) 탈피 및 프롤레타리아 해방운동을 역설하였다. 이날 장매성이 대표로 뽑혀 동지 규합에 노력하였다.

광주 신간회의 소비조합 조직 계획은 학생들에게 자극을 주어 학생소비조합을 탄생시켰다. 이 활동에는 마르크스 경제학에 의거한 공동조합의 원리를 적용시켰다. 그 목적은 ① 경제의 독립, ② 조합을 중심으로 하는 경제투쟁, ③ 일본인 상인에 대한 불매동맹, ④ 동지 상호 간의 연락 편의[34] 등이었다. 이 사업은 김상환·송동식·조길룡(曺吉龍)·장매성 등이 주도하였다. 이들은 각 학교 매점을 거점으로 활동하였다. 독서회는 각 지회의 강령에 따른 규정 활동 이외에 데모 연습도 하였다.

또 그는 스크럼을 짜고 데모하는 방법과 데모할 때 부르는 노래도 가르쳐 주었다.[35]

점심이 끝나자 그들은 스크럼을 짜고 데모 행진하는 방법도 연습하고 목청을 돋우어 노래도 불렀다. 스크럼을 짜고 지그재그 걸음으로 초원을 누비자니 별안간 용사나 투사가 된 듯 모두 기운이 났다. 이것이 불과 4달 후인 11월 3일의 대시위 때 활용될 줄이야 어느 누구도 생각지 못하였을 것이다. 이틀 후에는 농교생 17명이 똑같은 장소에서 고보독서회(高普讀書會) 조직과 비슷한 결사를 조직하였고, 역시 이 초원에서 스크럼을 짜고 젊음을 구가하였다.[36]

---

34 朝鮮總督府 警務局 編, 앞의 문서(1979), 363~364쪽.
35 崔聖源, 「光州學生運動 獄中鬪爭記」, 『新東亞』(東亞日報社, 1980年 6月號).
36 崔聖源, 앞의 글, 『新東亞』(1981年 6月號), 361쪽.

비밀결사는 이와 같이 항일운동의 실력을 다방면으로 쌓아 가고 있었다. 그러던 차에 광주고보 학생과 광주중학교 학생 간의 충돌 사건이 일어났다. 그들은 이 사건을 절호의 기회로 삼았고, 더 나아가 광주뿐만 아니라 전 조선의 항일운동을 일으키기 위해 회합을 갖고 책임을 다음과 같이 분담하였다.

광주 및 전 조선학생의 선동	장석천
광주 조선학생의 선동	장재성
도내 지방학생의 선동	국채진(鞠採鎭)
노동자 및 노동단체의 선동	박오봉(朴五鳳)
도내 공립보통학교 교사와의 연락	임석근(林錫根)
외래동지와의 연락	강석원(姜錫元)
운동자금의 조달	나승규(羅承奎)[37]

이 일에 장재성은 특히 헌신적으로 주동하였다. 그는 격문을 자기 명의로 기초하여 등사하였다. 이 격문은 11월 10일 밤 비밀회의에서 승인되었다. 그리고 12일 9시 30분을 기해 광주고보·광주농고가 일시에 그 격문을 뿌리며 시위운동을 감행하였다.

시위사건이 있은 직후 장석천은 변장을 하고 광주에서 서울로 올라와 신간회 본부를 찾았다. 장석천은 신간회 광주지회 상무간사였다. 광주사건 현지조사에 별 소득을 못 본 신간회 간부들은 장석천을 통해 시위운동의 전말을 알 수 있었다. 이를 계기로 신간회에서는 광주학생운동을 전 민족운동으로 폭발시켜야 한다는 데 의견이 일치하였다.[38] 이 같은 비밀결

37 朝鮮總督府 警務局 編, 앞의 문서(1979), 364쪽.
38 崔聖源, 「서울로 發火한 光州學生運動」, 『新東亞』(東亞日報社, 1983年 8月號), 430쪽.

사 조직과 신간회의 결합된 노력으로 학생운동은 전국적 규모의 운동으로 확산되었던 것이다.

(4) 단천삼림조합사건과 신간회[39]

신간회는 농민운동에도 관여하였는데 특히 단천지회(端川支會) 활동에서 잘 나타난다. 함경남도 북부에 위치하고 함경북도에 인접한 단천군은 8면(面), 19,516호(戶), 126,351명(1931년 기준)으로[40] 주민의 대부분이 농업에 종사하고 있었다. 신간회 활동 시기의 수치는 아니지만 자작농이 전 농가의 약 반 수를 점하였고, 경지 면적으로도 대부분이 자작지였다. 1923년부터 1938년까지의 기간에 어느 정도 소작지율(小作地率)의 상승이 보이지만, 평균적으로 지주·소작관계가 다소 약한 지역이었다고 볼 수 있다. 또 경지 면적의 대부분이 전(田)으로 콩·조·보리 등이 주된 농작물이었는데, 1920년대에 들어와 총독부에 의한 양잠(養蠶)장려정책이 함경남도에서도 반강제로 추진되어[41] 단천군에서는 반 수 이상의 농가가 양잠을 하여 도내 제일의 생산량을 올렸다.[42] 이 양잠장려정책은 여러 가지 문제를 안고 있어, 신간회 지회들은 주로 이것을 내걸고 활동을 전개하였다.

단천에서의 농민운동과 청년운동은 1926년 말에 각각 단천농민연합회·조선청년총동맹·단천청년동맹 등 중핵이 되는 조직이 정비되어 있

---

39 梶村秀樹·姜德相 編, 『現代史資料(29): 朝鮮(5)共産主義運動(一)』(東京: みすず書房, 1972) 참조.

40 朝鮮總督府, 『朝鮮總督府統計年譜』(1931년판)(1933), 30~31쪽.

41 1919년 5월 「조선잠업령」의 발표와 함께 함경남도에 잠업취체소(蠶業取締所)가 설치되어 "大正 14년 이래 매년 국비, 도비 등을 보조하여 250만 내지 400만 주(株)의 상묘를 재배하고, 상단(桑團)을 증식하였다"고 한다. 咸鏡南道, 『道勢一班』(1936년판), 42~43쪽.

42 1935년 당시 양잠 호수는 8,338호로 농가 호수 15,470호의 53.9%를 점하고 있었다. 위의 책, 43쪽.

었고, 이것이 신간회 지회의 기반이 되었다. 신간회 단천지회의 간부는 농민연합회·청년동맹과 천도교 등에 속한 사람들로 구성되었으므로,[43] 단천지회가 전개한 활동은 농민연합회와 청년동맹의 활동과 거의 중복되었다. 일제 관헌 자료에 의거해 이들의 활동을 보면 다음과 같다.

(단천에서는) 현재의 총독 정치에 반항하고, 지방행정을 용훼(容喙)하는 듯한 행동은 그 예가 적지 않고, 최근에 두드러진 것으로 단천농민동맹의 누에고치 공동판매 반대, 잠종 자유 구입 주장, 뽕나무 묘목 배부 반대, 신간회 단천지회의 군(郡) 주최 품평회 규탄, 군농회 반대, 수리조합(水利組合) 설치 반대, 뽕나무 묘목 강제 배부 반대, 농촌야학 취체(取締) 항의, 수해구제금 분배입회(水害救濟金 分配立會), 단천청년동맹의 화전민 정리 반대, 상묘(桑苗) 배포 반대, 삼림조합 반대 등에 대한 책동이 특히 현저한 사실이다.[44]

1927년 11월 군 주최의 단천 산업품평회(産業品評會)가 열렸는데, 출품한 농민의 승낙도 없이 면장 등이 출품된 농산물을 임의로 처분하였다. 농민은 각지에서 면민대회(面民大會)를 열어 이에 항의하고 대가 지불을 요구하였다. 농민연합회는 품평회를 주최한 군청에 질문위원을 보내어 항

---

43 같은 해 9월 11일 천도교당에서 신간회 단천지회 설립대회가 개최되어 지회장에 최병진(崔秉珍), 부회장에 권두경(權斗經), 간사에 최중집(崔仲執) 외 11명이 선출되었다. 최병진은 이미 언급했듯이, 1921년에 독립군에 관계하여 검거되었던(당시 54세) 일이 있었고, 아마 단천에서는 많은 사람들의 신뢰를 받는 인물이었다고 생각된다. 그러나 지회의 설립·운영 등 실제의 활동을 한 인물은 최중집·이주연(李周淵) 등이었다. 설립대회에서 사회를 맡은 이주연은 총무간사로서 간사회의 의장 등 중심적 역할을 계속 담당하고 있었다. 다른 간사의 명단은 밝혀지지 않았지만, 1929년에 집행위원장이 된 이낙준은 천도교청년당에, 그다음 위원장인 노이수(魯履洙)는 농민조합(농민연합회의 후신)에 각각 속해 있었다. 水野直樹, 「新幹會運動に關する若干の問題」, 『朝鮮史研究會論文集』 No.14(朝鮮史研究會, 1977), 108쪽.
44 梶村秀樹·姜德相 編, 앞의 책, 397쪽.

의할 것을 결정하였다. 또한 신간회 단천지회도 12월 4일 제1회 정기대회에서 이 문제를 거론하였다. 이들의 항의운동 결과, 농민의 요구가 관철되어 매듭지어졌다.[45]

이상과 같이 신간회 단천지회·농민동맹·청년동맹 등의 활동이 활발하게 전개되는 중에 1930년 7월 삼림조합(森林組合)에 반대하는 농민의 투쟁이 벌어졌다.

1930년 5월 1일 단천삼림조합이 설립되었는데, 삼림 소유자 전원을 조합원으로 군수를 조합장으로 하였다. 이것은 총독부의 정책에 따라 설립된 것으로, 농민의 입장에서는 조합비를 부담해야 할 뿐 아니라 자기 소유림의 벌채·신취(薪取)마저도 허가가 필요하게 되었기 때문에 설립 전부터 반대 운동이 일어났다. 7월 18일 하다면(何多面)에서 2명의 농민이 '도벌(盜伐)' 용의로 취조당하게 되자, 농민들이 면사무소를 습격하였고 그 결과 수십 명의 농민이 검거되었는데, 이것이 계기가 되어 단천군 전역에 걸친 투쟁으로 발전되었다. 7월 20일 2,000여 명의 농민이 단천 읍내에 집결하여 검거자의 석방과 삼림조합의 해산을 요구하며 군청을 점거하고 다시 경찰서로 몰려갔다. 경찰은 이들에게 발포로 대응하였고 16명이 죽고 많은 부상자가 발생하였다.[46] 단천의 농민투쟁은 1930년 이후 폭동적 형태를 취하게 되는 농민운동의 시작이었다. 이 투쟁을 지도한 것은 농민운동 및 청년동맹이었다고 한다.[47]

당시 신간회 단천지회가 어떠한 역할을 했는지는 명확하지 않으나, "단

---

45 『東亞日報』, 1927. 11. 29., 12. 2·17·21.
46 이 투쟁의 경과에 대해서는 梶村秀樹·姜德相 編, 앞의 책, 395~402쪽 참조.
47 단천농민조합과 청년동맹의 간부들은 이 투쟁을 전국적으로 발전시킬 대책을 토의하고, 군내의 8개 면에 각각 연락원을 파견하여 20일에 전 군민이 동원되도록 지도하였다. 『韓國近代化革命運動史』, 283~284쪽. 다만 이때에는 단천농민투쟁은 농민조합으로 개칭하지 않은 상태였다.

천지회는 농민을 대신하여 합법적인 투쟁을 할 계획이었지만, 좌익분자의 반발로 관여할 수 없었다"[48]는 회상이 있다. 따라서 지회 전체의 태도를 결정하는 것은 불가능하였다고 하더라도 종래 지회가 농민동맹·청년동맹 등과 활동을 함께하여 많은 회원이 양 동맹에도 가입하고 있는 것으로 보아, 회원 개개인이 어떠한 역할을 했는가는 추측할 수 있다.[49]

단천지회에서는 농민조합 등과 합법적으로 보조를 같이하지는 않았지만, 농회(農會)나 면사무소 등의 말단 지배기구를 상대로 투쟁하는 활동을 함께 활발히 전개하였다.[50] 이것이야말로 민족해방운동의 지역적인 자세라고 할 수 있다. 당시의 신간회 운동에 대하여 다음과 같은 주장이 주목된다.

신간회가 전 인민 자체의 투쟁조직으로 되기 위해서는 정치기구의 최말단―지배계급과 인민의 직접적인 접촉면인 이(里)·면·군 등의 행정단위에 대한 투쟁으로부터 출발해야만 한다.

대중은 이 행정(里行政), 면 행정, 군 행정을 통해서 지배권력을 보고, 이와 같은 행정단위에 대한 불평불만이 양성되는 것이다. 그러므로 전 인민층의 불평불만, 따라서 투쟁력을 이와 같은 행정단위에 집중 통일하는 것에 우리의 전 주의를 기울여야만 할 것이다. 그러나 정치적 기구의 최말단에 집중된 대중의 불평불만을 최고의 행정기구, 전 행정기구에 대한 불평불만으로까지 발전시키지 않으면 안 된다. 부분적 일상 이익을 위한 투쟁을 최대의 정치적 이익으로

---

48 李炳憲, 앞의 글, 204쪽.
49 덧붙여서 말하자면, 신간회 본부는 단천지회에 조사를 지령하고 집행위원장인 김병로가 직접 단천에 와서 조사한 후 8월 1일 서울에서 보고회를 열려고 했으나 금지되었다. 「通信」(30년 8월 1일). 하지만 김병로는 단천의 투쟁을 적극적으로 일제 권력과의 투쟁으로 확대시키려 하지 않고, 각 지회에 대해서도 '경거망동'을 경계했다고 한다. 京畿道警察部, 『治安槪況』(1931년판), 35~36쪽.
50 水野直樹, 앞의 논문(1977), 112쪽.

체현하는 전체적인 투쟁 문제와 결부시켜야만 한다는 것을 알아야 한다.[51]

신간회는 공공연히 '독립'을 슬로건으로 전국적인 운동을 전개할 수 없었다. 활동의 축을 지방지회에 두지 않을 수 없었기에, 말단 지배기구에 대한 투쟁에서 출발할 수밖에 없었다. 이렇듯 신간회 운동은 일정한 대중적 기반을 지닌 지방지회의 활동을 주축으로 전개되었다.

(5) 신간회 지회의 사회개혁 활동

신간회 각 지회의 활동은 신문에 실린 지회의 토의사항이나 결의안에서 볼 수 있다. 이것을 편의상 크게 정치문제·경제문제·교육문제·사회문제로 나누어 보기로 한다.

정치문제

신간회 지회의 정치에 대한 논리는 구체적으로 식민지 통치방식에 대한 저항에서 비롯되기 때문에 궁극적으로 기본권의 주장이라는 면에서 이루어졌다고 볼 수 있다. 그 주요 사항은 다음과 같다.

1. 언론·집회·출판·결사의 자유 획득에 관한 건: 원산지회·동경지회·안성지회·대판지회·동래지회(東萊支會)·이원지회
2. 악법 철폐에 관한 건(제령 제7호 「치안유지법(治安維持法)」 등의 악법 철폐, 이른바 「대정 8년 법령」과 조선인에 대한 특수취체법규(特殊取締法規)를 철폐토록 투쟁할 것(고문제 폐지, 사형제 폐지, 재판의 질서 공개 등 포함): 원

---

51 黃鍾漢, 「현단계에 조선 맑스주의자 임무」, 『現段階』 第2卷 1號(1929년 4월), 17~18쪽. 『現段階』는 당시 도쿄에서 발간된 잡지이다.

산지회·동경지회·안성지회·대구지회

3. 이민정책 반대 운동에 관한 건(일본 이민 반대 등 포함): 동경지회·대구지회·안성지회·원산지회

4. 타협적 정치운동의 배격에 관한 건(반동단체 박멸, 지방열 고취 단체 및 파벌주의자 배격에 관한 건 등 포함): 대구지회·대판지회·안성지회·이원지회·경성지회

5. 조선인 착취 기관의 철폐에 관한 건: 대구지회

1927년에 신간회 동경지회가 몰두했던 최대의 활동은 조선총독 폭압정치 반대운동이었다. 이 운동은 사립학교의 강제 폐쇄, 일본인이 저지른 조선인 사형(私刑)사건 등 한국 내에서 일어났던 크고 작은 사건을 문제 삼아 일본제국주의의 식민지정책을 규탄하는 형태로 전개되기 시작하였다. 폭압정치 반대운동은 8월 초부터 다음 해인 1928년 초까지 계속되었다.

1928년 5월의 재일노총 제4회 대회보고에 따르면, 일본 각지(주로 관동과 관서)에서 전개된 조선총독 폭압정치 반대운동에서는 소(小)연설회 22회, 시위운동 14회, 전단 살포 40회의 활동이 재일노총이 주도해서 행해졌다고 한다.[52]

재일노총·신간회 동경지회 간부인 김계림(金桂林)은 이 운동을, '전 민족적 협동전선당의 매개 형태'인 신간회의 발전 등과 함께 1927년의 조선 무산계급운동의 성과였다고 총괄하여 다음과 같이 썼다.

---

52 金斗鎔, 「在日本 朝鮮勞動運動은 어떻게 전개해야 할 것인가?」(1929)[金正明, 『朝鮮獨立運動: 共産主義運動篇』 V(東京: 原書房, 1967), 1021~1022쪽]. 김두용은 이러한 운동을 '삐라쓰기 투쟁'·'구노동당형(舊勞動黨型)'이라 하여 노동자 계급의 독자성을 말살하는 것이라고 보아 부정적으로 총괄하고 있다. 이것이 후에 신간회 해소론의 논거의 하나가 되었다.

조선 무산계급의 정치투쟁이 비로소 대중적 규모로, 즉 대중적 투쟁의 형태로 전개되었던 점. 조선공산당사건 공판에 관한 '암흑공판'·'사법권침해'·'고문사건'·'고문경관 불기소사건'을 중심으로 하는 정치적 폭로는 극히 대중적, 국제적이었다. … 일본에 있어서 조선총독 폭압정치 폭로연설회, 대시위운동에 도쿄, 요코하마(橫濱), 교토(京都), 고베(神戸), 오사카(大阪) 등지의 조선노동조합은 재일본 조선노동총동맹의 지도 아래 전후 30여 회에 걸쳐 5만여 명의 노동자 대중을 정치적으로 동원하였다. 또 도쿄·오사카에서는 조선폭압정치 반대동맹이 조직되었다.[53]

이상에서 볼 때, 신간회는 타협적 합법적 범위 내에서의 정치운동을 반대하는, 궁극적으로 인간의 기본적 권리의 쟁취라는 입장에서 민족해방운동을 전개시켰다고 볼 수 있다. 그리고 이외에도 일제의 심한 차별적인 식민지정책에 반대한 지회들이 있었다.

상주지회(尙州支會)는 1927년 9월 4일 본부의 회원인 안재홍이 참석한 가운데 결성되었는데, 1928년 4월 일본인 상주군수는 상주군 내 조선인 면장들에게 친일의식이 부족하다 해서 사표를 내라고 권고하였다. 이에 지회장 박정현(朴正鉉), 간부 이민한(李玫漢) 등이 항의하고, 벽보를 붙이고 면민대회를 개최하여 이를 규탄하였다.[54]

1928년 2월 경주면협의회(慶州面協議會)에서 1928년도 제1기 호별(戸別) 할사정(割査定)을 하였다. 그 후 4월의 우(右) 등급사정(等級査定)에서

---

53 金桂林, 「일구이팔년의 조선무산계급은 여하히 투쟁을 전개할까?」, 『대중신문』제10호[水野直樹, 「新幹會東京支會の活動について」, 朝鮮史叢編輯委員會, 『朝鮮史叢』1(東京: 青丘文庫, 1979); 스칼라피노·李庭植 외, 『新幹會研究』(동녘, 1983) 소수의 135쪽에서 재인용].

54 宋建鎬, 「新幹會運動」, 尹炳奭·愼鏞廈·安秉直 편, 『韓國近代史論』 II(知識産業社, 1977), 459쪽.

는 주로 일본인 대부분과 일부 친일 조선인만 등급을 인하해 주었다. 그리하여 이곳 신간회 지회장 김상항(金相恒), 간부 배기달(裵基達) 등이 경주 면협의회 의원들의 사직 권고를 요구하여 시민대회를 열려고 한 사실이 있었다.[55]

1928년 1월 15일 북청지회(北青支會)에서 토의된 사항 중 특기할 만한 것으로 폭행 순경 다니하라 주로(谷源十郞)에 관한 건이 있는데, 이 같은 일본인 하급관리들의 횡포가 극심했음을 알 수 있다.

1927년 12월 17일 안동지회의 선언서 중에는 "약소 민족운동의 결전적(決戰的) 해방책(解放策)으로 2,300만 민중항쟁의 전 영역에 게재되어 있는 신간회는 전 민족적 정치투쟁의 전위이다"라는 내용이 불온하다 하여 일경에게 집회 금지를 당하였다.[56]

1927년 6월 28일 신간회 부산지회 설립에 앞서서 살포된 「신간회는 무엇이냐」라는 격문에 "신간회 운동은 독립운동을 수호하는 기틀이다"라고 적혀 있다는 이유로 간부 배헌(裵憲)·임혁근(林赫根)·임영택(林榮澤) 등 8명이 검거되고 앞으로의 집회를 금지당하였다.

경제문제

신간회의 각 지회는 일제의 경제적 수탈정책에 대해서도 반대 활동을 펼쳤다. 부당한 납세 문제, 과도한 노동과 저임금 문제, 소작에 관한 문제가 주를 이루었다. 경제 분야에 대한 활동은 동경지회·원산지회·안성지회의 토의안에서 잘 나타나 있는데, 이를 다음 세 가지 내용으로 정리할 수 있다.

첫째, 경제정책에 관한 내용이다. 산업정책은 조선인 본위로 할 것, 동

---

55 위의 책, 456쪽.
56 慶尙北道警察部,『高等警察要史』(1934), 51쪽.

양척식주식회사 및 토지개량주식회사를 폐지할 것, 민중 본위의 금융기관 설치에 관한 건, 현 금융기관 고리(高利) 반대에 관한 건, 조선물산장려회 지지에 관한 건, 조선·일본 간 수입품에 대한 관세 징수에 관한 건, 조선인 본위의 상공기관 조직 추진에 관한 건, 강제적 공동판매제 철폐에 관한 건 등이 이에 속한다.

둘째, 노동문제에 관한 내용이다. 단결권·파업권·단체계약권의 확립, 공장법·광업법·해운법의 제정, 최저임금·최저봉급제의 실시, 8시간 노동제 실시와 최고 노동시간제 확립에 관한 건, 소년 및 부인의 야간노동과 갱내노동 및 위험작업의 금지, 노동조건과 봉급에 관한 민족적 차별 대우 철폐에 관한 건, 노년 및 유년의 노동철폐에 관한 건 등이다.

평양지회는 노동문제에 많이 개입하였다. 평양은 1920년대부터 양말공장과 고무공장이 소규모 자본으로 서서히 발달하여[57] 상공업이 중심을 이룬 지역이었다. 따라서 농민운동보다는 노동자 계층과 업주·공장주 사이에 발생하는 노동운동·노동쟁의 등이 많았다. 1928년 12월 진남포제련소(鎭南浦製鍊所) 인부 폭동사건이 일어났을 때에는 평양지회에서 그들을 선동했다 하여 회원 여러 명이 일경에 피검되었다.[58]

1930년 8월에 고무공장 노동자들이 파업을 일으켰다. 이것은 공장 경영주가 노동자들에게 지불하는 임금을 인하한 데서 비롯되었는데, 총파업에 돌입한 지 약 일주일 후인 8월 12일 노동연맹과 청년동맹은 신간회 본부와 신간회 평양지회에 연락을 취하였다. 이러한 보고를 받은 본부에서는 평양에 조사위원을 파견하고, 8월 14일에 중앙의 상무집행위원회

57 이 부분에 관해서는 梶村秀樹, 「日帝時代(前半期)平壤メリヤス工業の展開過程: 植民地經濟體制下の朝鮮人ブルジョアジーの對應の一例」, 『朝鮮史硏究會論文集』 3(東京: 極東書店, 1967)에 자세히 수록되어 있다.
58 宋建鎬, 앞의 책, 458쪽.

에서는 상세한 보고를 듣고 나서 "불경기를 구실로 임금 인하를 감행하려 함은 소수 자본가의 항구적 이익을 위하여 다수 노동자의 생활을 위협하고 있는 것을 인정하고 이를 절대 반대한다"는 것을 결의하고 평양지부에 전달하려 했지만 일경에게 금지당하였다.[59] 평양지부에서는 13일부터 2명의 위원이 조사를 시작하여 16일에 집행위원장 조만식이 상공협회 (商工協會) 상무이사 김병연(金炳淵)과 함께 조정하여 공장 경영주 측과 노조 전권위원 사이에 일단 타협이 이루어졌다. 그러나 경찰이 조정을 금지하고 경찰 자신이 조정자로 자임하여 노동자에게 불리한 조정 방안을 내놓았다. 이 때문에 파업에 참가한 노동자는 경찰 조정안을 받아들인 전권위원에게 불신임을 결의하고, 새로이 강덕삼(康德三) 등의 위원을 선출하여 투쟁을 계속하였다. 이후 공장 습격·검거 등의 투쟁 형태를 취하면서 파업을 계속하였지만, 많은 사람들이 일경에 검거되면서 9월 초에 노동자 측의 패배로 종결되었다.[60]

1930년 6월에는 함경남도 신흥군(新興郡)에 소재한 장풍탄광(長豐炭鑛)의 광부 수백 명이 임금을 받지 못해 광주(鑛主)에 대한 폭동을 일으켰다. 신간회 본부에서는 조사단을 파견하여 현지 조사를 한 결과, 광주가 무리하게 광부를 혹사한 사실이 명백히 드러나 즉시 경고문을 보냈다.

셋째, 소작농민 문제에 관한 내용이다. 소작권과 경작권 확립에 관한 건, 최고 소작료 확정 및 지세 부당 실시에 관한 건, 소작료를 4할 이하로 할 것, 소작인의 노예적 부역 폐지, 사음(舍音)·농감(農監) 불법 행사에 관한 건 등이다.

함남 수력발전소 매립지구 토지 상환 사건에 대한 신간회의 활동도 특기할 만하다. 발전소의 댐을 막는 데 일제는 상환도 해 주지 않고 매몰지

---

59 『東亞日報』, 1930. 9. 5.
60 『東亞日報』, 1930. 9. 6·7.

구의 농민들을 무조건 쫓아내는 사건이 발생하였다. 신간회는 김병로를 대표로 하여 현지에 조사단을 파견하였는데, 이들은 그곳 농민들의 참상을 조사하여 총독부에 농민들의 생활 안정 대책과 보상을 요구하였다. 그 결과 요구 조건이 전부 관철되지는 못하였지만, 주민들의 단계적 이주, 매몰토지에 대한 부분적 상환 등 당시로서는 큰 승리를 거두었다.[61]

선산지회(善山支會)는 1928년 2월 설계 중인 수리조합이 농민의 부담을 가중시킬 뿐 추호의 이익도 없다고 반대 결의를 하여 투쟁하였다.

농민·노동 문제 외에도 신간회는 여러 가지 활동을 하였다. 부산지회는 부산이 일본과의 교통의 관문이며, 일본인들이 많이 거주하는 지역이라 일경의 감시를 가장 많이 받았다. 회원 중 요시찰인(要視察人)들은 일제의 요인·고관들이 일본을 왕래할 때마다 예비검속을 당하는 수난을 겪었다. 1928년 부산항에서 일본인 선주와 어부들이 한국인 어부들에게 몫을 주지 않아 분쟁이 일어났다. 본부에서는 이승복(李昇馥)·조헌영(趙憲泳)을 조사단으로 파견해서 해결하였다. 이 외에 시국강연회도 4~5차례 가졌다.

1928년 9월 21일 관북(關北)지방에 대홍수가 일어나 인명 피해 1,400명, 가옥 피해 37,000여 동의 참상이 빚어졌다. 특히 함흥·홍원·북청·신흥 등 지방에 피해가 심해 신간회에서는 이원혁을 현지에 파견하고 각 신문사와 종교단체를 동원해 식량·의복·현금 등을 모집하여 구호활동에 힘썼는데, 일제는 이를 불법행위라고 탄압하였으나 신간회에서는 이 운동이 우리 민족을 우리 힘으로 돕는 일이라 하여 일제의 압력을 무시하였다.

1928년 2월 7일에 열린 신간회 여주지부(麗州支部) 설립대회에서는 정치·경제·교육·사회·지방에 관한 문제들, 즉 산업기관·금융조합에 관한 것과 노동시간과 임금, 소작인과 지주, 물산장려, 백의(白衣) 폐지에 대한

---

61 李炳憲, 앞의 글, 204쪽.

논의가 이루어졌다.[62]

전북지방의 신간회 지회는 전주·익산·임실·군산·정읍·남원·이리·김제 등에 결성되었다. 이 지방은 곡창지대로 영세농민들이 많아 소작쟁의·수리조합 분규 등 많은 사건을 겪었는데 군산 어부쟁의 사건, 이리 철도노동자쟁의 사건, 김제·정읍의 동양척식주식회사와의 소작쟁의 사건 등이 신간회의 투쟁으로 해결되었다.[63]

이와 같이 신간회는 식민지의 여러 모순 가운데 특히 첨예화된 경제문제를 해결하기 위해 많은 활동을 전개하였다. 신간회가 민중을 기반으로 하는 만큼 민중의 대다수인 농민과 노동자의 생존 투쟁에 깊숙이 관여하여 각 지방의 소작쟁의·노동쟁의 등에 직간접으로 관계를 맺으면서 창립 직후부터 끊임없는 투쟁을 하였다.

교육문제

신간회의 교육활동은 일제의 식민지교육정책에 저항하고 민족교육을 실시할 것을 주된 목적으로 하였다. 따라서 각 지회의 결의안에서도 식민지교육정책에 반대할 것을 주장하고 있다. 각 지회의 교육문제에 대한 토의 내용은 다음과 같다.

1. 제국주의 식민지교육정책에 대한 반대의 건: 대구지회
2. 조선인 본위의 교육제 실시에 관한 건(학교교육을 조선인 본위로 할 것. 학교교육 용어를 조선어로 사용할 것 등을 포함): 동경지회·안성지회·대구지회·봉화지회·경서지회
3. 학생 생도의 연구에 대한 자유 및 자치권의 확립에 관한 건(학생의 사회과학

---

62 獨立運動史編纂委員會, 『獨立運動史 資料集』(교육도서출판사, 1971), 308쪽.
63 宋建鎬, 앞의 책, 460쪽.

사상 연구의 자유권 확립에 관한 건, 학생자치제 실시에 관한 건): 동경지회·
안성지회·대구지회·북청지회

4. 관립·사립학교에 대한 경찰 간섭의 금지에 관한 건(민간 교육기관에 대한
허가제 폐지 등을 포함): 원산지회·경주지회

5. 조선 아동의 의무교육제 확립에 관한 건(무산아동 교육에 관한 건, 무산아동
의 수업료 면제 등을 포함): 동래지회·경주지회·선산지회·동경지회

6. 야학 허가 문제에 관한 건: 김천지회·통영지회·김해지회

7. 간이문고(簡易文庫) 설치에 관한 건(구내 사설 도서관 설치): 경서지회·동
경지회

신간회는 식민지교육에 저항하고 민족교육을 실시하기 위해 이와 같은
활동을 전개하였다. 학교교육뿐만 아니라 야학이나 도서관 설치를 통해
민중교화에도 힘썼다.

특히 단천에서는 농민의 자각을 높이기 위한 농민야학 설치에 대해서도
신간회 단천지회·농민연합회·청년동맹이 중심이 되었다. 1927년 12월
농민교육협회 창립대회가 신간회관에서 열려, '조선인 본위의 교육'을 슬
로건으로 야학·독서반·통신강좌 등을 조직해 개최할 것을 결정하였다.[64]
당시 단천군 내에는 30개소의 야학이 설치되었다고 전해지고 있다.[65] 농
민교육협회는 각 면의 농민단체·청년단체가 운영하는 야학을 통괄하는
동시에 농민에게 문자를 가르치는 것부터 시작하여, 계급적·민족적 의식
을 높여 농민운동을 강화하고자 하였다. 신간회 단천지회는 이러한 왕성
한 활동으로 많은 회원을 획득하여, 설립 당시 50인이었던 회원 수는 1년

64 『東亞日報』, 1927. 11. 29.
65 『東亞日報』, 1929. 1. 2.

여 만에 430명으로 급증하였다.[66]

이 외에도 마산 사립여학교 동맹휴학사건에 대한 진상 조사를 위해 조사위원을 보내고 그 결과를 사회단체협의회에 부의하기도 하였다. 한편 1928년 4월 칠곡군(漆谷郡) 약목공립보통학교(若木公立普通學校) 학급 정리 문제는 그 지역 신간회 지회 간부들이 직접 개입하여 부형(父兄)과 밀의(密議)함으로써 대규모의 동맹휴학을 전개하였다.

신간회는 학교 운영 문제에도 관여하였다. 1928년 2월 안동지회에서는 그 지역 고등보통학교에 설치된 기성회(期成會)가 갹금(醵金)을 지출함에 의혹이 있다고 업무를 담당한 군청에 항의한 사실이 있었다. 1927년 10월 2일 영흥지회(永興支會)에서는 제1회 신간회를 열고, 영흥 보습농업학교 승격을 식언(食言)하는 당국을 힐책하고 동시에 총무·간사회에 일임하여 군민대회를 소집하여 대책을 강구하도록 하였다. 평양지회에서는 평양 부근에 있는 강서군(江西郡)에서 학교 기부금 불법 징수 사건이 발생하자 강서군수에게 항의문을 보냈고, 광성고등보통학교(光成高等普通學校) 분규 문제가 생겼을 때는 조사단을 보내 진상을 파악하게 하였으며, 차가인동맹(借家人同盟)을 발기하는 등의 활동을 하였다.[67] 분회(分會)·반(班)의 설치, 도연합지부(道聯合支部)의 조직 및 회보의 발간 등도 결의하였으나[68] 이는 일경의 금지로 인해 실현하지 못하였다.

신간회는 전국 각지에 대표를 파견하여 독립의식의 고취와 국민들의 문화 향상을 위한 지방 순회 강연회를 하는 방식으로 대중의 호응을 불러일으키면서 세를 불렸다.

1927년 12월에 평양지회는 남산현(南山峴)예배당에서 「우리의 각성」이

---

66 『東亞日報』, 1929. 1. 2.
67 『東亞日報』, 1928. 1. 24., 4. 16., 1929. 12. 9.
68 『東亞日報』, 1929. 9. 20.

라는 시국강연회를 열었다. 한편 신의주지회 선전부 간사 이재곤(李載昆, 일명 光洸)은 평안북도 각지를 계몽 강연을 하며 돌아다니다가 일경으로 부터 금족령(禁足令)을 받았다.

목포지회에서는 1927년 7월 19일 목포극장에서 연설회를 개최하였다. 이날 연사와 연설 제목을 보면 다음과 같다.

1. 우리의 단결: 김태준(金太俊)

1. 우리와 신간회: 김상규(金相奎)

1. 현실에서 본 나의 고찰: 서병인(徐炳寅)

1. 역학상(力學上)으로 본 우리 회(會): 최경하(崔景河)

1. 강역(疆域)과 민족: 조극환(曹克煥)

1. 사회운동과 신간회의 사명: 유혁(柳赫)

1. 민족적 의식에 대하여: 김철진(金哲鎭)

이 연설회를 통해 일제 치하의 현실을 대중에 알려 민중을 의식화시키고 신간회 조직을 중심으로 각종 사회운동을 해 나가며 궁극적으로 독립운동을 전개하려 하였음을 알 수 있다.[69]

1927년 9월 4일 상주지회 설립 기념강연회에서 경성지회 간사 안재홍은 신간회 설립 취지를 다음과 같이 설명하였다.

1. 1919년에 있었던 독립운동 그 자체는 실패하였지만 정신적으로 우리들 민족에게 준 교훈은 막대하며 장래 전 민족의 단결로 인해 실제 행동에 나설 필요가 있다는 점.

---

69 『東亞日報』, 1927. 7. 22.

2. 현재와 같은 교육제도는 종국에 가서는 조선혼을 소멸시키게 되므로 조선인에 대해서는 조선인 본위의 교육을 할 필요가 있다.

3. 산업·교통의 제 정책은 어느 것이나 모두 일본인 본위로 된 것이며, 조선인에게 유리한 점이 추호도 없을 뿐 아니라 오히려 우리들의 사멸(死滅)을 초래하고 있다.[70]

이 같은 신간회의 설립 취지는 대중을 의식화시키려는, 즉 신간회 활동의 정신적인 면에 도움을 주었다.

신간회 운동에서 무엇보다도 특기할 것은 학생부의 활동이었다. 신간회 창립과 함께 학생운동에서도 단일화 기운이 무르익어 특별부로 학생부가 조직되었다. 학생부가 조직되자 도쿄에 있는 신흥과학연구회(新興科學研究會)는 기관지『신흥과학』제1호를 내놓음과 동시에 학생운동의 방향 전환을 선언하였다. 또한 학생운동의 방향과 조직의 통일을 촉구하는 한편 학생부의 설립을 지지하였다.

그리하여 신간회 학생부는 반일투쟁의 일익을 담당하게 되었다. 강화된 학생들의 맹휴투쟁을 통하여 신간회는 "조선어 및 조선역사 교수의 요구", "교내 학생 자치권의 확립", "조선인을 위한 민족교육 실시(즉, 식민지교육 반대)", "교내에서의 언론·집회의 자유" 등의 통일된 구호를 설정하고 이에 대한 지도 및 통제 노력을 기울였다.[71]

신간회 학생부 창립 이후 학생운동은 질적으로 강화되어 1926년의 맹휴 건수 55건이었던 것이 1927년에는 73건으로 늘어났다. 학생운동은 사상적 면과 조직 면에서 보다 체계화하고 학생들의 맹휴를 강화시키는 동시에 전국 각지의 비밀결사운동을 광범한 영역에 걸쳐 발전시키기 시작

---

70 慶尙北道警察部, 앞의 책, 50쪽.
71 洪泰植,『韓國共産主義運動 硏究와 批判: 解放前篇』(三省出版社, 1969), 159쪽.

하였다. 학생운동이 일반 사회운동과 연계를 맺게 되면서 전반적인 분야에 걸쳐 반일투쟁이 격화되었다.

이렇게 신간회는 질적·양적 양면에서 반일운동이 크게 발전하는 계기가 되었으며, 학생들의 민족주의사상을 민족운동으로 승화·발전시키는 데 커다란 역할을 하였다.

사회문제

신간회의 사회문제에 대한 각 지회의 활동은 크게 여성운동·형평운동·교양에 관한 것으로 나눌 수 있다. 이러한 활동으로 민중을 교화하고 사회를 개혁하는 데 주력하였는데, 그 내용은 다음과 같다.

1. 여성의 법률상 및 사회상의 차별 철폐에 관한 건(여자 교육 및 직업에 대한 모든 제한 철폐에 관한 건 포함): 동경지회·안성지회·원산지회
2. 여성의 인신매매 금지에 관한 건[강제법혼(强制法婚) 및 인신매매 금지, 조혼 및 강제결혼 폐지에 관한 건, 공창제도 금지에 관한 건 등 포함]: 원산지회·이원지회·경서지회·동래지회·동경지회·안성지회
3. 부인운동 촉성(促成)에 관한 건(부인운동 단일기관 근우회 지지에 관한 건 포함): 원산지회·동경지회·안성지회·동래지회·선천지회·대구지회·경성지회
4. 형평운동 지지에 관한 건(형평사원 및 노복에 대한 모든 차별 반대 포함): 원산지회·동경지회·동래지회·안성지회
5. 자체 교양에 관한 건(미신 타파, 풍속 개량, 허례허식 타파, 풍기문란에 관한 건 등 포함): 동경지회·원산지회·선산지회·경성지회·마산지회
   이 밖에 형무소의 대우 개선, 독서·통신의 자유에 관한 건들이 있다.

이와 같이 신간회는 민족운동을 사회운동으로 심화하고 확대하였다.

신간회는 반제(反帝)·반봉건(反封建)·반식민(反植民)의 요소를 통합하여 발전시켰다. 그러한 활동은 사회 각층의 요구를 반영한 결과였다. 그 당시 경성지회의 간부 이병의(李丙儀)의 주장에 이것이 잘 표현되고 있다.

　… 다시 말해서 신간회로서 사회 각층에 대하여 각각 그 층에 유익한 슬로건을 걸고 그것을 위하여 투쟁을 하지 아니하면 사회 각층은 도저히 동(動)하지 않을 것이며, 그러한 투쟁이 없이 … 얼마나 다대(多大)한 군중이 신간회 기치 아래 모인다 할지라도 그는 무력한 군중에 지나지 못할 것입니다. 그러면 우리는 먼저 어떠한 슬로건을 내겠느냐? 대개 몇 가지를 든다면, ① 언론·집회·출판·결사의 자유, ② 일체 악법령(惡法令)의 개폐(改廢), ③ 동양척식회사 및 유사 회사의 폐지, ④ 단체권 확립, 경작권 확립, 기타 산업·관세·노동·농민·청년·교육·종교 등으로 제일 사회 각층에 유익한 슬로건을 걸고 투쟁하지 아니하면 안 될 것입니다. … 한마디 부언할 것은 신간회 운동에 있어서 가장 중요하게 취급하지 아니하면 안 될 것은 조선 전 민족 중 85%라는 최대 다수를 점하고 있는 농민문제입니다. 그러므로 어떻게 하면 이 문제를 잘 해결하여 그들로 하여금 신간회 기치 아래에 동원시킬 수 있을까 하는 것입니다.[72]

신간회는 각 지방 군 단위로 지회가 설치되고 세가 확장되면서 여러 가지로 일제 당국을 당황케 하였다. 지방 문제나 사소한 문제까지도 사사건건 사회문제화하여 가장 집요하고도 비타협적인 운동을 전개하였다. 정치·경제·교육·문화 등 다각적인 사회문제와 시사문제에 대한 일제와의 투쟁이 신간회의 주요 방침이며 활동이었다. 이것은 3·1운동과 같은 비조직적인 항일운동이 아니라 의식적·계획적 활동이었다.

72　李炳儀,「朝鮮單一黨의 方畧: 各層 利益 이것으로」,『朝鮮日報』, 1928. 1. 1.

신간회는 교육활동만을 위한 항일단체는 아니었다. 정치·경제의 독립과 함께 교육적 독립을 주장하였다. 신간회는 교육활동이 인간의 의식 형성에 얼마나 중요한지에 대해 관심을 두고 있었으므로, 제도교육의 허구성과 반민족적 성격을 폭로하면서 이에 대항하는 조선인 본위의 교육 실시를 요구하였다. 이와 함께 전 국민의 대다수를 점하고 있는 무산자 대중의 교육을 강조하여 지방 순회 강연을 활발하게 전개하였다. 민족적 과제의 실현이 민중의 현실적 삶에서 잉태되어야 한다는 정신으로 노동자·농민·여성·형평 운동 등을 전개한 것이다.

신간회는 정치적 자립과 경제적 수탈로부터의 해방, 즉 민족적 해방운동과 교육·문화의 보급을 통한 민중계몽운동을 전개하였다. 사회를 개혁하고 교화하는 데 주력한 신간회의 활동은 그 당시 식민지교육정책으로 한계가 있는 학교교육에 비해 민족교육에서 중요한 위치를 점하였다. 민중의 대다수가 학교교육을 받지 못한 상태에서 신간회의 중앙본부와 각 지회가 행한 이와 같은 사회개혁 활동은 사회교육과 민족교육에 상당히 기여하였다.

2. 국민계몽적 성격

일제는 1920년대 후기에 접어들면서 민족문화를 말살시키려는 구체적인 정책을 강행하기 시작하였다. 한국인이 한글을 터득하고 한국의 역사와 문화적인 전통을 알게 되면 민족적 긍지를 갖게 되며, 반일의식이 고조될 것을 알았기 때문에 민족문화를 완전히 말살하려고 하였다. 따라서 일제 통치 당국은 한국인이 사회적으로 각성하고 계몽되는 것을 봉쇄하였다. 즉 민족의식의 발전에 기초를 둔 민족문화의 형성을 아예 없애고자 한 것이다.

일제의 탄압정책에 대하여 민족운동가들은 교육을 통해 민족문화를 보존·발전시켜야 함을 인식하였다. 따라서 강경한 시위운동이나 무력 대결보다는 계몽운동을 통하여 전 민족의 실력을 길러야 한다는 전제 아래 1차적 수단으로 문자보급운동을 전개하였다.

1921년 12월 3일 휘문의숙(徽文義塾)에 모인 서울 시내의 조선어 담당교사들이 중심이 되어 조선어연구회를 창립하였다. 그 뒤로 꾸준히 연구활동을 거듭하면서 1931년 1월 10일 조선어학회로 개칭하고 사업을 전개시켜 나갔다.[73]

한글학자들의 애국적인 노력과 민족운동가들의 의지가 결합되어 문자보급운동이 시작되었다. 1929년 여름방학이 되자 신간회의 기관지격인 조선일보사가 주동이 되어 귀향학생들이 문자보급운동에 나서도록 유도하였다. 신문사와 학생이 주도한 문자보급운동은 농촌계몽운동과 문맹퇴치에 더욱 박차를 가하는 평화적인 수단의 민족운동이라는 성격을 띠고 있었다.[74]

신간회 조직 당시 발기인이자 조직부 상무간사였던 국어학자 장지영은 1926년에 조선일보사에 입사하여 얼마 후 문화부와 지방부의 책임자가 되었으며, 편집인이 되어서 하게 된 중요한 일이 바로 국문보급운동의 주장이요 실천이었다. 장지영은 이에 대하여 다음과 같이 구술하였다.

신간회는 다른 게 아니고 민족 전체에 대한 운동을 하자는 것인데 회(會)의

---

73 鄭寅承, 「朝鮮語學會事件」⑭, 『中央日報』, 1982. 12. 7. 조선어연구 창립회원: 任暻宰(徽文學校長), 崔斗善(中央學校長), 李奎昉(普成學校 교무), 權悳奎(휘문학교 교사), 張志暎(『조선일보』 문화부장), 李昇圭(보성학교 교사), 申明均(漢城師範學校 출신), 李秉技, 李尙春, 金允經, 朴淳章 등 15~16명이었다. 鄭世鉉, 앞의 책, 464쪽.

74 鄭世鉉, 앞의 책, 464쪽.

이름 그대로 '새 줄기'를 우리의 것으로 길러 보자는 의도에서 일제 치하에서 국문을 가르쳐 국어를 정리하는 일을 조직적으로 펴 나가자는 생각을 가지고 각계의 호응을 얻어『조선일보』가 주동이 되어 이 운동을 전개하게 되었소. 문화의 자율적 전개를 통하여 민중의 의식을 세워 보자는 이 문자보급운동도 종래에는 일제 당국에 의하여 금지 조치를 당하였고, 신간회운동을 이런 형태로 달리 전개한다고 주목받아 우리의 정신과 우리의 혼을 살려 보자던 꿈도 다 결실을 보지 못한 채 나 자신 퇴사하지 않을 수 없게 되었죠. 신간회 기관지격인 『조선일보』에서 대대적인 문화운동을 전국적으로 전개하자 마침내 저들은 그 주동자의 한 사람인 나를 면직 처분토록 한 것입니다.

문맹퇴치를 하는 데 그치는 문자보급운동이 아니었다. 문화민족으로서의 자긍심의 척도인 한글을 널리 보급함으로써 어문을 통한 민족의식의 고취가 중요한 명제였다.

"조선인의 존귀한 생활 경험의 상아탑으로 되어 있는 조선어는 세계에 그 유래가 보기 드문 문화적 가치를 함축한 바이요, 이 언어의 음율의 미와 체계의 정연함에 대응하여 가장 융통 자재한 표현의 기교를 다한 언문이란 자가 또 세계 자모 문자계의 추종을 허하지 않는 최고적인 전형으로 되어 있음"[75]에도, 국어와 한글의 보급은 지극히 침체된 상태에 있었다. 1926년부터 가갸날[76]이 제정되기는 하였지만 문화운동으로서의 한글운동은 너무나 절실하였다. 이듬해 1927년 가갸날의 2주년을 기념하는 최

---

75 坪江汕二,『(改訂增補) 朝鮮民族獨立運動秘史』(東京: 巖南堂書店, 1966), 56쪽.
76 조선어연구회에서 훈민정음 반포 480주년을 기념하여 1926년 음력 9월 29일(양력 11월 4일)을 '가갸날'로 정하였다. 이후 여러 차례 명칭과 날짜가 변동되었는데, 1940년 7월에 발견된『훈민정음』(해례본)의 정인지(鄭麟趾)의 서문에 9월 상한(上澣)이라는 기록에 의거하여 9월 상한의 마지막 날인 9월 10일을 양력으로 환산하였고, 1945년부터는 양력 10월 9일에 '한글날'을 기념하게 되었다.

현배(崔鉉培)의「한글문제를 어떻게 해결하여 갈 것인가」라는 제목의 연재된 글에서 그 내용이 잘 나타나 있다.

> … 작년 '가갸날'을 지냄으로 말미암아 한글문제가 일층 뚜렷한 형체로 일반인의 의식에 오른 것은 현저한 사실이라 아니할 수 없다. 그중에서도 한글문제의 연구와 해결로써 기임(己任)을 삼는 조선어연구회의 활동이 새로워졌으며 그 회(會)의 후원 아래에 『조선일보』가 솔선하여 한글란을 특설하여서 천하만민의 눈앞에 바로 잡힌 한글을 제공하여 새 민중교화의 본지를 다해 오는 것은 실로 조선신문사상에 대자특서할 사실로 조선문화사상에 또한 빠지지 못할 일건의 공적임을 부인하지 못할 것이라 우리가 깊이 감격하기를 마지아니하는 바이다.[77]

또한 네 번째 글에서 "… 한글 운동자(運動者) 우리로써 조선교육행정 당국자에게 향하여 요구할 것은 참 많다. 첫째, 소중학 교수용어를 우리 조선말로 해 달라는 것이오. 둘째는 각과 교과서를 다 바로 잡힌 조선글로써 달라는 것이다. …"[78]

그와 때를 같이하여 고개를 든 것이 조선일보사의 문자보급운동이었다. 1929년부터 민중문화 향상을 위해 시작된 문자보급운동에 학생들이 가담하면서 학생운동도 종래의 시위운동에서 계몽운동으로 점차 바뀌었다. 조선일보사가 주도한 제1회(1929) 문자보급운동에 참가한 학생 수는 409명이었고, 이들에 의해 이해 여름방학 동안에 문맹을 벗어난 사람 수는 2,849명에 이르렀다. 이 수는 총 참가자 409명 중 조선일보사에 보고한 91명이 집계한 인원이다. 나머지 보고하지 않은 몫까지 합하면 1만 명

---

77 『朝鮮日報』, 1927. 10. 25.
78 『朝鮮日報』, 1927. 10. 27.

이 넘게 문맹을 깨친 것으로 추정된다.

당시 『조선일보』는 학생에게 "아는 것이 힘이다. 배워야 산다", "가르치자! 나 아는 대로"라는 구호가 박힌 『한글 원본』을 배포하였다. 조선일보 제2회(1930) 문자보급운동 때는 참여한 학생 수가 훨씬 늘어나 900여 명이나 되었고, 문자를 해독하게 된 사람도 지난해의 5배나 되는 1만 567명이나 되었다. 이해 참가한 학교 수는 46교로 남학교는 양정(養正)·중동(中東)·배재(培材)·경신(儆新) 등이었으며, 여학교는 진명(進明)·이화(梨花)·숭의(崇義) 여학교 학생이 제일 많았다.[79]

『조선일보』 1930년 7월 14일 자 신문에 따르면, 문자를 아는 사람은 겨우 370만 명으로 나타났다. 즉 조선인 인구는 18,601,494명으로 그중에서 문자를 아는 사람은 각 학교 재학생 74만 4,404명에 최근 20년 동안에 보통학교를 나온 졸업생 약 34만 명을 비롯한 각급 학교 졸업생, 또 각 가정에서 자습한 부녀자의 무리까지 합쳐 약 372만 명에 달하였다. 이는 전 인구의 2할(20%)만이 문자를 아는 층이라는 의미이고 그 밖의 약 1,500만 명은 아직 문자를 알지 못하는 층이라는 것이다.

『조선일보』는 문자보급운동을 더욱 지향하기 위하여 1931년 신년호부터 문자보급가(文字普及歌) 당선작을 발표하였다. 한글애호운동이나 문자보급운동은 이때가 처음은 아니었다. 기독교 측에서 일찍이 성경 보급을 통하여 한글을 널리 권장하였지만, 언론기관에서 주동하게 되면서 상당한 실효를 거두기 시작하였다.[80]

---

79 孫仁銖, 앞의 책, 222쪽.
80 趙容萬, 『日帝下 韓國新文化運動史』(正音社, 1975), 127~129쪽. "己未運動(기미운동) 이후 敎育熱(교육열)이 勃興(발흥)하여 私立學校(사립학교)와 各種 講習所(각종 강습소)가 서울을 비롯한 各地方(각 지방)에 設立(설립)되었다는 것은 이미 말한 바와 같거니와, 學校(학교)나 講習所(강습소)가 아니고 臨時(임시)로 설립된 各種(각종) 機關(기관)을 통해서 가장 基本的(기본적)인 한글을 깨치어 文盲退治 運動(문맹퇴치 운동)도 活潑(활발)히 展開(전개)되었다. 이 運動(운동)을 '文字普及運動(문자보급운동)'이라고 불렀는데, 이

『한글 원본』을 10만 부 증쇄(增刷)하여 문자보급반용(文字普及班用)으로 배본(配本)하였다는 기사와 함께 "본사(本社) 문자보급반원의 정신, '아는 것이 힘, 배워야 산다!'의 구호는 지금으로부터 삼천리 구석구석에 절규될 것을 더욱 기대한다"라는 기사도 발견된다. 더욱이 당일『조선일보』에 발

文字普及運動(문자보급운동)은 基督教側(기독교 측)과 新聞社(신문사)가 가장 주력하여 큰 成果(성과)를 거두었다. 첫째로 基督教側(기독교 측)에서는 主日學校(주일학교)와 夏期兒童聖經學校(하기아동성경학교)를 통하여 한글을 보급시켰는데, 주일학교는 그 歷史(역사)가 教會(교회) 自體(자체)와 같이 오랜 것으로 1921年(년) 11月(월)에 朝鮮主日學校大會(조선주일학교대회)가 서울에서 열리게 되어 그 뒤로 4年(년)마다 한 번씩 대회가 열리어 主日學校 事業(주일학교 사업)을 검토하고 刷新(쇄신)하여 갔다. 1933년에 열린 朝鮮主日學校(조선주일학교)는 그 職員(직원)과 學生(학생) 總數(총수)가 402,300여 명으로 世界(세계)에서 제8위에 올라 中國(중국)의 27만, 日本(일본)의 19,000을 훨씬 능가하고 있다. 하기아동성경학교는 1922년부터 始作(시작)된 것인데, 첫해에는 한 곳뿐으로 교사 5명에 학생 100명이었던 것이 10년 후인 1933년에는 다음과 같았다.

長老教(장로교) 學校數(학교 수) 938   學生數(학생 수) 96,968
監理教(감리교) 學校數(학교 수) 201   學生數(학생 수) 19,550

合計(합계)   1,139   116,518

이만한 막대한 兒童(아동) 수에 맞추어서 朝鮮語學會(조선어학회)에서는 한글 教材(교재)를 編輯(편집)하였는데, 대개 한 달이면 다 깨쳐서 읽고 쓸 수 있게 되었다.

新聞社側(신문사 측)으로 말하면 朝鮮日報社(조선일보사)에서는 1929年(년)부터 "아는 것이 힘, 배워야 산다!"라는 표어를 내세우고 夏期放學(하기방학)으로 歸鄉(귀향)하는 學生(학생)들을 動員(동원)하여 한글 普及班(보급반)을 組織(조직)한 후 全國(전국) 방방곡곡에 파송하였다. 9월에 上京(상경)하는 이들 한글 普及班(보급반) 학생 중에서 成績(성적)이 우수한 자에게는 學資金(학자금)을 보조하는 褒賞制度(포상제도)까지 써 가면서 열심히 文字普及運動(문자보급운동)을 일으켰으나, 1934年(년)까지 계속하고 다음부터 일경의 금지로 중단되었다. 東亞日報社(동아일보사)는 조금 늦어서 1931년 여름부터 '브나로드'운동이라고 하여 文字普及運動(문자보급운동)을 일으켰는데, '브나로드'란 民衆(민중) 속으로 들어가라는 러시아에서의 革命(혁명) 前(전)의 啓蒙運動(계몽운동)을 본뜬 것이다. 이 이름은 大衆(대중)들이 무슨 뜻인지 모르고 또 일경이 색안경으로 보기 때문에 나중에는 學生啓蒙隊(학생계몽대)라고 고쳤는데, 한 강습소의 學生數(학생 수)는 最小(최소)가 5명 最多(최다)가 905명까지였고, 강습일자는 最短(최단) 5일, 最長(최장)이 51일까지였으며, 教材(교재)는 '한글공부'라는 題目(제목)으로 3주일 동안 교습하게 되어 있었다. 이렇게 文字普及運動(문자보급운동)이 燎原(요원)의 불길같이 各地(각지)에서 일어나자 總督府(총독부)는 신경을 날카롭게 하고 드디어 1934年(년)에 이르러 이 運動(운동)을 禁止(금지)시켰다."

표된 다음의 「문자보급가」 역시 그해 정월에 모집한 것 중 뽑힌 우수작들
이다.

이은희(李恩姬) **작. 「문자보급가」**

1. 맑은 시냇가에는
   고기 잡는 少年들
   일할 때 일하고
   배울 때 배우세
   (후렴)
   아는 것이 힘
   배워야 산다.
2. 푸른 언덕 위에는 나물 캐는 소녀들
   일할 때 일하고
   배울 때 배우세
3. 밭 가는 아버지도
   베 짜는 어머니도
   일할 때 일하고
   배울 때 배우세
　　　　　　　　　　　ー『조선일보』(1931. 7. 17.) ー

박봉준(朴鳳俊) **작. 「문자보급가」**

1. 우리나라 강산에 방방곡곡
   새살림 소리가 넘쳐나네

에이헤 에이헤 우렁차다

글소경 없애란 소리 높다

2. 공중에 떠가는 저 비행기

산천이 우렁찬 저 기차는

우리님 소식도 알겠것만

문맹에 속 타는 이 가슴아

3. 한밤이 대낮 된 오늘날도

눈뜨고 못 보니 이 웬일이냐

배우자 배우자 어서 배우자

아는 게 힘이다 배워야 사네

(후렴)

아리랑 아리랑 아라리요

아리랑 고개로 넘어간다

아리랑 고개는 별고개라요

이 세상 문맹은 못넘긴다네

— 『조선일보』(1931. 7. 19.) —

남녀노소를 막론하고 일하며 배우자는 간절한 소망을 담고 있는 내용이
어서 매우 설득력과 호소력이 있다.

아는 것이 힘 배워야 산다는 구호는 일본제국주의 못지않게 무서운 내적(內
敵)인 무지를 추방한다는 데 다급한 과업을 상기시켜 주었다.

작열된 이 요구와 이에 응하는 경향의 학생 역군들의 봉사적 활동은 날이 지
날수록 더욱 증가하여 문맹퇴치의 지상명령을 침묵한 가운데 건실히 전개하
고 있으니 작금 수일간 연속하여 하기방학을 선언한 경성 유학생들은 날마다

본사에 이르러 문자보급반원에 교재로 사용할『한글 원본』을 청구하기에 바쁘다. 그리하여 본사에서는 이미 발표한 바와 같이 이 열렬한 봉사적 역군의 답지하는 청구로 말미암아 '원본' 10만 부를 증쇄하였으나 제본이 되기도 전에 벌써 증쇄한 10만 부 중에서 7만 부 이상이 귀향하는 학생들의 수중으로 건너갔다. 이 같이 하여 작년은 재작년의 곱절로 문맹의 굴속에서 해탈되어 나올 것을 의심하지 않는다. 그러나 줄잡아 1,300만 명이나 되는 조선의 문맹을 타파하기에는 부족한 힘이라 할 것이므로 더욱 더 귀향학생의 참가를 바라는 터이다.[81]

문자보급반원은 거의 모두가 귀향학생들이었다. 처음부터 신간회 내에 별도로 조직된 학생부 임원은 거의 총동원되었다. 그러므로 이들 학생들은 신간회 해소에도 불구하고 계속 사회교도(社會敎導)의 신문화 계몽운동을 전개해 갈 수 있었다.

조선일보사는 제3회 귀향남녀학생 문자보급반원을 여름방학의 봉사활동으로 각지에 보내기에 앞서 사고(社告)를 통하여 그 취지를 선명하게 밝히고 있다.

아직도 우리 동포 가운데 광명을 보지 못하고 문맹지옥에서 울고 있는 이가 1천 7백만이라는 끔찍한 다수이니 우리 할 일의 앞길은 아직도 멀고 멀다. 이제 또 하기휴가의 시기가 멀지 아니하매 제3회로 남녀학생 문자보급반을 모집하오니 전 조선 남녀학생은 먼저 깨운 이가 못 깨운 이를 깨워 주는 고귀한 정신으로 많이 참가하여 전보다도 더 한층 노력하여 주기를 간절히 바란다.[82]

---

81 『朝鮮日報』, 1931. 7. 19.
82 『朝鮮日報』, 1931. 7. 22.

『조선일보』는 해마다 계몽운동을 마치고 9월에 상경하는 학생[83] 중에 성적이 우수한 자에게는 학자금까지 보조해 주었다. 이와 같이 『조선일보』가 앞장서 전개한 문자보급운동은 사회적으로 상당한 호응을 얻었다. 당시 일선에서 활약한 학생들이나 농촌의 문맹자들이 다같이 이 운동에 참여하였다.[84]

『조선일보』가 전개한 문자보급운동은 1934년 여름방학까지 계속되었다. 귀향학생 문자보급운동의 집계를 보면, 참가 학교는 125교이고, 참가 인원은 4,917명으로 특별반 161명까지 총 인원은 5,078명으로 나타났다.[85]

일제는 『조선일보』·『동아일보』가 추진한 문자보급과 계몽운동을 위한 집회에 대하여, 임의중지(任意中止) 304건(『조선일보』 111건, 『동아일보』 193건)을 내렸고, 기타의 방법으로 간섭, 해산시킨 것이 23건에 달하였다. 그리하여 1935년 여름방학에는 총독부에서 중지령을 내리면서 종막을 고하였다.[86] 이에 『조선일보』는 1935년 12월 21일 한글 교재 10만 부를 발행하여 문맹촌에 골고루 배포하는 방식으로 대응하였다.

『동아일보』에서도 1931년 7월부터 『조선일보』의 방식과 마찬가지로 '브나로드'운동을 벌였다. '브나로드(Vnarod)'는 원래 러시아어로 '민중 속으로'라는 뜻인데 19세기 러시아 지식계급이 노동자·농민 속에 뛰어들

---

83 문자보급반원의 모집은, 중등 이상 남녀학교 학생으로 하기휴가 중 한글 보급에 노력하고자 봉사적(奉仕的) 성의를 가진 이로 규정하고 있다(1931. 7. 22.).

84 1등 10인 매인(每人)에 10원, 2등 20인 매인 5원, 3등 50인 매인 3원, 4등 1백인 매인 『조선일보』 2개월분 구독권 등의 규정을 두어 180명에게 혜택이 돌아가게 되는 관계로 일반 학생들의 열의는 대단하였다(1931. 7. 22.).

85 『朝鮮日報』, 1934. 6. 10.[朴晟義, 「日帝下의 言語·文字政策」, 韓基彦 외, 『日帝의 文化侵奪史』(民衆書館, 1970), 291~293쪽에서 재인용].

86 朝鮮總督府 警務局 保安課, 『高等警察報』 第4號(발행연도 미상), 273~277쪽에 게재된 「諺文新聞社의 啓蒙運動의 狀況」 참조. 일제의 탄압 및 간섭 건수는 같은 책, 279~280쪽의 「啓蒙運動並文字普及運動取締狀況表」 참조.

어 그들과 같이 생활하며 지도하던 민중운동을 뜻한다.

문자보급운동과 결부되어 시작된 민간신문사가 주관한 문자보급운동의 경우 6년간에 걸쳐 연평균 1만 명 이상에게 한글을 깨우쳐 주었다고 보면, 6만 명 이상 약 10만 명이 직접 혜택을 입은 것으로 추산된다. 이는 연 10만 부 이상의 『한글 원본』이 보급되었다고 볼 때, 적어도 상당수의 민중이 교재를 접하였다고 볼 수 있다.

문자보급운동은 단순한 문맹퇴치운동이 아니었다. 문맹을 타파시킴과 동시에 민중계몽활동을 통하여 민족의식을 고취시키려는 운동이었다. 이러한 '기능적 식자(機能的 識者)'[87] 양성 교육은 당대의 사회적 문제를 해결하기 위한 교육개혁운동이었다.

1931년 5월 신간회의 해소로 민중운동은 일단 막을 내린 것으로 일반적으로 알려져 있지만, 문자보급운동은 그 뒤로 3년이나 더 계속되었다. 그것은 민족정신을 함양하는 소중한 계기가 된 점에서 그 의의는 크다고 할 수 있다. 신간회의 기관지인 『조선일보』가 사실상 그 일을 주도했던 점에서 비타협적인 민족운동은 상당 기간 의식적인 문화운동의 모습을 지닐 수 있었다.

---

87 기능적 식자(functional literacy)란 UNESCO에서 주관한 문맹타파운동인데, 이 과정에서 단순한 문맹타파에 그치지 않고 기능인 양성 및 사회의식 고취를 위한 정치의식 함양과 함께하여야 한다는 것이다.

VI
신간회운동의 교육사적 의미

　신간회는 대외적으로는 일본제국주의의 붕괴를 목적으로 하였으며 대내적으로는 일본 식민지로부터의 독립과 민족운동 등의 단결을 꾀하였다. 1920년대 말기는 기한부적인 '문화정치'의 시대로 사회운동이 어느 정도 가능한 분위기였다. 그 기회를 이용하여 한국 민중들은 광범위하게 사회운동을 전개하고 있었다. 그러나 민족부르주아, 즉 민족 엘리트적 지위에 있던 인사들은 일본의 회유책으로 인해 사분오열되어 있었다. 따라서 밑으로부터 일어나는 민족의지를 규합·조직하고, 민족운동의 지도층 내부를 단결시켜 줄 수 있는 새로운 시도가 요청되었다. 일제로부터의 독립이라는 민족사적 과제를 쟁취하고자 탄생된 신간회는 이러한 시대적 요청에 부응하였다.

　1920년대 말기의 교육은 일제가 관할하는 관립학교와 공립학교, 일부 사립학교 및 각종 서당과 사설강습소 등에서 전개되었다. 관립학교와 공립학교가 전적으로 일제의 식민지동화정책을 수행하는 기관이었던 반면, 사립학교와 서당 중 일부는 미래의 독립을 위한 실력 배양의 일환으로 설립된 것도 있었다. 그러나 사학(私學)도 총독부의 허가를 얻어야 설립이 가능하였고 교육과정 구성이나 교원 채용 문제에서 일제의 통제를 받을 수밖에 없었다. 또한 학비 때문에 노동자·농민이나 그 자녀들은 교육 받을 기회를 얻기 어려웠다. 결국 일부 사학이 실력 배양을 통한 독립의 준비를 꾀하였다고는 하지만 그 대상이 한정되어 있었고, 일제의 통제로 인해 민족운동적인 성격을 주장할 수 없었다. 관립·공립학교는 물론 사립학교를 통한 민족의식의 각성이 불가능했기 때문에 형식적 학교교육 외에 민족의식을 불어넣고 민족해방을 꾀할 교육활동이 요청되었다. 식민지배 아래에서 민족운동의 한 형태로서의 교육활동은 합법적 범위를 벗어날 수밖에 없었으며, 민족해방을 위해서는 사회운동 형식으로 이루어질 수밖에 없었다. 바로 여기에서 신간회의 교육사적 의미를 찾아볼 수 있다.

신간회는 민족해방이라는 기본과제의 실현을 목적으로 민중의 의식화를 꾀하는 사회교육적 활동을 벌임으로써 교육사에 몇 가지 의미와 시사점을 남겼다.

1. 교육적 식민주의에 대한 민족적 저항

교육과 사회변동을 관련지어 논하려는 교육사적 입장에서는 교육의 역할을 낙관적으로 평가한다. 교육개혁을 통한 사회개혁과 사회근대화의 선결 조건은 교육근대화를 통한 근대적 인간의 형성이다. 이러한 교육의 역할에 대한 낙관론적 논의에는 사회변동에 대한 발전론적 견해가 전제되어 있다. 발전론적 입장에서는 사회가 일정한 단계를 밟아 발전한다는 진화론적 가정을 전제로 한다. 마치 사람이 어린이에서 성인으로 자라듯이 사회가 단계적으로 성장한다고 보는 것이다.[1] 따라서 후진국가는 선진국가 단계에 이르기 위해 선진국이 거쳐 온 발전 단계를 거쳐야 한다는 결론에 이르게 된다.

두스 산토스(Dos Santos)는 이런 발전론적 논의의 특징을 다음과 같이 밝히고 있다.

① 발전이란 오늘날에 있어 한층 더 발전된 사회를 모델로 하여 인간과 사회 진보의 일정 수준에 부합되게 일련의 일반 목표를 미리 정해 놓고 그것을 향해 전진하는 것을 의미한다고 가정한다.

② 저발전 국가가 어떤 사회적·정치적·문화적·제도적 장애물을 제거하게 되면 발전사회를 향해 진보해 갈 것이라고 가정한다. 이 장애물이란 주로 '전통사회' 또는 '봉건잔재'를 가리킨다.

③ 국가의 자원을 한층 더 합리적인 형태로 동원할 수 있는 어떤 경제적·정치적·심리적 과정들을 구분해 낼 수 있다. 이런 수단들은 계획입안자(計劃立案者)에 의해 목록으로 작성되어 사용될 수 있다고 가정한다.

④ 이에 덧붙여 발전정책을 지속적으로 밀고 나갈 어떤 사회적·정치적 세력을 조정할 필요성이 있다. 따라서 발전의 과업(Work of development)을 수행하도록 여러 다양한 국가들의 국민적 의사를 조직화시킬 이데올로기적 기반이 마련되어야 한다.[2]

발전론에서 후진국은 선진국을 발전모델로 삼는데 그 모델의 설정에 자

---

1 吳甲煥, 『社會의 構造와 變動』(博英社, 1974), 68~69쪽.
2 Theotonio dos Santos, "Dependencia económica y cambio revolucionario en América Latina", Caracas: Nueva Izquierda, 1970; M. Carnoy, op. cit.(1977), 63쪽에서 재인용.

국의 역사적 특수성을 고려하지 않는다. 그러다 보니 후진국의 근대화란 선진국화를 의미하고 결국 비약적인 발전의 가능성을 배제한 채 그저 선진국들이 거쳐 온 과정을 따라가는 상태일 뿐이다. 이 같은 발전론을 표방할 때 선진국의 후진국에 대한 정치·경제·사회·문화적 지배는 후진국에 대한 계몽이란 입장에서 또는 근대화라는 입장에서 합리화될 수 있다. 후진국은 선진국 지향, 즉 서구 지향적 또는 서구 의존적인 제도와 가치체계를 수용할 수밖에 없는 것이다. 여기에서 교육의 역할은 서구 지향적 또는 서구적인 사회의 실현에 있다. 이를 위한 교육의 선결 과제는 근대적인 학교교육의 보급이다. 근대적인 학교교육이란 곧 서구적인 학교제도를 의미하며, 이 학교교육의 목적은 근대적인 인간형, 서구적인 인간형의 형성이라고도 할 수 있다.

종속이론의 입장에서는 서구화를 발전으로 보는 이와 같은 입장을 비판한다. 우선 발전론의 단계적 진화론이 역사적 사실과 부합되지 않는다[3]는 이유에 근거한다. 각 사회 또는 제도는 정해진 단계를 획일적으로 거치는 것이 아니라 각기 특수한 발전 단계를 거쳤음이 역사적인 사실로 증명된 것이다. 따라서 각 사회의 특수성을 고려하지 않고 서구 지향적인 발전 모델을 실현하는 것이 발전을 의미하는 것인지에 대해서 의문이 제기된다. 이러한 의문의 제기는 발전을 인간해방의 실현과 동격으로 놓는 데에서 비롯되었다. 이 의문에 대해서 종속이론은 서구 지향적 모델을 실현하려는 시도가 기본적으로 서구에 대한 종속 상태를 반영하는 것이며 결과적으로 합리화시켜 준다고 비판한다. 결국 서구화·근대화를 목적으로 추진되는 근대적인 학교교육의 보급은 곧 서구적 가치체계와 이데올로기의 보급을 뜻하며 종속 상태 유지를 위한 기반 조성의 의미를 갖는다는 것이다.

---

3 吳甲煥, 앞의 책, 69쪽.

종속적 입장에서 교육을 논할 때, 이러한 학교교육은 식민주의적·제국주의적 제도이다. 이 학교제도의 성격은 누가 그것에 영향을 미치고 누가 그것을 지원하고 통제하는가를 밝힘으로써 드러날 수 있다.[4] 이는 곧 교육의 주체가 누구냐에 따라 교육이 그 주체의 이해관계를 반영하면서 성격과 목적을 달리한다는 것을 뜻한다. 일제 식민지 상황에서 학교교육의 주체는 바로 일제였고, 일제가 학교교육을 통해 실현하고자 하였던 것은 한국민의 황민화(皇民化)였다. 일제의 학교교육은 동화정책을 기본으로 교육적 식민주의를 실현하기 위한 것이었다. 동화정책은 정치적·경제적 식민주의보다도 심층적인 정신적·심리적 식민주의의 실현을 목적으로 한것이며, 곧 조선인 말살정책이 기본노선이었다. 따라서 정치적·경제적 독립을 위한 민족운동과 더불어 민족정신을 각성하고 계승하려는 정신적차원의 민족운동이 함께 요청되었다. 그러나 교육적 식민주의에 대한 민족적 각성과 저항은 교육적 식민주의의 방편인 학교교육을 통해서는 불가능하였다. 따라서 학교교육 외의 다른 교육활동이 요청되었다. 신간회가 벌였던 각종 강연회들은 교육적 식민주의에 대한 민족적 저항의 계기를 마련해 주었다. 특히 신간회의 각 지회는 제국주의적 식민지교육정책에 대한 반대, 조선인 본위의 교육 실시, 관립·사립학교에 대한 경찰 간섭의 금지, 조선 아동의 의무교육제 확립, 야학 허가, 간이문고 설치[5] 등을 주장하였다. 여기에서 민족해방이라는 절대적인 과제를 실현하기 위한 노력 중 하나로 기본적으로 조선인 교육에 대한 일제의 간섭을 거부하고 나아가서 교육적 식민주의에 대한 저항을 보여 주었다. 특히 야학이나 간이문고 등에 대한 주장은 강연회 외에 실질적인 사회교육의 방안을 제시하였다는 점에서 의의가 있다.

---

4 M. Carnoy, op. cit., 40쪽.
5 이 책의 V장 1절의 (5) 신간회 지회의 사회개혁 활동 내용 중 '교육문제' 참조.

신간회의 교육적 식민주의에 대한 저항은 그 자체로 민족교육사적 의미를 갖고 있다. 또한 현대교육 문제를 보는 데 시사점을 준다. 우리의 교육 현실 또한 교육적 식민주의의 방향으로 나아가고 있지 않은가에 대한 검토와 함께 교육을 단지 학교교육의 테두리 안에서만 보려 하고, 학교교육을 사회변동의 독립변수로 보려는 단순화된 인식의 한계를 벗어나야 할 것이다.

2. 민족해방교육

학자들의 논의뿐만 아니라 상식적인 논의에서도 교육에 대한 가장 일반적이며 보편적인 목적으로 자아실현이나 사회발전을 든다. 사회발전에서 교육의 역할에 대한 발전론적 논의의 허구성은 앞에서 언급하였다. 그런데 발전론자들에 따르면, 교육은 또다른 자아실현의 수단이기도 하다. 교육을 받아 자신의 능력을 최대한 계발하고 사회에 기여함으로써 자아실현을 이룰 수 있다는 것이다. 그러나 교육의 성격 및 목적이 교육 주체에 따라 결정되듯이, 교육을 통한 자아실현의 인간상도 교육의 주체에 따라 결정되는 것이다. 일제가 제시한 자아실현의 인간상이란 황민(皇民)이었다. 즉 식민화된 인간의 형성이었다. 식민화된 인간은 억압당하는 현실에서 자기의 발전을 저지당하고 식민지정책으로 인한 정치적인 참여의 통제와 경제적인 분배의 불균형으로 정치·경제적으로 소외될 뿐만 아니라, 민족문화말살정책으로 문화적으로도 소외되는 것이다.[6] 따라서 식민지 상황에서 피식민지인의 진정한 자아실현이란 민족해방을 통해서만 이루

---

6 A. Memmi, "The Colonizer and the Colonized", Boston: Beacon Press, 1965, p.89.

어질 수 있다. 민족해방이란 궁극적으로 인간해방을 뜻한다. 인간해방으로서의 민족해방운동에 대한 프란츠 파농(Frantz Fanon)의 말을 인용하면 다음과 같다.

민족의 주권을 재확립하려는 식민지 백성의 의식적이고 조직적인 노력이 가장 완벽하고 분명한 문화적 표현을 낳게 된다고 우리는 믿는다. 이 투쟁이 성공하고 난 뒤에 문화에 타당성을 주고 활력을 주는 그런 것은 아니다. 이 투쟁 중에 문화는 냉동되어 저장되어 있는 것이 아니다. 이 투쟁 자체가 그 발전 과정의 내적 심화 과정에서 문화의 다양한 길을 개척하고, 이 투쟁에 어울리는 새로운 문화를 찾아낸다. 해방투쟁은 민족문화에 과거의 가치와 형태를 되돌려 주는 것이 아니다.

인간들 간에 근본적으로 다른 관계를 확립하고자 하는 이 투쟁은 민중문화의 형식이나 내용을 그대로 보존시킬 수 없다. 이 투쟁이 끝난 후에는 식민주의만 사라지는 것이 아니고, 이와 함께 식민화된 인간(Colonizedman)도 자취를 감추게 된다.[7]

민족해방운동 자체가 식민화된 인간의 해체 과정을 뜻한다고 볼 수 있다. 식민화된 인간의 해체란 곧 현실을 인식하고 비판적으로 대변하며, 동시에 그 현실을 객관화시키고 거기에 영향을 미칠 수 있는 인간의 형성을 의미한다고 볼 수 있다. 파농의 입장을 빌려 볼 때, 신간회는 이미 그 민족해방운동의 전 과정 자체가 조선인의 식민화를 막으려는 노력이었다. 또한 민족해방운동이 구체적으로는 일제 식민지정책에 대한 저항으로 전개되었으나 궁극적으로는 인간해방을 지향하였다. 이러한 성격은 신간회에

---

7 F. Fanon, "The Wretched of the Earth", New York: Grove Press, 1968, pp.245~246.

서 내세웠던 정치·경제적 권리와 평등의 주장에서, 그리고 모든 사회문제에 대한 언급에서 살펴볼 수 있다. 그러나 특별히 교육적인 측면에서 신간회는 의식화 교육의 일익을 담당하였다. 신간회에서 실시한 독립정신의 고취를 목적으로 한 지방강연회, 노동자·농민·학생들의 비밀결사나 집회, 또는 야학과 문자보급운동 등은 의식화 교육의 한 형태라고 볼 수 있다. 이러한 활동들은 노동자·농민·학생들의 사회운동에 직간접으로 영향을 쳤다. 구체적으로 재만주동포옹호동맹의 결성에 신간회는 큰 역할을 하였다. 재만주동포옹호동맹은 일본의 압정을 피해 만주로 생활의 근거지를 옮겨 간 한인들이 또 다시 일본 세력의 압박으로 생존에 위협을 받게 되자 권리를 주장하기 위해 결성된 것이었다. 만주에 거주하는 한인의 권리를 보호하기 위해 신간회에서는 각 지부별로 재만주동포옹호동맹을 조직하고 강연이나 결의문을 통하여 재만주 한인의 참혹상을 폭로하였다. 각 지회를 통한 재만주 한인의 생존권을 위한 옹호의 소리는 각 지회 활동을 통하여 만주뿐 아니라 조선 내에 급속히 전파되었다. 재만주동포옹호동맹의 결성은 구체적으로는 재만주 한인의 생존권 보장을 추구하였으며, 근본적으로는 민족해방, 나아가서 인간해방을 추구하는 신간회의 기본이념을 반영하는 한 예였다. 이런 기본이념에 기초해서 각 지회가 벌인 활동은 의식화 교육의 일면이라고 볼 수 있다. 의식화를 통한 신간회의 인간해방 시도는 중대한 신간회의 교육사적 의미라고 할 수 있겠다. 따라서 파울로 프레이리(Paulo Freire)의 인간해방교육론에 따르면 이는 인간해방교육의 면모를 지닌다. 프레이리는 진실로 '해방하는 교육'[8]이란 "피압박자들이 자신을 구원하기 위한 투쟁에서 자기 자신이 본보기가 되어야 한다"고 하였다.[9] 즉 자신을 투쟁하는 과정에 직접 참여시켜야 한다는

---

8 Freire, Paulo 저, 成讚星 역, 『페다고지』(한국천주교평신도사도직협의회, 1979), 35쪽.
9 위의 책, 37쪽.

것이다. 그는 피압박자들을 의식화시켜 자신들의 왜곡되지 않은 현실을 비판적으로 인식하도록 하며, 그 의식을 각성시켜 인간해방의 투쟁 과정에 참여하도록 함으로써 혁명이 가능하다고 보았다. 신간회는 인간해방을 위한 전제로써 민족해방 교육을 전개하였다.

3. 민중운동의 민족적 과제 실현

교육문제를 다룰 때 중요한 것은 교육의 주체와 함께 교육의 대상이다. 교육의 대상이 누구인가, 그 대상의 범위는 어디까지인가에 따라 교육 민주화의 정도가 결정되는 것이다.

일제시대의 형식적 학교교육은 우선 교육의 기회 면에서 그 대상이 국한되어 있었다. 학비를 낼 수 없는 노동자·농민들의 자녀들은 학교교육의 기회를 가질 수 없었다. 새뮤얼 볼스(Samuel Bowles)[10]는 학교교육의 기회문제에 대해서 다음과 같이 논하였다. 그는 자본주의의 발달에 따른 대중교육의 문제를 다루면서 자본주의 아래의 학교교육은 주도권을 잡고 있는 자본가에게 좌지우지되며, 학교교육의 불평등한 구조도 자본주의의 구조적 필요에 따라 결정되는 것이라고 보았다. 그는 미국의 학교 발전 문제를 다루면서 미국에서 학교가 발전한 것은 평등화를 추구하려는 노력의 일환이 아니라 오히려 자본가들의 욕구를 채워 줄 훈련되고 능숙한 노동력을 공급하기 위해서이며, 정치적 안정이라는 이해관계 속에서 사회

---

10 S. Bowles, "Unequal Education and the Reproduction of the Social Division of Labor", Review of Radical Political Economics vol. 3, 1971, p.137; Jerome Karabel & A. H. Halsey ed., "Power and Ideology in Education", New York: Oxford University Press, 1977.

적 통제를 위한 메커니즘을 제공하기 위한 것이라고 보았다. 또한 잘 교육받은 능숙한 노동자에 대한 경제적 필요성이 증대되어 감에 따라 수세대에 걸친 학교체계에서의 불평등 현상은 계급구조를 재생산하는 데 점점 더 중요한 요소로 작용하게 되었다고 보았다. 마틴 카노이(Martin Carnoy)는 특히 식민지배 아래에서 학교교육은 한 국가의 지배계층이 다른 한 국가의 국민을 경제적·정치적으로 통제하는 일에 동원되는 도구라고 보았다.[11] 따라서 학교교육의 기회는 정치·경제적 통제가 되는 범위 내에서 제공되었다고 볼 수 있다. 일제의 학교교육 역시 일제의 정치·경제적 이해의 테두리 내에서 실시되었으므로, 일제의 식민지정책을 수행하는 한국 내의 대행자를 길러 내는 역할을 하였다. 한국 내에서 학교에 갈 수 있는 경제적 조건을 갖춘 사람들 중 대부분이 일제의 학교교육을 받음으로써 보다 인정받는 사회적 지위를 얻고자 하였다. 식민지 상황에서 높은 지위를 얻는다는 것은 곧 식민지정책에 깊이 관여하게 된다는 의미였다.

카노이는 식민지 상황 아래에서 학교교육은 본질적으로 그 사회구조를 더욱 강화·유지시키는 역할을 하지만, 민중들은 학교교육을 받음으로써 자신의 시장가치(market worth)를 높일 수 있기 때문에[12] 학교교육의 기회를 보다 많이 갖고자 한다고 하였다. 일제 지배 아래에서 학교교육을 받고자 했던 대다수의 한국인들도 학교교육을 받음으로써 당시 사회의 근본적인 모순을 제거하고 사회를 개혁하겠다는 의지보다는 자신의 시장가치를 높이겠다는 것이 보다 큰 이유로 작용했을 가능성이 있다. 결과적으로 일제의 학교교육은 일제가 의도했던 황민을 길러 내는 데 기여하였다. 그 대상은 주로 일제 식민지 상황에서 어느 정도 혜택을 받고 있던 사람들이었다. 결국 노동자·농민은 식민지 상황에서 불평등한 사회구조로 인해

---

11 M. Carnoy, op. cit., 14쪽.
12 Ibid., pp.16~17.

민족으로부터도 소외당하였다. 따라서 그들은 민족으로부터 소외당하는 문제도 극복해야 한다는 생존적 과제도 안고 있었다. 민족해방운동과 계급투쟁의 두 과제가 함께 해결되어야 했던 것이다. 노동자·농민에게 민족해방과 계급투쟁은 학교교육의 혜택을 받을 수 있었던 계층과 타협적 민족운동을 벌였던 자치파들과는 질적으로 다른 문제였다.

왜냐하면 그것이 곧 생존을 의미했기 때문이다. 신간회는 바로 이러한 민중적 요구를 반영하며 민족해방이라는 공통의 당면 과제를 위해 민중과 민족엘리트로 구성된 자치파와의 규합을 꾀하였다. 결국 민중과 엘리트의 규합으로 범민족적인 민족해방투쟁을 꾀한 것이다. 그러나 보다 중요한 것은 사회운동의 민중적 기반을 형성하는 한 계기가 되었다는 것이다. 사실상 민족엘리트나 민족부르주아는 민족해방이라는 과제가 해결된 뒤에는 민중과 이해관계를 달리하며 새로운 갈등구조를 형성할 소지가 있다. 따라서 해방 후 한국사회에서 볼 수 있듯이, 민족부르주아들이 자신의 정치·경제적 이해를 위해 민중을 다시 소외시킬 때 민중은 다시 한번 투쟁해야 하는데 만약 민중운동이 단절된다면 해방 후의 사회문제 해결의 기반을 제거하는 셈이 되는 것이다. 그런데 신간회는 민중운동에 직간접적으로 관여함으로써 민중운동의 기반을 형성하는 데 기여하였다. 신간회는 원산총파업과 같은 대대적인 노동운동이나 농민연합회 또는 학생들의 비밀결사 등에 직접적으로 관여하여 강연회 등을 통해 민중들의 민족의식을 고취시킴으로써 민중운동의 촉진제 구실을 하였다.

교육적 식민주의에 대한 저항, 인간해방교육의 구현, 민중운동에 의한 민족적 과제(교육적 과제)의 실현 등 신간회가 갖는 교육적 의미는 신간회가 기본적으로 민족해방이라는 현실적인 과제를 전 민족적인 차원에서 수행하려 했다는 데에서 찾을 수 있다. 특히 교육에서는 조선인 본위의 교육을 주장하며 교육의 주체성을 구체적으로 강조하였다는 점에서 신간회가 갖는 교육사적 의미는 간과할 수 없는 것이다.

4. 문화적 단절의 극복

반만년의 유구한 역사를 갖고 있는 한민족은 식민지배라는 민족적 현실 앞에서 최대의 문화적 위기에 처하였다. 비록 일제의 계획적인 침략에 한민족이 아무 저항 없이 일제에 굴복한 것은 아니었지만, 현실은 냉혹하여 일제에게 국권을 피탈당하고 말았다. 일제는 문화적 회유책이자 한민족을 동화시키는 방책으로 한국의 역사를 왜곡하고, 언어를 말살하는 정책을 실시하였다. 이에 대응하여 단재 신채호는 민족사관의 정립을 부르짖고, 주시경은 한글운동을 전개하였다.

문자보급운동은 이러한 맥락에서 일제가 금하고 있는 한글을 한민족에게 보급시켰다는 점에서 의의가 있다. 언어란 인간의 사회적 관계의 반영이며 인간은 언어로써 의미 있게 세계를 소유할 수 있다.[13] 일본어로 사회화된 아동들은 식민화된 현실을 의식하지 않고 받아들이게 된다. 식민화된 교육을 통해 엘리트가 된 사람들은 민족의 현실을 올바로 파악하지 못하게 된다. 그리하여 교육받은 엘리트는 민족 엘리트와 매판적 엘리트로 분열되며 한민족에 의한 한민족의 착취는 일제의 그것보다 더 악랄하게 되었다.

실제로 일본의 대한 교육정책의 목표는 한국민을 황민화된 저급한 식민지 노동자로 양성하려는 것이었으며, 교육은 당시 식민지배 아래에서 한국인이 출세할 수 있는 유일한 통로였다. 그러나 일부 학생들은 교육을 받

---

13 프란츠 파농 저, 김남주 역, 『자기의 땅에서 유배당한 者들』(靑史, 1978), 19쪽.

으면서도 민족적 현실을 결코 외면하지 않았다. 지하의 독서회를 통한 민족의식 고취와 학교 내의 맹휴, 6·10 만세운동 및 광주학생운동 등이 그것이다. 비록 식민화교육을 받고 있던 상황이기는 하였지만, 특별활동을 통해 민족 현실 타개의 길을 제시하였던 것이다. 이러한 학생들이 주축이 되어 전개한 문자보급운동은 1928년 조선일보사에서 시작하였으며, 1931년 동아일보사도 브나로드운동을 전개함으로써 합세하였다.

1920년대에는 전 국민의 2할만이 보통학교교육을 받았다. 문맹률도 그에 상응하여 매우 높았다. 문맹자가 많아서 독립운동을 못한 것은 아니었지만, 한글운동 자체가 반(反)식민지운동이었던 당시의 상황에서 문자보급운동은 단순한 문맹타파 그 이상의 의미를 갖고 있었다. 민족독립사상이 순수한 학생들에 의해 문자보급운동을 통하여 농촌으로 확산되어 민족의 정기가 끊이지 않고 민중의 마음속에 남게 되었다. 민중들은 원산총파업의 실패와 광주학생운동의 실패로 좌절하였고, 1930년대에 들어서면서 일제는 만주사변을 일으키기 위해 전시체제에 돌입한다. 이런 상황 속에서 무기력해지고, 패배주의적 상황에 처한 민중에게 힘을 북돋우고 단절된 민족사의 맥을 잇기 위한 학생들의 문자보급운동은 실로 그 역할이 컸다.

VII

결론

한국교육의 이념문제를 좌우하는 외래의 영향을 고려해 볼 때, 우리는 일본과 미국의 대한 교육정책을 생각하지 않을 수 없다. 끊임없이 외세의 침략을 받아오던 조선은 개항 이후 끝내는 일본의 식민지배를 받는 운명을 맞이하였다. 또한 식민지배 35년이 종결된 이후에도 독립적으로 민족의 여러 문제를 해결하지 못하고 냉전이라는 국제 정치에 휘말려 또다시 미국의 영향권 아래 들어가고 말았다.

이렇듯 외세의 영향과 내부의 저항이라는 과정이 끊임없이 교차되던 한국의 역사에서 이 책은 특히 일제의 침탈이 본격적으로 이루어지고 있던 시기인 1920년대 후반의 신간회 운동을 규명하였다.

신간회는 일제 식민지배로부터 독립을 쟁취하기 위하여 민족주의 좌파와 사회주의자가 제휴하여 밑으로부터 성장해 온 민중운동을 규합·조직하고, 민족부르주아층을 일치단결시켜 민족단일전선을 이루고자 했던 모임이다.

사상적으로나 실천적으로나 도저히 결합될 수 없는 두 사상 조류가 연합하였다는 것은 분명 우리 민족운동사에서 의미 있는 진전이었다. 이것은 또한 교육사적으로도 의미 있는 역사적 사건이었다. 교육의 목적은 시대와 장소에 따라 구체적으로 설정되는 것으로, 식민지 상황에서의 교육 목적은 마땅히 반(反)식민화, 즉 민족독립이어야 하기 때문이다. 그러나 제도적 교육은 그것이 식민화교육(=관립학교)이든 민족교육이든 「조선교육령」에 의거해야 함으로써 황민화가 교육 목적일 수밖에 없었다. 그러므로 이런 제도적 교육에 항거한 민족 자존의 노력은 민족운동을 통해서 구현될 수 있는 것이었다. 교육 영역에서의 학생운동·청년운동은 학교교육의 모순을 타개하고자 전개한 사회운동이었다.

신간회는 그 시기의 각종 민족운동을 주도한 단체였다. 간부진은 지방 강연회 등을 통하여 민족의식을 고취시키고 1929년부터 시작된 문자보급활동을 통하여 민중을 문화적으로 각성시키는 등 각종 중요한 사회활동을 전개하기도 하였다. 이러한 활동을 통하여 본 신간회의 성격은 다음과 같이 정리할 수 있다.

첫째, 신간회는 반식민화, 즉 민족독립을 쟁취하기 위해 결성한 반일민족 독립운동단체였다. 둘째, 신간회는 궁극적 목적을 위해 사상과 이념을 달리하는 민족주의 노선과 사회주의 노선이 전술적으로 결합한 이념적 '사회·민족주의' 단체였다. 그것은 분단시대가 안고 있는 역사적 과제인 통일에 실마리를 제공해 주는 이념이다. 통일 후 수립될 민족국가의 형태와 담당 주체의 설정 문제와 긴밀히 연결될 수 있을 것이다. 셋째, 신간회 지회 활동에서는 사회주의적 성격이 강하였으나, 중앙의 활동에서는 민족주의 계열과 사회주의 계열 간에 주도권 싸움이 일어났다. 그 결과 각 지회에서는 중앙을 불신하게 됨으로써 결국 중앙과 지회 간의 노선 차이가 신간회 해소의 한 원인이 되었다. 넷째, 조선일보사가 주도한 문맹퇴치운동은 신간회의 주된 활동은 아니었지만, 당시 신간회와 『조선일보』 간의 관계로 미루어 보아 신간회의 하위 활동으로 간주할 수 있다. 문맹퇴치운동은 학생들의 주도로 진행되었고 신간회 특별조직인 학생부 소속 학생들의 주도 아래 전국적으로 퍼져 나간 것을 볼 때 신간회의 민중계몽의식이 발현한 활동이었다.

신간회 활동은 각 지회가 중심이 되어 벌인 운동으로 지역의 특수성이 많이 반영되어 나타났다. 생존 투쟁을 정치투쟁의 차원으로까지 승화시키기 위해 각 지회의 신간회 회원들이 직접 개입하였다. 노동쟁의나 소작쟁의의 배후 인물들이 거의 신간회 회원으로 판명됨으로써 일제의 감시를 더욱 받게 되었다. 이렇듯 신간회가 민족운동을 규합·조직하게 되자, 민족운동 진영을 분열시킬 의도로 신간회를 허가해 준 일제는 차츰 심한 탄압을 하게 되었다.

신간회의 각종 활동과 제시한 안건을 분류·분석해 보면 정치문제·경제문제·교육문제·사회문제로 나눌 수 있다. 그중 특히 교육활동을 살펴보면 다음과 같다. 각종 야학의 설립에 관한 건, 조선 아동의 의무교육제 확립에 관한 건, 학생 맹휴에 관한 건, 도서관 설치 및 간이문고 설치에 관한 건, 순회 강좌 개최에 관한 건, 한글 강좌 개최에 관한 건, 무산아동 교육에 관한 건, 학생 사회과학 연구의 자유 및 학생자치제 실시에 관한 건, 대중교육에 관한 건, 모든 교육의 조선인 본위 및 조선어 사용에 관한 건, 관립·사립학교에 대한 경찰 간섭의 금지, 민간 학교기관에 대한 허가제의 폐지, 수업료에 관한 건 등 실로 무수한 교육운동을 벌임으로써 식민화교육에 저항하는 민족의 자세를 드러내었다.

신간회의 교육활동은 교육문제를 드러낼 뿐만 아니라 그 해결 방안을 위한 민족운동의 당위성을 밝혀 주고 있다. 여기에서 신간회의 교육사적 의미를 추출할 수 있다.

첫째, 기존의 교육사에서는 교육이 독립적으로 존재한다고 보았으나 신간회는 학교교육이란 사회변동의 종속변인(從屬變因)으로서 기존 사회를 강화해 줄 뿐이라고 여겼다. 실력배양운동의 일환으로 많은 사립학교가 생겨났지만 이것 역시 「조선교육령」의 한계를 벗어날 수 없었다. 따라서 신간회는 학교교육을 통해 강화하려는 일제의 교육적 식민주의를 극복하고자 하는 민족의 저항 단체였다.

둘째, 학교교육의 기능은 자아실현·사회화·인간해방으로 대별할 수 있다. 이 세 기능은 서로 분리시켜 생각할 수 없는 것이다. 일제 식민지배 아래에서의 학교교육은 한민족을 황민화하려는 것이었다. 개인의 자아실현보다는 저급한 노동력으로서의 기능적 인간 양성이 목적이었다. 사회 발전의 핵심을 인간의 사회화가 아닌 황국신민화된 개인으로서의 사회화에 두었다. 또한 사회적 모순을 극복하기 위한 인간해방적 교육이 아니었다. 따라서 이러한 일제의 학교교육을 비판하는 신간회의 교육활동은 사회적 모순을 규명하고 극복하는 것으로서 인간해방교육으로 볼 수 있다.

셋째, 신간회는 민족적 과제를 실현하는 것이 소수의 민족 엘리트에 의해서가 아니라 민중의 힘에 의해 가능하다고 확신하였다. 그 결과 교육 대상을 학교교육에 국한하지 않고, 전 민족으로 확대하였다. 민중을 한 장소로 끌어들인 것이 아니라 민중이 있는 곳, 삶의 현실로 뛰어들어 민족적 과제를 실현하기 위하여 노력하였다. 이러한 탈(脫)학교적 신간회의 교육활동에서는 민족의 과제가 교육적 과제로 이행된 것이었다.

넷째, 한 국가가 다른 국가를 식민화하려고 할 때 언어는 중요한 동화 수단이 된다. 일제도 한국을 식민화할 때 언어말살정책을 전개하였다. 그 결과 일어가 국어로 되었고, 조선어는 외국어로 되었다. 이러한 시대 상황에서 한국인의 한글운동은 반식민화운동의 핵이 된다. 신간회에 많은 영향을 준 조선일보사가 주도한 문자보급운동은 조선어학회와도 관련이 있는 사건으로 민족계몽에 상당한 영향을 주었다. 신간회의 학생부가 주축이 되어 전국적으로 전개한 문자보급운동은 민족문화의 위기 상황에서 민족 정기의 근원이 되는 한글을 보급함으로써 민족문화의 단절을 극복하였다.

신간회는 교육사적 과제와 민족사적 과제를 일치시킨 사회운동으로 그 역사적 의미가 있다. 비록 신간회가 1931년 해소 선언을 함으로써 단기적으로 실패하였지만 신간회 활동이 남긴 정신사적 의의는 지대하였다. 해방 직전 조선건국준비위원회(朝鮮建國準備委員會)의 좌우합작운동과 해방 후 김구(金九)의 좌우합작선언이 대표적이다. 특히 지금과 같은 신냉전 시대에 분단 상황에 처해 있는 민족적 현실에서는 상호 배타적이고 적대적인 이념 운동이 필요한 것이 아니라 민족적 차원에서의 평화적 통일을 지향하는 이념 운동이 필요한 것이다. 해방 후 통일정책이 민족사적 과제를 실현하는 데 도움을 주었다기보다는 민족문제의 본질을 파악하는 데 힘을 덜 기울였다고 볼 수 있다. 이 시점에서 우리의 교육이념은 어떤 점을 개혁해야 하며, 교육내용은 어떤 것들로 구성해야 할지는 시대적 상황을 올바르게 조명함으로써 찾을 수 있을 것이다. 해방 후 한국 교육의 이념이 탈식민지라는 시대적 과제를 완전히 해결하였는지, 지금의 시대 상황에서 최대의 민족적 과제는 무엇이며 그것과 교육적 과제가 일치하는지는 반드시 규명해야 할 문제이다.

이승복李昇馥
(1895~1978)
관련 신문 및 잡지 기사

연도	월일	신문 및 잡지	기사 제목	해제
1923	07. 11.	동아일보	新思想研究會 새로얼그되엿다	신사상연구회 발족 기사. 이것는 경성 낙원동 137. 강습과 토론 활동 및 도서 잡지 간행을 예정하고 있다. 발기인 명단에 이승복이 포함되어 있다.
1925	01. 28.	동아일보	『火花社』發起	각자의 주의자(主義者) 10여 명이 발기하여 '화화사'를 조직하였다는 기사. 사상운동잡지 『화화』 발행을 준비하는 한편, 동인잡지, 부인잡지, 패플릿, 리플릿, 맑스주의-레닌주의 연구잡지 등을 간행할 예정임을 밝혔다. 사무소는 경성 낙원동 137. 발기인 명단에 이승복이 포함되어 있다.
1926	02. 01.	동아일보	盧伯麟氏追悼會	재일 노백린의 추도회 개최를 알리는 기사. 2월 3일 오후 4시부터 중앙기독교청년회관에서 개최. 사회자 권동진, 주도사 낭독 안재홍, 약력 윤치성. 총 37인이 발기인 명단에 이승복이 포함되어 있다.
	02. 01.	시대일보	盧伯麟氏追悼會	재일 노백린의 이전 시기 및 사회 유지들이 고인을 추모 애도하기 위해 3일 오후 4시 중앙기독교청년회관에서 추도회를 개최할 것이라는 기사. 주도회 순서와 발기인 명단이 기록되어 있다. 발기인 명단에 이승복이 포함되어 있다.
	02. 20.	동아일보	印度青年歡迎招待宴	자전거로 세계일주 중인 인도 청년 2인이 입경하여 시내 유지들이 초대회를 발기하였다는 기사. 2월 20일 오후 6시 남대문통 식도원(食道園)에서 개최. 회비 2원(당일 지참). 발기인 명단에 이승복이 포함되어 있다. ※ 원문에는 李承復으로 오기되어 있다.

날짜	출처	제목	내용
03. 01.	개벽 제66호	社會運動團體의 現況, —團體·綱領·事業·人物—	사회운동단체 중 중요하다고 선정된 단체들을 소개하는 기사. 여러 단체를 사상운동단체, 연합단체, 개별단체로 나누어 소개하고 있다. 사상운동단체 중 하나인 화요회(火曜會)의 집행위원 목록에 이승복이 포함되어 있다.
09. 30.	동아일보	團體와 集會	대검거의 바람으로 조선사회운동이 침체한 와중에 진영 정돈을 위해 28일 경운동 96번지에서 정우회 집행위원회를 소집하여 위원보결선거와 회무 정리 및 구면 수습 토의를 진행하였다는 기사. 28일 보선된 위원 중 이승복이 포함되어 있다.
11. 06.	동아일보	正友會新陳容	진용을 일신해 오던 정우회가 11월 3일 오후 3시부터 경운동 96번지 정우회 회관에서 상무집행위원회를 열어 위원 임명 및 신정책 수립을 실시하고 선언서를 발표하기로 하였다는 기사. 서무부, 조사부, 회계부, 연구부에 각각 사무분장위원을 임명하였으며, 연구부 사무분장위원에 이승복이 포함되어 있다.
1927 01. 20.	동아일보	民族主義로 發起된 新幹會綱領發表	민주주의를 표방한 신간회에서 발기인 28인 연명으로 3개조 강령을 발표하였으며, 실제 정책과 사업은 2월 15일 열릴 열릴창립총회에서 결정할 예정이라는 기사. 발기인 명단에 이승복이 포함되어 있다. 기사에 수록된 3개조 강령은 다음과 같다. " 一. 우리는 政治的經濟的 覺醒을 促進함 一. 우리는 團結을 鞏固히함 一. 우리는 機會主義를 一切否認함"

연도	월일	신문 및 잡지	기사 제목	해제
1927	02. 17.	동아일보	各地支部設置	신간회 규약의 대강을 소개하는 기사. 경성에 본부, 각 지방에 지부를 두고 회원으로는 20세 이상의 조선인 남녀 중 신간회 강령을 승인하는 자로 하되, 20세 이하 학생에 대해서는 따로 학생부를 두기로 하였다. 또한 서무부, 재무부, 출판부, 정치문화부, 조사연구부, 조직부, 선전부 7개 부를 두기로 하고 간사를 임명함. 선전부 중무간사 명단에 이승복이 포함되어 있다.
	02. 23.	동아일보	團體와集會	신간회가 2월 21일 오후 8시 관수동 회관에서 중무간사회를 열고 임원을 선정하였다는 기사. 서무부 권태석, 재무부 박동완, 정치문화부 신석우, 조사연구부 안재홍, 출판부 최선익, 조직부 홍명희, 선전부 이승복.
	02. 24.	신한민보	민족주의로 발기된 신간회 강령의 발표	신간회 발기인 28인 연명으로 1월 19일에 3개조 강령을 발표하였으며, 실제 정세과 시문은 2월 15일 열릴 창립총회에서 결정할 예정이라는 기사. 발기인 명단에 이승복이 포함되어 있다. 동아일보 1927년 1월 20일 기사와 거의 같은 내용이나 순한글로 기록되었다는 점이 특징이다. 신한민보 기사에 순한글로 수록된 3개조 강령은 다음과 같다. 一. 우리는 정티뎍 경제뎍 각셩을 촉진함 二. 우리는 단톄뎍 공고히함 三. 우리는 기회 쥬의를 일졀 부인함"
	04. 02.	동아일보	故月南先生葬儀彙報 葬日은四月七日	월남 이상재의 장례식과 관련한 사항을 열거한 기사. 9일장으로 거행되어 4월 7일 받인할 예정이며 70여 단체의 주최로 사회장으로 거행 예정. 장의사무소는 사회장본부(수표정 42번지 교육협회), 종로중앙청년회, 제동 68번지

238

날짜	신문	표제	내용
			이상재 저택 3곳. 3월 30일 오전 10시부터 교육협회에서 사회장을 위한 집행위원 회의를 개최하고 오후 5시 발기인총회를 열어 장의위원에게 사무를 위임하였다. 이 중 일반위원 명단에 이승복이 포함되어 있다. 동아일보 1927년 4월 1일부터 6일까지 매일 고월남선생장의회보故月南先生葬儀彙報 제하의 기사가 수록되었다.
10. 02.	동아일보	地方■(執+…, 표기불가)團體排斥	신간회 제3회 간사회를 9월 29일 오후 7시 30분 관수동 회관에서 개최하였다는 기사. 간사 24명의 회합으로 중무간사 이승복의 사표 불수리 및 구두 일부 개정을 결의하였다. 또한 민족단일당정신에 배치되는 이유로 영남친목회, 호남우회 및 오성구락부 등의 지역적 단체에 대한 철저 배격을 결의하였다. ※ 원문에 李昇復으로 오기되어 있다.
11. 07.	동아일보	新幹會本部에서 次期大會準備코자 준비위원회를 개최하고 各部署를決定	11월 5일 오후 7시에 대서관(大西館)에서 신간회 자기정기대회 개최를 위한 제1회 준비위원회를 열고 홍명희의 사회로 각 부서를 편성하였다는 기사. 서무부 부원 명단에 이승복이 포함되어 있다.
11. 19.	동아일보	新幹禮山支會 十四日에組織	신간회 예산지회 결성 기사. 14일 오후 3시에 예산예배당에서 설립대회를 열고 지회장, 부회장 및 간사 15인을 선출하였다. 신간회 본부, 경성지회, 안성지회, 홍성지회에서 내빈이 참여하였으며, 본부에서 파견된 내빈으로 이권용, 이승복, 권태식, 최선익이 언급되었다. ※ 원문에 李昇復으로 오기되어 있다.

연도	월일	신문 및 잡지	기사 제목	해제
1927	11. 22.	동아일보	共産黨開廷以來 寢食을잇고奮鬪	조선공산당사건에 도움을 주는 등 조선 내 문제에 도움을 주었던 일본 노동 농민당 특파변호사 후루야 사다오(古屋貞雄)가 건나가게 돼다 사 회 유지들이 송별회를 주최하고자 한다는 기사. 11월 23일 오후 7시 돈의동 명월관 본점에서 시행. 회비 1원(당일 지참). 발기인 명단에 이승복이 포함되 어 있다.
1928	06. 18.	동아일보	朝鮮教育協會에서 定期總會開催	6월 15일 오후 4시 수표정 42번지 교육협회관에서 조선교육협회 제2회 정 기총회가 개최되었다는 기사. 결산보고 후 농민 노동자의 야학 또는 강습에 사용할 교과서 출판과 정성 중심으로 잡지 혹은 정기강좌를 개최할 것을 가결 하고 새 임원을 선거하였다. 평의원 선출시 명단에 이승복이 포함되어 있다.
	08. 05.	동아일보	新幹會幹事 六氏가 辭任	8월 3일 오후 9시 신간회본부에서 간사회를 열어 간사 및 중무간사의 사임과 보선이 있었다는 기사. 중무간사 신석우, 이승복 및 간사 한기악, 홍성희, 장 지영, 안석주 등 6명이 사임하였다. 중무간사에는 이익, 이정희가 보선되고 간사 보선은 대화까지 보류되었다.
1930	01. 11.	삼천리 제4호	人材巡禮(第一編), 新聞社側	인제 순례 기획의 첫 기사로 조선일보, 동아일보, 중외일보 각 신문사의 인물 들 다수를 함께 열거하고 있다. 이승복은 영업국의 인물로 언급되고 있다.
1931	04. 10.	동아일보	取引停止	경성부 견지동 111번지에 대한 이승복의 상거래 정지 공지 기사. ※ 견지동 111번지는 조선일보 구 사옥이 위치하다.
	04. 14.	동아일보	取引停止	경성부 익선동 5번지에 대한 이승복의 상거래 정지 공지 기사. ※ 인물에는 李承馥으로 오기되어 있다.

09. 01.	삼천리 제3권 제9호	三千里「壁新聞」第4號	주요 신문의 출자 현황을 다룬 글. 해당 단락은 다음과 같다. "잇단 消息通의 調査에 의하면 東亞日報에는 約35만원이 投資되엿고 朝鮮日報에는 約60만원이 投資되엿고 中外日報에도 35만원이 投資消費되얏다는 說이 잇다. 東亞日報는 金性洙系의 出資가 大部分이오 朝鮮日報는 申錫雨氏 15만원, 曺俊鉉氏 18만원, 李昇馥氏 15만원, 安在鴻氏 8만원, 崔善益氏 20만원, 白寬基氏系로 朴有鎭氏 各 만원 中外日報는 李柏植氏系로 15만원 等이라 한다."
10. 01.	별건곤 제44호	新舊 兩幹部의 勢力戰으로 問題 만흔 朝鮮日報社	조선일보 신구파 간 갈등으로 내홍을 겪고 있다 하여 그 상황을 적은 글. 신석우를 중심으로 최선익 등이 신파로, 이승복을 중심으로 안재홍, 한기악 등이 구파로 분류되어 있으며, 양 파별 중심인물(有功人物)이 된 신석우와 이승복이 있는 것을 하여 신문사의 양대 유공인물로 서술하고 있다. 한데 최선익 측이 원고가 되어 안재홍-이승복 등과 진행한 조선일보 사옥 명도 소송 또한 이러한 배경에서 일어난 중돌로 주장하고 있다. ※ 원문에는 李承馥으로 오기되어 있다.
12. 01.	동광 제28호	三新聞의 陣營	동아일보, 조선일보, 매일신보의 주요 인사 목록을 나열한 기사. 이승복은 조선일보의 이사 겸 영업국장으로 기록되어 있다.

연도	월일	신문 및 잡지	기사 제목	해제
1931	12. 01.	동광 제28호	「朝鮮新聞史, 思想變遷을 中心으로」	19세기 말부터 조선에서 발행된 신문들의 역사를 1910년을 기준으로 크게 두 시기로 나누어 설명하는 기사. 이승복은 조선일보 역사 및 현황 설명에서 영업국장으로 언급되고 있으며, 해당 단락은 다음과 같다. "朝政難으로 因하야 今春에 申錫雨氏가 辭職하고 安在鴻氏가 社長이 된 後 그래도 經難이 없지 않은 가운데 걸음이 생겨서 아직까지 繼續하는 중이라 하니 多難한 朝鮮 新聞界에 그 무슨 多難을 兼한 일이요. 現在의 安在鴻氏, 編輯局長 韓基岳氏, 營業局長 李昇馥氏. 東亞日報에 잇어서나 主義主張에 잇어서나 東亞日報와 함께 現 朝鮮 新聞界의 雙壁이다."
	12. 27.	동광 제29호	「新聞戰線總動員, 「大合同日報」의 幹部公選, 萬一朝鮮文 3新聞이 다 解消하고 一大理想 新聞이 出現한다면…」	현재 조선의 3개 신문이 전부 해산하고 「대합동일보」가 나타난다는 가정을 바탕으로 하여, 해당 신문의 간부진을 각 신문사의 대상 투표를 통해 가상으로 설정해 본 결과를 게재한 기사. 이승복은 신문 관계자로 구성된 내각에서 양원모와 함께 영업국장 적임자 최고득점자로 선출되었다. 한편 판매부장 적임자로서도 소수 득표하였다. ※ 원문에는 李昇馥으로 오기되어 있다.
1932	03. 13. 석간	중앙일보	「朝鮮日報幹部 等을 橫領嫌疑로 拘引取調」	경기도 경찰부 형사과에서 3월 10일 오후부터 조선일보사 사장 안재홍, 영업국장 이승복을 소환하여 취조 후, 유치장에 유치하여 두고 계속 취조 중이라는 기사. 해당 취조가 조선일보사에서 취급하던 재만동포 구제의연금의

날짜	신문	제목	내용
			횡령 소비 혐의로 인한 것이라고 서술하고, 관련 인사의 반응을 취재하여 수록하고 있다. -재만동포문제협의회 상무이사 홍종우: 사실이라면 중대한 문제라고 언급. -경기도경찰부 노무라(野村) 형사과장: 안재홍, 이승복을 유지한 것은 사실이나 취조를 마치기 전까지는 어떠하다고 미리 말할 수 없다고 언급. -조선일보편집국장대리 이선근: 별일은 없을 것이라 예상한다고 언급.
03. 14. 석간	중앙일보	安忙長은釋放코取調는進行	만주과난동포 구제의연금 1만여 원 소비사건과 관련된 취조가 경기도 경찰부에서 계속되고 있다는 기사. 조선일보 사장 안재홍은 3월 12일 자로 석방되어 불구속 취조 진행 예정이며, 영업국장 이승복은 여전히 구속 취조 중이라는 내용이다.
03. 17. 석간	중앙일보	朝鮮日報幹部等이게 關係된 同胞救金消費 事件과嫌論	안재홍, 이승복의 재만동포구제금소비사건과 관련된 연재 기사. 경성의 전 조선농민조합본부에서 3월 16일 자로 규단 성명을 발표하였다는 내용과 함께 해당 성명서를 게재하였으며, 한편 경기도 경찰부 형사과에서 안재홍, 이 승복을 불구속 취조 중이고 취조를 마치는 대로 검사국으로 송치할 것이라는 내용을 담고 있다.
03. 19. 석간	중앙일보	朝鮮日報幹部等이게 關係된 同胞救金消費 事件과嫌論	안재홍, 이승복의 재만동포구제금소비사건과 관련된 연재 기사. 재만동포구 제금소비사건 내용강구회의 2일 차가 3월 17일 종로 3정목 신간회관에서 속 행되었다는 내용이다. 경찰당의 간섭이 심하여 비밀회의로 진행하고 회의 후 모종의 결의를 하였으나, 경찰당국이 발표를 금지하여 실행 또한 금지될 것 이라고 예상하고 있다는 내용이다.

연도	월일	신문 및 잡지	기사 제목	해제
1932	03. 21. 석간	중앙일보	朝鮮日報幹部等에게 關係된 同胞救金消費 事件과의 輿論	안재홍, 이승복의 재만동포구제금소비사건과 관련된 연작 기사. 3월 18일 오후 1시부터 각계의 유지들이 모여 조선일보사 배신사건 조사회(朝鮮日報社 背信事件調査會)를 열고 대책을 강구한 결과 3개 항의 결의사항을 발표하였으며, 근일 간 비판연설회를 열기로 한 뒤 산회하였다는 내용이다.
	03. 24. 석간	중앙일보	朝鮮日報=背信事件 送局	재만동포구제금소비사건으로 경기도 경찰부 형사과의 취조를 받던 안재홍, 이승복에 대해서 횡령죄를 적용하여 22일 오후 3시 관련 서류를 경성지방법원 검사국으로 넘겼다는 기사.
	05. 01.	삼천리 제4권 제5호	春宵夜話	김성수가 보성전문학교를 대행으로 만들려 한다는 풍설과 조선일보와 중앙일보의 다툼에 대한 풍설을 적은 글. 만주 구조금 문제로 조선일보 사장 안재홍과 영업국장 이승복이 경찰에 구인된 것을 중앙일보가 다른 신문과 달리 유독 연일 대서특필한 것을 지적하고 그 원인을 추측하고 있다.
	05. 14.	동아일보	金燦豫審終結決定書 內容 (四)	사회주의 운동가 김찬의 예심종결정서 내용 일부를 게재한 기사. 여러 사상 관련 조직들의 결성 및 운영에 관한 힘을 나열하고 있다. 결정서 내용 중 대정 12년(1923) 김찬과 박일병 등이 신사상연구회를 조직할 때 함께한 인물들 중 하나로 이승복이 개명되고 있다.
	05. 20.	제일선 제2권 제5호	朝鮮日報의 李昇馥	한남생(漢南生)이 작성한 기사. ※ 현재 국사편찬위원회 한국사데이터베이스 '한국근현대잡지자료'에서 제목만 확인이 가능하다.

06. 01.	별건곤 제52호	그가 新聞社長이 되기까지	동아일보 사장 송진우, 조선일보 사장 유진태, 중앙일보 사장 노정일을 대상으로 각각의 인물이 해당 신문사의 사장에 오르기까지의 과정을 정리한 글. 이전까지 신문업과 관련이 없던 유진태가 조선일보 사장직에 오를 수 있었던 것은 조선일보 내부의 간부 제조직 필요와 아울러 이승복의 안팎으로 수완을 발휘한 결과로 서술되어 있다.
06. 01.	별건곤 제52호	朝鮮日報問題를 싸고 도는 閔泳徽家 父子 破産과 劒鑛泰氏 被訴事件 公開	민영휘의 사자(嗣子) 민형식이 파산선고를 당하고, 그 장자 민병주가 파산선고에 대하여 쌍방의 말을 종합하여 정리한 글. 조선일보가 경영난에 봉착하였던 시기에 이승복의 부탁으로 유진태가 자금을 주선하는 과정에서 민형식에게 수속어음을 발행하게 한 것이 사건의 발단이었던 것으로 서술되어 있다. 부기(附記)에 따르면 중계를 본인과 민 씨가에 대한 파산청구소송이 취하되면서 민 씨도 유진태에 대한 고소를 취하하여 사건이 정리된 것으로 되어 있다.
06. 05.	동아일보	朝鮮日報 發行權問題와 事件關係者의 主張	조선일보사 대표 안재홍이 조선일보를 떠나고 5월 30일부로 편집 겸 발행권이 임경래에게로 넘어가고 조선일보와 사원과 기사들이 이에 반발하여 사내 분규가 일어난 사건과 관련하여 주요 관계자의 주장을 수록한 기사. - 상무이사 한기악: 안재홍이 임경래에게 명의를 이전해 준다고 했다는 임경래의 주장은 허설이며, 이승복도 명의를 정식으로 넘길 때는 본인과 면담해야 한다는 조건을 붙였었다는 것을 주장하면서 관련 증거들을 내놓음. - 임경래: 처음 주장할 때부터 이승복 등과 안재홍이 승낙하였고 있었으며 안재홍도 승낙하였으므로 두 사람이 조선일보 경영에서 떠난 지금은 본인이 경영자가 되는 것이 당연하다고 주장함.

연도	월일	신문 및 잡지	기사 제목	해제
1932				- 경무국 도서과장 시미즈 시게오(清水重夫): 사장 안재홍과 영업국장 이승복이 편집 겸 발행권을 임경래에게 넘긴다는 공정증서(公正證書)를 구했으며, 경기도 경찰부를 통해 옥중의 두 사람에게 방문 문의하였더니 임경래에게 넘기는 것을 승낙하였으므로 넘겼다고 주장함. 조선일보사 사원 임동수는 임경래의 발행권 취득을 반대하여 조선일보사 사원회를 조직하였으며, 6일 오후 7시부터 종로 기독교청년회관에서 조선일보사건 진상 보고 비판연설회를 개최하기로 결정함.
	07.01.	별건곤 제53호	朝鮮日報大騷動眞相	임경래가 발행인 명의를 가지고 한기악과 대립하던 당시 조선일보 내의 내홍에 대한 글. 이승복과 임경래가 공동전선을 취하여 신석우에게 대항하였고 안제호과 이승복이 수감된 이후 남은 이들이 유진태를 사장으로 추대하였다고 주장하고 있다. ※ 1933년 8월 31일 자 조선중앙일보 기사나 별건곤 제52호(6월호, 1932년 6월 1일 발행)에서는 유진태를 사장으로 옹립한 것이 이승복의 계획에 의한 것이라고 되어 있어 이들 기록과 다소간 안제호이 사로 믿지 못하는 관계에었다고 적고 있거나 이승복과 임경래의 관계에 대한 서술이 김명봉의 회고(1974년 6월 22일 기사)를 위시한 여러 기독과 어긋나는 등, 정태철鄭泰喆이 쓴 이 글은 다른 기록들과 모순되는 부분이 있다.
	07.01.	삼천리 제4권 제7호	신문기자 10년 波瀾史	유광렬, 김동진, 안석영 3인의 기자가 각각 기자로서 보낸 10여 년을 회상하는 글. 유광렬의 회상에서 이승훈, 홍명희, 이승복, 한기악 등이 동아일보를 수습하여 임하다가 이를 그만두고 시대일보를 경영하게 되었다는 언급이 있다.

246

07. 03.	동광 제35호	安在鴻論	안재홍에 대한 인물 비평. 청년기까지의 행적과 신문생활을 개관하고, 성격과 학식에 대하여는 다소 비판적으로 서술하고 있다. 평론 첫머리에 모 사건으로 조선일보사장인 이승복과 함께 영어(囹圄)의 몸이 되었다고 언급되어 있다.
07. 20.	동아일보	安在鴻終秦 公判에 迥附	조선일보사건의 안재홍, 이승복에 대한 예심이 7월 19일에 종결되어 두 사람이 함께 죄목으로 경성지방법원 공판에 회부되었다는 기사.
07. 21.	동아일보	安在鴻, 李昇馥 保釋 今日許可	7월 19일 예심이 종결된 안재홍, 이승복에 대한 보석이 20일에 허가되어 같은 날 오후 6시경 서대문 형무소에서 나올 것이라는 기사.
09. 01.	별건곤 제55호	暴力團・電氣鐵條網使 用 삐로化한그나라의 朝 鮮日報	조선일보의 내홍에 대한 글. 조선일보 사옥을 둘러싼 소송전이 조선일보 내의 안재홍(이승복) 파벌과 신석우 파별 간의 대립에서 비롯된 것이라고 주장하고, 8월 15일 조선일보 사옥 습격 사건의 정황을 언급하는 내용이다.
09. 15.	제일선 제2권 제8호	亡命客들의 歸國裏面 暴露 上海에 뒤어잇는 가一展德秀 李光洙 金 瑪利亞李昇馥 辛日鎔	이적봉(李赤烽)이 작성한 기사. ※ 현재 국사편찬위원회 한국사데이터베이스 한국근현대잡지자료로 에서 제목만 확인 가능하다.
10. 01.	삼천리 제4권 제10호	鍾路네거리	조선일보와 중앙일보가 모두 휴간 중이었던 상황에서 어느 쪽이 먼저 지어 나오 느냐를 한담하는 글. 조선일보에 대해서는 임경래의 손을 벗어나 및 간부인 유진태, 한기악의 손으로 나올 수 있겠지만 안재홍, 이승복은 표면에 나서지 않을 것이라는 추측을 내놓고 있다.

연도	월일	신문 및 잡지	기사 제목	해제
1932	11. 11.	중앙일보	波瀾重疊한朝鮮日報問題	조선일보의 내부 분규에 대한 기사. 조만식, 조병옥 측에서 임경래에게 현금을 주고 발행권을 인계받으려 하였으나 안재홍, 이승복 일파 및 전 사원과 지방지국장이 결속하여 반대하고 있다는 내용이다. 11월 8일 안재홍, 조만식 양측의 대표가 총독부 경무국 도서과장을 방문하여 토의한 결과 처음에는 무조건 경영권을 일임하고 사원 관계 등도 조만식 측의 아량에 맡기기로 하였으나, 이승복 측이 이전 사옥(견지동 111번지)의 월세 9백 원 및 전 사원 승계와 전 지국 인계를 요구하여 다시 결렬되었다고 서술하고 있다. 한편 총독부 경무국 시미즈(淸水) 도서국장의 입장을 11월 10일에 취재하여 싣고 있다. 시미즈 도서국장은 안재홍, 이승복에게 신문경영권을 다시 줄 생각이 없으며 분규가 계속되면 인허를 취소하겠다는 방침을 언급하였다.
	12. 01.	삼천리 제4권 제12호	時急뉴-쓰, 朝鮮, 中央, 兩新聞 復活內幕, ―오랫동안 잠겻든 문이 엇더케 열려젓나―	조선일보와 중앙일보의 속간 즈음에 이르러 휴간 이후 속간 가시화까지 오게 된 저간의 사정을 적은 글. 조선일보와 관련해서는 안재홍 등이 자금 마련을 위해 부심한 정황 및 조선일보 인수와 관련하여 상호 조건 차이로 교섭이 지지부진한 와중에 경무국이 조씨파(조만식, 조병옥, 주요한), 구간부파(안재홍, 홍우승, 이승복 등), 판권자 임경래를 불러 인허 취소를 빌미로 타협을 종용한 정황 등을 서술하였다.
	12. 02.	중앙일보	安在鴻李昇馥에게 體刑八個月言渡	재만동포구제금 횡령소비사건의 지방법원 공판 결과를 알리는 기사. 11월 24일 경성지방법원에서 결심이 이루어졌고, 12월 1일 오전 11시 경성지방법원 제4호 법정에서 안재홍, 이승복에게 체형 8개월 및 60일 미결통산이 언도되었다는 내용이다.

	날짜	신문	제목	내용
	12. 03.	동아일보	安在鴻, 李昇馥 體刑八個月	조선일보 전 간부 안재홍, 이승복에 대한 횡령사건 공판이 12월 1일 경성지방법원에서 각각 정역 8개월에 60일간 미결통산으로 판결되었다는 기사.
1933	02. 04.	중앙일보	李, 安兩名에게懲役八個月求刑	재만동포구제금 횡령소비사건의 복심법원의 공판 결과를 알리는 기사. 2월 2일 경성복심법원에서의 공판 결과 1심 내용대로 안재홍, 이승복에게 체형 8개월이 구형되었고 언도는 2월 9일로 결정되었다는 내용이다.
	02. 10.	중앙일보	安李兩名에게八個月言渡	2월 4일 기사의 2보. 2월 8일에 스에히로도(末廣) 재판장을 통해 1심 및 복심 검사의 구형대로 안재홍, 이승복에게 정역 8개월 및 미결구류 60일 통산이 언도되었다는 내용이다.
	03. 02.	중앙일보	朝報社屋訴訟 李, 安兩人敗訴	이승복, 안재홍 등과 조선의 사이에서 재판 중이던 견지동 111번지 조선일보 사옥에 대한 소유권 확인 및 명도청구소송 결과에 대한 기사. 2월 28일 최선의 승소 판결이 언도되어 해당 가옥의 명도를 지시하였다는 내용이다.
	04. 01.	삼천리 제5권 제4호	鬪志滿腹의 歷代巨頭	역대 구한국 총리대신, 역대 신간회장, 역대 조선일보 사장, 역대 중앙일보 사장, 역대 조선변호사협회장, 역대 보성전문학교 교장을 각각 열형한 글. 이승복에 대해서는 재만동포구제금 소비사건으로 안재홍과 함께 투옥된 사건(역대 조선일보 사장), 홍명희가 시대일보를 받았던 당시 구연흠, 홍남표 등과 함께 그 등록된 사실이 언급되고 있다(역대 중앙일보 사장).
	05. 02.	조선중앙일보	安, 李兩人收監	전 조선일보 간부 이승복, 안재홍의 업무 횡령상고사건이 고등법원에서 상고 기각되어 8개월형이 확정되었으므로 두 사람이 서대문형무소에 수감되었다는 기사.

연도	월일	신문 및 잡지	기사 제목	해제
1933	05. 18.	조선중앙일보	前朝報社屋所有權確定判決	견지동 111번지 조선일보 전 사옥에 대한 가옥 명도 및 소유권 확인 청구소송 일건을 알리는 기사. 경성부심법원에서 원고 최선익이 승소하자 피고 이승복, 안세홍 등이 고등법원에 상고하였는데 16일 상고기각 판결이 내려져 해당 사옥의 최선익의 소유로 확정되었다는 내용이다.
	05. 27.	조선중앙일보	『事必歸正』이된社屋訴訟의眞相【一】	안세홍, 이승복과 최선익 사이에서 조선일보 사옥 소유권을 두고 벌어진 소송의 전말을 조선중앙일보 입장에서 서술한 연작 기사. 당시 조선일보 사장 안세홍과 영업국장 이승복 등 6인을 소송 피고로 나열하고 있다.
	05. 29.	조선중앙일보	完全히個人所有라는 高等法院의見解	안세홍, 이승복과 최선익 사이에서 조선일보 사옥 소유권을 두고 벌어진 소송의 전말을 조선중앙일보 입장에서 서술한 연작 기사의 3번째 기사. 최선익의 승소 사실 및 소송 기간 동안 조선일보사의 여러가지 아저리한 상황을 서술하고 있다. 이승복을 소송 피고로서 및 제안동포구제의연금 1만 2천 원 소비사건과 엮어 언급되고 있다.
	08. 31.	조선중앙일보	經營難中의某某報＝社長으로兪鎭氏就任	교육협회 자산경매사건 관련 연작 기사의 3번째 기사. 경영난 중인 조선일보가 교육협회 기본 재산의 관리를 맡고 있는 유진태를 사장으로 영입한다던 사건의 전말을 서술하고 있다. 기사 중 조선일보는 ○○일보로 표기되었다. 기사 내에서 이승복은 조선일보 영업국장으로서 한때 조선일보의 경영을 호전시키는 기미도 보였으나, 결국 재정난이 수습이 어려워져 유진태를 사장으로 영입하였던 움직임의 중심에 있던 것으로 서술되고 있다. 또한 이전 조선일보 사장인 신석우의 사람도 이승복 세력에 구축당한 것이라는 풍을을 기사 내에서 언급하고 있다.

	날짜	출처	제목	내용
	09.01.	삼천리 제5권 제9호	新聞夜話	신문계에 대한 한담. 조선일보에 대해서는 조선어가 물나나고 방응모가 스스로 사장이 된 사건을 주로 언급하고 있다. 또한 안재홍, 이승복이 가을에 출옥할 예정인데 이들이 다시 신문계에 들어올지에 대해 '흥미 있는 문제'라고 언급하고 있다.
	10.01.	삼천리 제5권 제10호	大闊戰中의 東亞日報 對朝鮮日報 新聞戰	동아일보와 조선일보의 전면 경쟁 상황에서 어느 쪽에 승기가 있을지를 가늠해 보는 글. 재무 상황, 자주 증주 계획, 자주 신문 면수 확대 예정, 인제 배치 등을 비교하여 평하면서 두 회사가 다 살 되기를 바란다는 이견을 내고 있다. 조선일보와 관련해서는 창간 이래로부터 방응모 이전 시기를 신석우 시대, 이승복 시대, 임경래 시대로 나누고 있다.
	11.03.	동아일보	安在鴻씨 今朝 滿期出監	경성형무소에서 복역 중이던 안재홍, 이승복이 11월 2일 오전 8시 다수의 친지들이 나와서 맞는 가운데 만기출옥하였다는 기사.
1934	08.01.	삼천리 제6권 제8호	三大新聞參謀長論	신문사에서 영업국장의 역할이 가지는 중요성을 강조하며 동아일보 영업국장 양원모, 조선일보 영업국장 김기범, 중앙일보 영업국장 홍증식을 각각 소개하는 글. 조선일보의 이전 상황을 설명하면서 신문사 경영 과정에서 신석우 최선익 등의 그룹에서 40~50만 원, 안재홍·이승복 등이 그룹에서 120만 원을 넘는 돈을 소비하였다고 언급하고 있다. ※ 기사에는 '중앙일보'로 언급되어 있으나 이 시점에서의 정식 제호는 '조선중앙일보'이다.

연도	월일	신문 및 잡지	기사 제목	해제
1934	12. 01.	개벽 신간 제2호	新聞社長의 懺悔錄	조선일보 사장을 역임했던 신석우를 취재하여 신문 경영 착수 및 실패의 경과와 후회되는 점, 신문 경영의 여러 가지 어려운 여건들에 대한 경험을 소개한 기사. 어려운 여건으로는 금전 문제를 1순위로 지목하고— 압수, 발행 정지, 서약서 제출 및 형사처벌 등 여러 가지 당국의 압박과 기사에 불만을 가진 이들의 고소 및 습격을 다음으로 지목하고 있다. 다소간의 통제권은 일로는 음죽년 대흉수 때 이재민을 구한 일과 미에현사건(三重縣事件; 1926년 1월 한인노동자 이기윤, 배상도가 미에현 미나미무로군(南牟婁郡)에서 주민들에게 학살된 사건)에 가장 먼저 조의를 보내 득표했음 언급을 있으키 사실을 들고 있다. 기사 중 이승복을 언급한 부분은 다음과 같다. "나는 돈을 얼마를 썻던지 내가 손 댄것이닛가 것이나 별로 관계가 없는 일이나 나로 인하야 다른 사람들이 신문에 돈을 만히 소비한 것이 꽤 미안하다. 이제 그 대금을 말하자면 崔善益君의 27만원 朴有鎭君의 만원 安在鴻君의 曺偰鉉君의 5만 6천원 徐某氏가 7천원 기외 全羅道 李承馥君의 관계한 것은 不問에 付하고도 전후 약 100만원(나의 출자까지) 내외가 되니 그 얼마만한 큰 돈이나 다행이 崔善益君은 社屋을 자기 名義로 하야 뽑아가고 지금도 다른 社에 관계를 하고 있스니 其水幸이요 위안이 된다." ※ 원문에는 李承馥으로 오기되어 있다.

| 1935 | 03. 01. | 개벽
신간 제4호 | 朝鮮 民間新聞界 總評 | 당시의 주요 국문 일간지인 중앙일보, 동아일보, 조선일보를 비교하여 평하는 기사. 세 신문의 성립 과정과 자본, 경영 방침, 발행 부수, 각 사의 사장(여운형, 송진우, 방응모), 각 사의 편집국 및 영업국의 인물 등을 비교하고 있다. 이승복에 대한 언급은 3개 신문사의 성립 과정 정리 부분에 있으며, 해당 단락은 다음과 같다.

"朝鮮日報는 新幹會 運動과 합류하야 일시 聲勢를 어덧스나 재정이 곤란하야 다시 昔日의 影이 업시 되엿다. 이 중에 申錫雨가 퇴사하고 安在鴻, 李昇馥 등이 경영하다가 7占8難 중에 평정 양인이 모다 朿社件으로 철창에 들어가고 그 후 동응이 林景來가 관련을 마타서 미증유의 혼란을 이르키고 趙炳玉, 曺晩植 등이 인수 경영하다가 광산 성금으로 해성과 가치 나타난 方應模가 경영을 맛게 되고 … (하략)"

※ 기사에는 '중앙일보'로 언급되어 있으나 이 시점에서의 정식 제호는 '조선중앙일보'이다. |
| | 03. 01. | 개벽
신간 제4호 | 朝鮮新聞 發達史 | 조선 신문의 발달사를 시대순으로 개괄한 기사. 신문의 발생 및 조선에서의 신문 창설 역사를 개관하고 19세기 말부터 조선에서 발행되었던 여러 신문의 변천사 및 현존하는 신문사들의 현황을 소개하고 있다. 이승복에 대한 언급은 조선일보 부분에서 등장하며 해당 단락은 다음과 같다. |

연도	월일	신문 및 잡지	기사 제목	해제
1935				"그러나 역시 여전이 속출되는 재정난 때문에 昭和 7년 3월 3일 救濟金 消費 問題 事件으로 사장 安在鴻씨와 영업국장 李昇馥씨가 수감되고 재무이 斂鍰 泰씨가 사장으로 취임하엿다. 동년 5월 28일 제정 코민으로 발행권이 林景來 씨에게로 가게되나 林씨는 그 인물됨이 朝鮮日報 경영자될 자격이 없다고 스트라이을 결행하얏기 때문에 발행권을 손아귀에 쥐고 明治町 2丁目으로 옴겨가서 4頁新聞을 발행하다가 동 7월 29일에 무득불 주 간할 수 밧게 없엇다."
1936	04. 01.	삼천리 제8권 제4호	中央의 躍起와 朝鮮, 東亞制覇戰 春秋戰國 時代로는 三代新聞戰	조선일보와 동아일보가 양패 구도에서 중앙일보가 신진세력으로 등장하여 경쟁이 격화된 상황에서 각 신문의 최근 동향을 서술하라는 글. 조선일보에 대해 서술하면서 신석우, 안재홍, 이승복 등이 실권을 쥐고 전성시대의 신간 회와 '타이임한' 결과, 한때 조선일보의 명성과 영예가 천하 민심을 쥐고 호 들어 다던 신문을 암도하던 시기가 있었다고 적고 있다. ※ 기사에는 '중앙일보'로 언급되어 있으나 이 시점에서의 정식 제호는 '조선 중앙일보'이다.
	06. 05. 석간	조선 중앙일보	李昇馥氏도 檢擧	남경군관학교(南京軍官學校) 사건을 취조하던 종로경찰서 고등계가 안재홍 을 검거한 뒤, 6월 3일 계동정(桂洞町)으로 출동해 이승복을 추가로 검거하여 계속 취조 중이라는 기사.
	06. 10. 조간	조선 중앙일보	鍾路署 事件段落	남경군관학교(南京軍官學校) 사건과 관련된 취조가 6월 중순 이내로 끝나고 검거된 안재홍, 이승복은 사건 관계 미약으로 취조 후 석방될 것이라고 예상

하는 기사. 안재홍이 이승복의 소개를 통해 중국으로의 밀항을 원하던 청년 호, 김재형에게 소개장 및 조언을 제공했을 것으로 조언다고 적고 있다.

날짜	신문	제목	내용
06. 13. 조간	조선 중앙일보	新事實의 綻露로 送局 이遲延될듯	남경군관학교(南京軍官學校) 사건과 관련된 조사가 난징, 상하이 등지의 수배 조사로 확대되어 쥐조 포한 6월 말경에나 단락을 짓을 것이라는 기사. 중로경찰서 고등계의 6월 12일 쥐조를 통해 본래 사건과 관계가 미약한 것으로 보였던 안재홍, 이승복이 해당 사건에 가장 무거운 책임을 지고 있는 것이 드러났다고 적고 있다.
06. 26. 석간	조선 중앙일보	軍官學校事件의 吳世鏑等 逢局 安,李兩人도 不遠送致	남경군관학교(南京軍官學校) 사건과 관련된 중로경찰서 고등계의 쥐조가 일단락을 지었다는 기사. 오세호, 김순제 등은 경성지방법원 검사국으로 승치하였고, 안재홍, 이승복은 아직 쥐조 중으로 수일 내 승치할 예정이라는 내용이다.
07. 08. 석간	조선 중앙일보	安在鴻氏等 一週內送局	남경군관학교(南京軍官學校) 사건으로 중로경찰서 고등계에서 검거 쥐조 중인 안재홍, 이승복에 대한 정알 쥐조가 일단락을 지어 1주일 이내에 승구할 예정이라는 기사.
07. 28.	동아일보	三名은 豫審에	안재홍, 이승복 등이 중국 남경군관학교를 지망하는 청년에게 소개장을 써 주고 여비를 주선하여 알선하였다는 혐의로 검거된 이후 중로경찰서 및 경성지방법원 검사국에서 쥐조를 알리는 기사. 중로서에서 1개월여간 쥐조 후 7월 16일 안재홍 등 5명은 구속 상태로, 이승복 등 5명은 불구속 상태로 경성지방법원 검사국으로 승치되어 쥐조를 받았다. 이후 7월 27일 오전 인제호, 김덕원, 정칠성 3명은 정식 기소되어 예심으로 화부되었고 이승복 등 5명은 불기소로 결정되었다.

연도	월일	신문 및 잡지	기사 제목	해제
1941	11. 01.	삼천리 제13권 제11호	本社主催大座談會 臨戰對策協議會, 百二十人士가 府民館서에 會合	삼천리社에서 8월 25일 시장 김동환이 사회 각 방면 인사 120여 명을 부민관에 초청하여 회합을 가지고 도론한 결과 임전대책 협의회(臨戰對策協力會를 조직하였다. 당시 발송된 안내장 및 회의 내용을 조목조목 참석자의 목록을 실은 기사이다. 목록에 따르면 이승녹은 조칭 대상자였으나 출석하지 않았다고 기록되어 있다.
1945	09. 01.	매일신보	건준, 제1호 위원회 개최를 위한 조칭장 발송 (135인)	건국준비위원회에서 2일 오후 5시부터 경성부 안국정 휘문소학교 준비위원 회사무실에서 위원 선정후 제1회 위원회를 개최하기로 하여 그 안내장을 발송했다는 기사. 안내장을 받은 위원 명단에 이승녹이 포함되어 있다. ※ 기사 요약은 국사편찬위원회가 편찬한 『지료대한민국사』 제1권에 수록된 내용을 요약한 것이다.
	09. 30.	매일신보	국민당, 중앙집행부서 결정하고 몇아나드리에게 제출한 결의문 발표	국민당에서 중앙집행위원 103명을 선정하는 동시에 발표한 결의문 및 복위 38도 경계선에 의한 분단 점령과 그로 인한 교통장벽의 철폐 요구를 결의한 결의문을 발표하였다는 기사. 기사에 소개된 국민당 중앙집행위원부 명단에 서는 위원장으로 안재홍, 중무부장으로 이승녹이 선정되어 있다. ※ 기사 요약은 국사편찬위원회가 편찬한 『지료대한민국사』 제1권에 수록된 내용을 요약한 것이다.
	10. 20.	자유신문	李承晩博士의 各黨感謝	국민당, 공산당이 이승만이 귀국에 환영을 표하고 방문하여 회견하였다는 기사. 국민당은 18일 오후 1시 당학중회를 열고 감사결의를 한 후 오후 3시 안 재종, 박용의, 이승녹, 이이식 4인이 조선호텔로 이승만을 방문하여 감사겸의

256

			문을 전달하였다.
			※ 원문에는 李承馥으로 오기되어 있다.
	11. 04.	자유신문	金九主席의 歡迎會	중경임시정부 주석 김구의 귀국에 대하여 순진히 친지(親知)들만으로 환영준비회를 열고 관계 각 방면과 연락해 환영 절차를 정하기로 하였다는 기사. 준비위원 목록에 이승복이 포함되어 있다.
	11. 09.	자유신문	統一協調로 活潑化 新政府樹立때短縮	11월 11일 중경 한국이시정부 주석 김구 이하 요인 30여 명의 귀국이 예정되었다는 소식 및 환영 준비 관련 사항을 전하는 기사. 임정 요인 귀국을 계기로 이승만, 여운형 기타 각 정당인들의 협조와 활약이 일어나 신정부 수립 기간이 단축될 것을 기대하고 있다. 임정 요인 명단에 이승복이 포함되어 있다.
1946	01. 08.	자유신문	人共, 臨政代表도會合 「統一政府」結成準備	1월 6일 4당대표자회의가 열린 데 이어 7일 오후 2시부터 임정 및 인공의 대표가 4당(공산당, 인민당, 국민당, 한국민주당) 대표와 합류하여 회동을 속행하였다는 기사. 국민당 대표로 안재홍, 이승복이 참석하였다.
	01. 09.	자유신문	民族統一戰線에 一大曙光	1월 7일 인민당, 한국민주당, 국민당, 공산당 4당이 대표간담회를 열어 토의한 결과 공동 코뮤니케를 발표하고, 민족통일축성에 관한 문제는 8일 신탁당도 참가하여 5대정당회의에서 계속 토의하기로 하였다는 기사. 공동 코뮤니케의 내용은 모스크바 삼상회의 및 비디 행위에 대한 것이다. 국민당 대표로 안재홍, 백홍균, 이승복이 언급되어 있다.

연도	월일	신문 및 잡지	기사 제목	해제
1946	01. 09.	조선일보	한민당, 인민당, 국민당, 공산당의 4당코뮤니케 발표	삼상회의 결정을 둘러싸고 1월 7일 인민당, 한국민주당, 국민당, 공산당 4당의 대표가 간담회를 열고 토의하여 의견을 일치시킨 결과 4당 공동성명서를 발표했다는 기사. 탁치문제에 있어서 신탁통치라는 제도는 배격하되 연합국의 우의와 협조는 거정하지 않는다는 입장임을 표명하였다. 또한 비례해동을 반대하고 비리대체와 결사의 해산을 촉구하는 내용도 포함되었다. 국민당 대표로 안재홍, 백홍균, 이승복이 언급되어 있다. ※ 원문에는 李承馥으로 오기되어 있다. ※ 기사 요약은 국사편찬위원회가 편찬한 『자료대한민국사』 제1권에 수록된 내용을 요약한 것이다.
	02. 07.	자유신문	「誘政, 參加與否를協議」	한국민주당, 국민당, 신한민주당 3당 대표자가 우의 3당의 행동 통일을 위하여 6일 국민당 회의실에 모여 행동통일협의회를 개최하고 미소회담에 의한 임시정부에 참여할지 여부를 논의했다는 기사. 국민당 대표가 '이승복 외 3명'으로 언급되고 있다.
	02. 14.	서울신문	7개정당, 미소회담대표단 환영 결의 발표	한민당, 국민당, 신한민주당, 인민당, 조선공산당, 독립동맹, 조선민주당 등 7개 정당이 미소대표단을 환영하기 위하여 토의하고 13일에 공동결의를 발표했다는 기사. 미소대표단 환영을 7정당 공동 주최로 하여 각 정당이 대표 2인을 선정해 준비위원회를 구성하기로 하였으며, 그중 국민당 대표로 이승복, 오정환이 선정되어 있다. ※ 기사 요약은 국사편찬위원회가 편찬한 『자료대한민국사』 제2권에 수록된 내용을 요약한 것이다.

258

날짜	신문	제목	내용
03. 19.	자유신문	攀族的인「行動統一」機運	미소공동위원회를 앞두고 거족적 단결 대처의 필요성이 제기되어 18일 오후 2시부터 합동공원에서 당면 과제와 각 당 통합 방법에 대한 토의가 진행될 예정이었다는 기사. 한민당과 국민당 관계자가 당의의 결정을 보지 못하여 18일에는 참가하지 못하였으나 차후 통합과 관련된 성과를 기대한다는 내용이다. 회합 인원 명단에 이승복이 포함되어 있다.
04. 05.	조선일보	한독·국민당 중진들, 우익정당 대동단결 협의	3일 오후 2시 30분부터 죽첨장 임시정부회의실에서 한국독립당의 김구 주석, 조완구, 조소앙, 엄항섭, 조경한 등이, 전 국민당 간부 측에서 안재홍, 이의식, 박용희, 이승복, 배중혁 등이 회합하여 우익 정당 대동단결 문제로 3시간 이상 토의했다는 기사. 한국민주당 측에서도 우익정당 대동단결 문제는 대체로 낙관할 수 있다는 담화를 발표하였다. ※ 기사 요약은 국사편찬위원회가 편찬한 『자료대한민국사』 제2권에 수록된 내용을 요약한 것이다.
04. 19.	자유신문	三黨合同決定 黨名은 韓國獨立黨	우익진영 3당인 한국독립당, 국민당, 신한민족당의 합당이 18일에 성립되어 합동성명을 발표하고 동시에 고문, 감찰위, 집행위원을 결정하여 발표하였다는 기사. 신당의 이름은 한국독립당이며, 당수에 김구, 부당수에 조소앙이 취임하기로 하였다. 집행위원 명단에 이승복이 포함되어 있다. ※ 원문에는 李承馥으로 오기되어 있다.
04. 20.	동아일보	金九氏를 委員長으로 民主陣營의三政黨合同	민주주의진영의 정당합동 논의 결과 한민당(한국민주당)이 이탈하여 독립노선을 취하고 김구를 위원장으로 하여 한국독립당, 국민당, 신한민족당 3당의 합당이 결정되었다는 기사. 신한민족당에서는 분열이 일어나 합동과정에서의 독

연도	월일	신문 및 잡지	기사 제목	해제
1946				합당에 합류하였으며, 3당 외에 금진자유당, 대한독립협회, 자유동지회, 애국동지회 등 4개 정치단체가 추가로 합류하여 18일 오후 2시에 국민당에서 상기 단체들의 명의로 된 합동성명서와 인사기구를 발표하였다. 이승복은 105인의 집행위원 중 한 명으로 선임되었다. ※ 기사에서는 집행위원 성명을 일부만 수록하여 직접적인 성명 인급이 없으나 자유신문 4월 19일 자 기사에 수록된 명단에서 이승복이 선임되었음의 확인 가능하다.
	04. 23.	동아일보	韓獨黨의中央幹部 ~ 署決定	한국독립당 중앙간부 부서 결정사항을 알리는 기사. 산업경제위원회 위원장으로 이승복이 선임되었다. ※ 원문에는 李承馥으로 오기되어 있다.
	04. 23.	자유신문	韓國獨立黨 中央幹部 部署	한국독립당이 22일 중앙간부 부서를 결정하였다는 기사. 산업경제위원회 위원장으로 이승복이 선임되었다. ※ 원문에는 李承馥으로 오기되어 있다.
1947	06. 21.	동아일보	韓獨中委除名處分	한독당 중앙당부에서 6월 19일 중앙위원 제명처분 단행을 발표한 기사. 『혁신보』(국민당제) 제명자 명단에 이승복이 포함되어 있다.
	09. 11.	경향신문	中央選擧委員候補者를決定	군정장관의 요청에 의해 행정, 사법, 입법 3개 부문에서 각 8명씩 중앙선거위원회 위원후보자를 선정하여 군정장관디 헬믹(Charles G. Helmick)에게 근간 정식 추천할 예정이며, 군정장관이 추천자 중 24명 중 15명을 골라 중앙선거위원으로 임명할 것이라는 기사. 이승복은 신한국민당 소속으로서 행정부문 추천자 명단에 포함되어 있다.

09. 11.	자유신문	中央選委員候補者 決定	군정장관의 요청에 의해 행정, 사법, 입법 3개 부문에서 각 8명씩 중앙선거위원회 위원후보자를 선정하여 군정장관대리 헬믹(Charles G. Helmick)에게 근간 정식 추천할 예정이며, 군정장관이 추천자 중 24명 중 15명을 골라 중앙선거위원으로 임명할 것이라는 기사. 이승복은 신한국민당 소속으로서 행정부문 추천자 명단에 포함되어 있다. ※ 경향신문 1947년 9월 11일 자 기사와 세부 문구까지 완전히 같은 내용의 기사이다.
11. 11.	자유신문	立議中央選擧委員不 日發令豫想	중앙선거위원 위촉을 위한 전형이 끝나 세 군정장관 딘(William F. Dean) 소장에 의해 곧 발령이 이루어질 것이라는 기사. 15인의 내정자 목록에 이승복이 포함되어 있다. ※ 원문에는 李承馥으로 오기되어 있다.
11. 16.	동아일보	中央選委員定內	미 군정당국이 중앙선거위원회을 추천받고도 정식 발령하지 못한 사정을 설명하는 기사. 유엔총회 관계로 계획이 변경되었으며 선거위원을 정식 발령하면 80일 이내에 선거를 실시해야 한다는 규정에 구애를 받기 때문에 정식 발령을 하지 못한다고 설명하였다. 다만 내정된 위원 15인이 오는 18일 오후 2시부터 덕수궁 중앙청회의실에서 제1차 회합을 개최하고 선거 방법을 위한 예비계획을 상의하기로 하였다고 한다. 내정된 15인 중 이승복이 포함되어 있으며 소속은 민독당(民獨黨)으로 기재되어 있다.

연도	월일	신문 및 잡지	기사 제목	해제
1947	11. 18.	자유신문	中央選委內政	중앙선거위원 주천자 24인 중 15인이 내정되어 18일 오후 2시부터 덕수궁 중앙회의실에서 제1차 회합을 개최하기로 했다는 기사. 한편 국제연합선거 감시위원회가 선거법을 가지고 올 예정이며 중앙선거위원은 피선거권을 상실할 것이라는 서술이 있다. 내정자 15인 명단에 이승복이 포함되어 있으며 소속은 민독당(民獨黨)으로 되어 있다. ※ 원문에는 李承馥으로 오기되어 있다.
	11. 20.	경향신문	倍題 : 總選擧準備着手	신임 군정장관 딘(William F. Dean) 소장이 앞서 추천된 24인 중 15인을 중앙선거위원으로 내정하였으며, 내정자들이 딘 소장의 요청에 따라 18일 오후 덕수궁 석조전에서 비공식회의를 열고 19일에도 다시 회의하였다는 기사. 내정자 명단에 이승복이 포함되어 있다.
	11. 20.	조선일보	군정장관 딘, 중앙선거위원회 제1차회의에서 선거준비에 대해 언명	중앙선거위원으로 내정된 15인과 하지(John Reed Hodge) 중장으로부터 선거고문으로 지명된 서재필, 웨컬링(John Weckerling), 퍼글러(Dean Charles Pergler)가 18일 오후 2시부터 군정장관 딘(William F. Dean)의 초청으로 덕수궁 석조전에서 제1차 회합을 하고 금후 준비 좌수를 협의하였다는 기사. 딘의 연설문이 인용되었다. 중앙선거위원 내정자 중 이승복이 포함되어 있으며 소속은 민독당(民獨黨)으로 기재되어 있다. ※ 원문에는 李承馥으로 오기되어 있다. ※ 기사 요약은 국사편찬위원회가 편찬한 『자료대한민국사』 제5권에 수록된 내용을 요약한 것이다.

262

1948	03. 04.	경향신문	中央選擧委員 十五氏를任命	군정장관이 중앙선거위원회 위원 15인을 정식으로 임명하고 각 위원에게 통첩을 발송하였다는 기사. 중앙선거위원 명단에 이승복이 포함되어 있다.
	03. 06.	경향신문	總選實施에 行政命令十四號發布	군정장관 딘(William F. Dean) 소장이 행정명령 제14호를 발령하여 국회선거위원회 위원을 임명하고 그 권한과 임무를 공포하였다는 기사. 이전의 중앙선거위원회 위원 임명을 국회선거위원회 위원 임명으로써 주인한다는 내용이 들어가 있다. 위원 명단에 이승복이 포함되어 있다.
	03. 06.	동아일보	總選擧準備着々進行 國會選擧委員會設置	딘(William F. Dean) 군정장관이 3월 3일부로 행정명령 제14호를 발령하여 작년 9월 3일 중앙선거준비위원에 임명되어 선거법실시체의 작성 등 총선거 준비를 담당하던 15인을 국회선거위원회 위원에 임명하였다는 기사. 그중 윤기섭은 사의를 표명하였다고 한다. 행정명령 제14호가 인용되어 있으며, 행정명령에 언급된 15인의 위원 중 이승복이 포함되어 있다.
	04. 03.	경향신문	國會選委補闕 行政命令으로發表	군정장관 딘(William F. Dean) 소장이 행정명령 제18호를 발령하여 국회선거위원의 보궐을 발표하였다는 기사. 장면, 김병린, 윤기섭, 이승복이 사임하여 변성옥, 박현숙, 이종헌, 강기덕을 보궐로 임명하였다.
	04. 03.	자유신문	委員變動發表	국회선거위원회 위원보궐에 대해 딘(William F. Dean) 군정장관이 3월 31일부로 행정명령 제18호를 발표하였다는 기사. 장면, 김병린, 윤기섭, 이승복이 사임하였으며 변성옥, 박현숙, 이종헌, 강기덕을 보궐임명하였다는 내용이다. ※ 보도된 명단에서 '이종헌'이 들어가야 할 자리에 '이승복'이 들어가 있다. 신문의 오기이다.

연도	월일	신문 및 잡지	기사 제목	해제
1948	04. 04.	동아일보	國會議員補缺任命	딘(William F. Dean) 군정장관이 사임한 장면, 김병린, 윤기섭, 이승복의 국회의원보결로 3월 23일, 26일에 행정명령 18호를 통해 변성우, 박현숙, 이종현, 강기덕을 임명하였다는 기사.
	04. 17.	조선일보	민주독립당 각 부서 개편	민주독립당이 15일 개최한 상무집행위원회에서 각부 책임자를 개편하였다는 기사. 기획위원회 책임자로 이승복이 선임되었다. ※ 기사 요약은 국사편찬위원회가 편찬한 『자료대한민국사』 제6권에 수록된 내용을 요약한 것이다.
	09. 24.	자유신문	安在鴻氏等三百名脫退	민주독립당 분열을 알리는 기사. 당대표 홍명희가 조선인민공화국 부수상에 임명된 보도 이래 정치군중의 제약을 받던 민주독립당에서 당내 두 조류의 대립 끝에 21일 중앙집행위원 및 각 부류위원 등 374명 명의로 탈당성명서가 발표되었다는 내용이다. 탈퇴자 명단에 안재홍과 이승복이 포함되어 있다.
	09. 24.	한성일보	民主獨立黨 간부 370여 명, 탈당 성명을 발표	남북협상 이후 민주독립당 내에서 당 노선 전지파와 북한정권 지지파가 균열을 일으킨 결과 당 노선 전지파가 탈당을 결의하여, 9월 8일, 20일의 토의를 거쳐 탈당을 확정짓고 23일 탈당 성명을 발표하였다는 기사. 고 성명서에 서명한 374인 중 안재홍과 이승복이 포함되어 있다. ※ 기사 요약은 국사편찬위원회가 편찬한 『자료대한민국사』 제8권에 수록된 내용을 요약한 것이다.
	11. 17.	남조선민보	安在鴻氏等 新黨運動構想	안재홍, 박용의 등 약 50명이 12일 신생회기준비위원회를 구성하여 선언문, 실천요항, 회칙 등의 초안을 심의통과하고 준비 부서와 인사를 선정하였것

연도	날짜	신문	제목	내용
	11. 17.	자유신문	新生會安結成 安在鴻氏中心	다는 기사. 구성은 위원장 안재홍, 부위원장 박용의, 총무부 이승복 외 21명, 조직부 유해의 외 19명, 선전부 엄우룡 외 7명. 안재홍을 중심으로 한 신생회(가칭) 준비위원회에서 12일 오후 약 50명이 출석자들 모아 발기준비회를 구성하고 선언문, 실천 요항, 회칙 초안, 준비 부서 등을 선정하였다는 기사. 위원장 안재홍, 부위원장 박용의, 총무부 이승복 외 21명 등이 구성이 언급되고 있다.
1950	04. 01.	동아일보	本社거처간著名人士	동아일보 30년을 기념하여 동아일보를 거쳐 간 저명인사의 목록을 작성한 기사. 저명인사 목록에 이승복이 포함되어 있다.
1955	08. 19.	동아일보	本社거처간著名人士	동아일보를 거쳐 간 저명인사의 목록을 작성한 기사. 저명인사 목록에 이승복이 포함되어 있다. ※ 1950년 명단과는 다소 차이가 있다.
1959	04. 08. 석간	경향신문	隨想斷片 (19) 佳人 金炳魯 三個綱領을 公布코結束	가인 김병로가 신간회 활동을 회고한 연재 글. 신간회 결성 및 초기 활동에 대한 내용이다. 신간회 결성 당시 중앙본부 간부 당선자 29인 중 한 명으로 이승복이 거론되어 있다.
	04. 10. 석간	경향신문	隨想斷片 (21) 佳人 金炳魯 經費維持에 許多한難關	가인 김병로가 신간회 활동을 회고한 연재 글. 신간회 결성 경과 및 신간회의 재정난에 대한 내용이다. 이승복과 경성지회 사이의 갈등 등 당시 재정에 대한 내용이다. 이승복군의 전담 지출 '창립 후 1년 동안의 정비는 그 당시 재정책임자였던 이승복군이 전담 지출 하였으므로 그 내용은 상세히 알 수 없다'고 서술하고, 이어 하원이 중앙집행 위원장에 취임한 이후 김병로 본인이 재정책임자가 되었다고 하여 활동한 내용을 회고하고 있다.

연도	월일	신문 및 잡지	기사 제목	해제
1960	05. 21. 조간	경향신문	"保守勢力과對決"	전진한, 성낙훈, 배남신, 바명서 등을 중심으로 추진해 오던 한국사회당의 발기인총회가 20일 오후 대려도(大麗都)에서 열렸다는 기사. 중앙기구, 창당준비위원회 구성, 결당 시기 및 정책 등 4개 원칙 및 발기 취지문의 요지가 소개되어 있다. 발기인 명단에 이승복이 포함되어 있다.
	05. 21. 석간	동아일보	『韓國社會黨』 發起	전진한을 중심으로 하는 민주주의민주사회당과 김성숙을 지지하는 민주혁신당 등이 제야혁신세력 인사들이 5월 20일 오후 대려도(大麗都)에서 사회당(가칭) 발기인대회를 열었다는 기사. 「自由와繁榮을 指向하는 民主的社會主義 政黨의結成을 發起한다」는 취지문을 발표하였다. 발기인 명단에서 무소속 인사 중에 이승복이 포함되어 있다.
1964	12. 04.	동아일보	結婚	6건의 결혼식 예정을 공지하는 기사. 이승복의 장남 이흥원과 이흥화의 자녀 이명진의 결혼을 알린다는 내용이 포함되어있다. 9일 오전 11시 종로예식장에서 이정규 주례로 거행 예정임을 알리고 있다.
	12. 07.	경향신문	結婚	6건의 결혼식 예정을 공지하는 기사. 이승복의 장남 이흥원과 이흥화의 자녀 이명진의 결혼을 알린다는 내용이 포함되어있다. 9일 오전 11시 종로예식장에서 이정규 주례로 거행 예정임을 알리고 있다.
1965	04. 01.	동아일보 (18면 1단)	『東亞』를 지킨 役軍	동아일보를 거쳐 간 인사들을 직역별 및 기간별로 나누어 목록을 작성한 기사. 「편집국과 부장·논설반 기자」 목록에 이승복이 1924~1925 재직자로 기록되어 있다. ※ 정화하게는 동아일보 조사부장을 역임하였다.

1970	04. 01.	동아일보 (12~13면)	東亞지켜온 人脈半百年	동아일보 50주년 기념 특집 기사. 동아일보를 거쳐 간 인사들을 직역, 기간별로 나누어 목록을 작성하였다. 「편집국 부장·논설진담기자」 목록에 이승복이 포함되어 있다. ※ 정확하게는 동아일보 조사부장을 역임하였다.
1974	06. 07.	동아일보	片片夜話 〈83〉 金八峰 (18) 鄭黃普와 時代日報	소설가 김팔봉(김기진)의 회고 연재 글. 시대일보 및 공산주의 열풍에 대한 내용이다. 홍명희를 중심으로 이승복, 김어동 등의 동지들이 보천교에서 시대일보를 회수하여 진용을 혁신한 뒤 홍명희가 필자를 초빙했다는 내용과 이승복이 당시 상무이사를 담당했다는 사실이 수록되어 있다.
	06. 15.	동아일보	片片夜話 〈90〉 金八峰 (25) 檢擧선풍	소설가 김팔봉(김기진)의 회고 연재 글. 필자가 조선일보 사회부장으로 입사한 경위와 1931년 예술동맹사건으로 검거된 사건에 대한 내용이다. 조선일보 영업국장 이승복이 필자를 만나 대화한 경위가 수록되어 있다. 필자가 소개한 이승복의 발언은 다음과 같다. "그(이승복)는 조선일보 사내의 공기를 내게 알려 준 다음 '申錫雨사장이 오늘밤에 자기 집으로 八峰을 꼭 찾아오게 해 달라는 부탁을 하고서 돌아갔으니 장피하게 생각 말고 찾아가 만나 보고 社會部長으로 入社해 달라고 말하는 게 쾌히 승낙해 주시오.' 이렇게 당부하는 게 아닌가. 나는 알아들었노라고 대답한 후 그와 작별했다."

연도	월일	신문 및 잡지	기사 제목	해제
1974	06. 20.	동아일보	片片夜話 〈94〉 金八峰 (29) 탄토난 暖黙	소설가 김팔봉(김기진)의 회고 연재 글. 미우(三輪) 정부에게 쥐를 받고 석방된 사정 및 조선일보사 경영 악화에 대한 내용이다. 신문사 상황 및 이승복과 관련된 내용은 다음과 같다. "그럭저럭 며칠이 지나서 새해 三二년을 맞이했는데 봄부터 申錫雨사장이 사장실에 나오지 아니하고 한 달에 한 번가량 어째다가 사장실에 나왔을 때는 安在鴻부사장 李昇馥영업국장 韓基岳편집국장이 모두 사장실에 모여앉아 이 무슨 이논을 하느지는 모르나 이따메는 申사장과 사이에 언성이 오고가고 잡이 깨지는 소리도 나고 했다."
	06. 21.	동아일보	片片夜話 〈95〉 金八峰 (30) 朝鮮日報의 內紛	소설가 김팔봉(김기진)의 회고 연재 글. 신서우 사장 등이 '출자자회의 결정 사항'을 들어 조선일보 경영진 교체를 발표하자 필자가 '출자자회의'가 정관에 없음을 들어 반박하고 사원회의에서 현 경영진 지지를 표명했던 사건 및 신문사 경영이 더욱 악화되자 필자 등 8명이 무능사원 퇴사와 긴축경제 단행을 경영진에 건의했다는 내용을 바이다. 이승복 등 '출자자회의 결정사항'에서가 안 제출, 한기악과 더불어 해임 대상으로 열거된 한편으로, 권동진 사장 주메에 사원들이 향의하는 부분, 필자 등 8명이 무능 사원 퇴사와 긴축경제을 건의하는 부분에서 언급되었다.
	06. 22.	동아일보	片片夜話 〈96〉 金八峰 (31) 安在鴻과 林景來	소설가 김팔봉(김기진)의 회고 연재 글. 조선일보의 사장직과 발행인 명의가 임경래에게 넘어가게 된 경과를 설명하는 내용. 필자는 임경래가 정무국

이 끄나풀로서 빌려 준 돈을 빌미로 신석우 사장에게서 「조선일보발행인명의변경신청서」에 연월일만 적지 않은 백지위임장을 받아 두었다고 서술하였다. 또한 쫓겨난 직원들을 충동질하여 구호금 횡령 혐의로 안재홍, 이승복을 고발케 하여 수감시킨 뒤 「명의변경신청서」를 당국에 접수시켜 발행인을 변경하였고 이에 사원들은 동맹파업으로 대응하였다고 기록하고 있다. 이 외에 앞서 무능 사원 퇴사와 긴축재정 요구 당시 이승복의 발언이 수록되어 있는데, 내용은 다음과 같다.

"우리들 대표 八명이 정리해야 할 사원명단을 제출하고 버티고 앉았노라니까 '그런데 이렇게 중대안건을 청천벽력처럼 제출하고서 民世선생더러 즉석에서 결정을 내리라는 것도 곤란한 일인데 더구나 우리들까지 이논하기도 차 여럽게 여러분들이 감시하듯 앉았으니 더욱 곤란합니다. 다른 방에 나가 계시면 民世선생을 모시고 이논해 가지고 결정나는 대로 여러분께 통지할 테니 그때 들어와서 회답을 듣도록 해주시구려.' 李昇馥 영업국장이 이렇게 말하는 것이었다.

듣고 보니 그 말이 옳은 말인지라, 그러면 딴방에 가서 기다리겠노라 하고서 우리는 일단 물러나왔다. 이리하여 약 두 시간 후에 우리들 八명의 改革派 요구는 관철되었다."

연도	월일	신문 및 잡지	기사 제목	해제
1974	06. 24.	동아일보	片片夜話〈97〉金八峰 (32) 靑年 金玉均	소설가 김팔봉(김기진)의 회고 글. 조선일보 과녁 10여 일째에 경무국의 설득으로 신문이 다시 제작된 것과 당국의 조정으로 발행권이 임경래에서 방응모로 넘어간 사실 및 편집자가 되서 이후 소설 『청년 김옥균』을 집필한 경위를 서술한 내용이다. 이승복에 대해서는 구호금 횡령 혐의의 형사재판을 받은 과정이 서술되어 있다. 관련 내용은 다음과 같다. "이렇게 되는 동아 民世(안재홍)와 平洲(이승복)는 病保釋으로 서대문형무소로부터 나와 있었고, 滿洲동포 구제금 횡령하는 신문사支局으로부터 신문대금 및 광고대금과 함께 이연금이 振替口座(=송금구좌)로 送金된 것을 미리 발행했던 局侍拂手票 때문에 마구 支出되있던 것으로 眞相이 판명되있던 것으로서 간신히 刑事체제을 벗어나있었다. 그리고 그동안 民世와 平洲를 支持해오던 편재구 기자를 二十명 가량을 일제히 辭表를 제출하고서 신문사를 그만뒀다."
	07. 15.	동아일보	文化短信	5건의 문화계 단신을 소개하는 기사. 平洲 이승복 편순기 『삼천백일홍(三千百日紅)』 출판기념회가 15일 오후 6시 신문회관강당에서 개최된다는 내용이 포함되어 있다.
	07. 18.	경향신문	平洲 李昇馥선생의 一代記 소개	이승복의 일대기 『삼천백일홍(三千百日紅)』(平洲 李昇馥선생 望九頌壽기념회編, 人物연구소발행, 46배판 352면)의 출간을 알리는 기사.

연도	날짜	신문	제목	내용
1978	11. 01.	경향신문	獨立유공 李昇馥옹	별세 기사. 10월 31일 오후 3시 관악구 봉배동 신51의 10 자택에서 노환으로 별세. 향년 84세. 발인은 11월 2일 오전 9시. 장지는 충남 예산군 대술면 방신리 선영. 연락처(510398. ※동아일보 기사에서는 주소지가 '신51의 108번지'로 게재되었다.
	11. 01.	동아일보	인론인 李昇馥翁	별세 기사. 10월 31일 오후 3시 서울 관악구 봉배동 신51의 108번지 자택에서 노환으로 별세. 향년 84세. 11월 2일 오전 9시 발인. 장지는 충남 예산군 대술면 방신리 선영. 연락처 (510398. 동아일보 조사부장, 조선일보 이사, 신간회 참여 등의 경력이 기재되었다. ※경향신문 기사에서는 주소지가 '신51의 10'으로 게재되었다.
1979	05. 07.	동아일보	新八道紀 (187) 禮山 ①	충신 열사로 이어진 '충절의 고을'로서 예산을 소개하는 기사. 매헌 윤봉길, 항일투사 신현상, 김한종과 함께 수당(修堂) 이남규(李南珪,도학자)부터 유제(惟齋) 이충구(李忠求)를 이어 이승복으로 대를 이어 계승되는 이 가문의 항일운동 계보를 소개하고 있다.
1980	08. 14.	경향신문	獨立有功 포상자 名單	독립운동 포상자 명단. 건국포장 추서자 명단에 이승복이 포함되어 있다. ※1990년에 애국장이 추가로 추서되었다.
1982	06. 21.	동아일보	美軍政三年 (39) 解放政局의「爆彈」朴憲永 ③	해방 직후 미군정기의 정국을 정리하여 소개하는 기사. 여운형이 주도하던 건준(조선건국준비위원회)의 개편 과정과 박헌영의 건준 장악내 회책을 주요 내용으로 하고 있다. 여운형이 중앙위원회를 열어 1구 12부로 조직을 확대 강화하는 과정에서 교통부에 이승복을 임명한 것이 언급되어 있다. 또한 조직명단 중 이승복이 공산주의자로 분류되어 있다.

연도	월일	신문 및 잡지	기사 제목	해제
1982	06. 24.	동아일보	고침	6월 21일(일부 지방 22일) 기사를 바로잡는 기사. 해당 기사에서 이승복이 공산주의자로 분류된 것은 사실과 다르므로 바로잡는다는 내용이다.
	08. 30.	경향신문	"自強만이 「第2의侵略」 國恥日을 보내며 李文遠교수	역사교과서 왜곡 파동에 즈음하여 일본의 팽창주의에 앉으므로 우리가 어떻게 대응해야 하는가에 대한 이문원 교수(중앙대, 교육학)의 글. 편집자 주석으로 달린 필자 소개에서 선친 이승복을 신간회 발기인 및 신간회 중무로 기록하고 있다.
1983	04. 15.	동아일보	스케치 李東寧선생 진귀寫眞 수록	화보잡지 「오늘의 한국」 4월호에서 「石吾(석오) 이동녕(李東寧)」 특집을 꾸미면서 유족이 보관 중이던 석오 이동녕의 각종 유물과 사진 등을 공개하였다는 기사. 이동녕의 노령(러시아령) 하바로프스크에서 적은 동지들과의 사진에 조완구, 이민복, 이승복, 이종이, 이부규, 이진용, 이승식 등이 보인다는 내용이 포함되어 있다.
1986	10. 08.	동아일보	東亞日報 紙齡20000號기념 大討論 −現代史를 어떻게 볼 것인가③−	현대사 대토론 연재기사 중 '통일운동은 왜 실패했나'를 주제로 하는 숭남헌(한국사료연구소 대표)의 글. 모스크바 3상회의 결정과 관련되 4당 공동성명을 소개하는 단락에서 국민당 주요 인사로서 안재홍, 배홍군, 이승복이 가명되고 있다. 해당 단락의 내용은 다음과 같다. "3相결정 4黨 共同聲明 3상결정이 발표된 후 좌우의 사이에 贊託 反託을 둘러싸고 심각한 분열을 일

272

으기는 가운데 46년 1월 6일부터 1월 8일까지 韓國民主黨(元世勳, 金炳魯), 國民黨(安在鴻, 白泓均), 人民黨(李昇馥), 共産黨(李舟河, 洪南杓) 등 4당대표들은 「모스크바3상결정」 발표 후 공산당대표를 포함하여 4당대표가 처음으로 자리를 같이하고 '조선문제에 관한 모스크바 3국외상회의의 결정에 대하여 조선자주독립을 보장하고 민주주의적 발전을 위하여'라는 정신과 의도는 전면적으로 지지한다. 信託(國際憲章)에 의하여 금후 우리 정부로 하여금 자주독립의 정신에 疑懼되는 信託制度는 장래 수립될 우리 정부의 독립을 위하여 援助하자는 원칙에서 이것에 대한 현실적 함의함으로써 1월 8일 공동성명을 발표하였는데 이정도로라도 좌우가 접근이 되었다는 것은 信託論爭의 일보진전이 아닐 수 있었다."

일제 강점기에 평화사건으로 옥고를 치른 언론인들에 대한 기사. 이승복에 대해서는 남경군관학교 청년 지원 옥고를 치른 사실이 사진과 함께 소개되고 있다. 해당 단락의 내용은 다음과 같다.

"남경군관학교靑年지원 혐의 옥살이

李昇馥=朝鮮日報 日帝 남京軍官국장이 있던 李昇馥이 안재홍과 함께 1936년 南京軍官 學校 學生隊사건(光復團사건)으로 구속되었을 때 작은 것이다. 이승복은 안재홍으로부터 金枓瓚에게 보내는 소개장을 얻어 남경군관학교에 지원하는 청년들에게 주었다는 혐의로 구속되었다."

| 1988 | 04. 08. | 동아일보 | 新聞週間맛과 실펴본 언론선구자 日帝時代 언론선구자 | |

연도	월일	신문 및 잡지	기사 제목	해제
1988				(이승복 사진) ※ 기사에 게재된 사진은 국사편찬위원회 한국사데이터베이스에서 제공한 '일제감시대상인물카드'의 사진이다.

274

참고문헌

Ⅰ. 자료

1. 단행본

姜德相 編,『現代史資料 26(朝鮮 2): 三·一運動 2』(東京: みすず書房, 1966).

京畿道警察部,『治安槪況』(1935. 3).

慶尙北道警察部,『高等警察要史』(1934).

京城覆審法院 刑事部,『6·10萬歲運動事件 判決文』.

金正明,『朝鮮獨立運動: 共産主義運動篇』Ⅴ(東京: 原書房, 1967).

梶村秀樹·姜德相 編,『現代史資料(29): 朝鮮(5)共産主義運動(一)』(東京: みすず書房, 1972).

安在鴻選集刊行委員會 편,『民世安在鴻選集』1(知識産業社, 1981).

李如星·金世鎔,『數字朝鮮硏究』第1輯(世光社版, 1932).

朝鮮日報社,『朝鮮日報名社說 五百選』(朝鮮日報社 出版局, 1972).

朝鮮總督府,『朝鮮に於ける改革進步の年報(1911~1912)』(1912).

朝鮮總督府,『朝鮮の保護及倂合』(1918).

朝鮮總督府,『統計年報』(1934).

朝鮮總督府,『施政二十五年史』(1935).

朝鮮總督府 警務局,『朝鮮に於ける同盟休學の考察』(1929).

朝鮮總督府 警務局,『(極祕)高等警察關係年表』(1930).

朝鮮總督府 警務局,『元山勞動爭議に關する新聞論調』(1930).

朝鮮總督府 警務局,『高等警察用語辭典』(1933).

朝鮮總督府 警務局,『最近に於ける朝鮮治安狀況』(1933).

朝鮮總督府 警察局 保安課,『高等警察報』第5號(1936).
朝鮮總督府 警務局,『朝鮮諸學校一覽』(1940).
朝鮮總督府 警察局 編,『(極秘文書) 光州抗日學生事件資料』(名古屋: 風媒社, 1979).
朝鮮憲兵隊司令部,『朝鮮騷擾事狀況』(極東研究所, 1969).

2. 신문·정기간행물

高永煥,「新幹解消善後策」,『東光』(1931年 7月號).
金萬圭,「全民族的 單一黨 組織과 任務」(五),『朝鮮日報』(1928. 1. 25.).
金起田,「첫재 小作運動」,『東光』(1931年 4月號).
金佑枰,「地主도 破産」,『東光』(1931年 4月號).
金一大,「協同運動이 첫재」,『東光』(1931年 4月號).
金璟載,「1930年中의 社會運動」,『別乾坤』(1930年 12月號).
金璟載,「1931年과 朝鮮思想界展望」,『別乾坤』(1931年 1月號).
金炳魯,「新幹會의 解消論이 擡頭함에 際하야」,『東光』(1931年 2月號).
金炳魯,「國家의 根本主義와 自由」,『東光』(1932年 1月號).
金若水,「社會運動者의 이 모양, 저 모양을 駁함」,『批判』(1931年 11月).
金若水,「民族的 協同運動의 歸結」,『批判』(1932年 4月號).
金俊模,「新幹會는 엇더케 될까」,『別乾坤』(1931年 3月號).
金俊淵,「朝鮮의 今日問題」,『現代評論』(1927年 2月號).
金俊淵,「日本政界의 最近狀態」,『現代評論』(1927年 4月號).
金致鈺,「新幹會 解消後의 民族的 協同戰線을 엇절가」,『別乾坤』(1931年 4月號).
盧東奎,「紙上論보다 實際調査로」,『東光』(1931年 4月號).
盧正煥,「新幹會와 그에 對한 任務」,『朝鮮之光』(1927年 11月號).
盧正煥,「朝鮮社會運動에 對한 史的 考察」(一)·(二)·(完),『現代評論』(1927年 5·6·7月號).
南萬熙,「勞動組合青年部에 對한 片見」,『批判』(1931年 11月號).
朴君植,「新幹會解消後의 大衆運動은 엇케될가」,『別乾坤』(1931年 7月號).
朴明煥,「新幹會回顧記」,『新東亞』第五十四號(新東亞社, 1936年 4月號).
朴文憙,「全國的 解消와 時期」,『三千里』(1931年 1月號).
朴元一,「過去一年間의 朝鮮社會運動」,『東光』(1931年 12月號).
朴一馨,「民族과 民族運動-修養同友會 어대로 가나」,『批判』(1932年 4月號).
朴齊榮,「이즉은 解消過程」,『批判』(1931年 1月號).
朴準埰,「光州學生運動」,『新東亞』(東亞日報社, 1969年 9月號).
宋鎭禹,「極低利의 資金融通」,『東光』(1931年 4月號).
安民世,「中國革命과 政治的 價值」,『現代評論』(1927年 2月號).
安在鴻,「1930年의 展望」,『朝鮮之光』(1930年 1月號).
安在鴻,「解消反對者의 處地에서」,『批判』(1931年 5月號).
禹鳳雲,「過去一年間의 朝鮮女性運動」,『東光』(1931年 12月號).
李覺鐘,「朝鮮民族思想變遷の概要」, 伊藤卯三郎 編,『朝鮮及朝鮮民族』第1輯(朝鮮思想通信
　　社, 1927).
李江,「朝鮮青年運動의 史的 考察」(上)·(中),『現代評論』(1927年 9·10月號).

李寬求,「言論壓迫에 對한 史的 考察」,『現代評論』(1928年 2月號).

李寬求 回顧談,「半世紀의 證言: 新幹會運動」,『朝鮮日報』(1964. 5. 4.).

李灌鎔,「現代大勢의 大觀」,『現代評論』(1927年 2月號).

李炳憲,「新幹會運動」,『新東亞』(東亞日報社, 1969年 8月號).

李順鐸,「朝鮮人의 農業地所有狀態」,『現代評論』(1927年 4月號).

李順鐸,「〈農村組合〉과 連帶責任」,『東光』(1931年 4月號).

李曾馥,「新幹會小史」,『韓國日報』(1958. 9. 7~13.).

李源赫,「新幹會의 組織과 鬪爭」,『思想界』(1960年 8月號).

李仁,「나의 交友半世紀」,『新東亞』(東亞日報社, 1974年 7月號).

李周淵,「最緊急務는 小作運動」,『東光』(1931年 4月號).

李恒發,「小作運動의 必然性」,『東光』(1931年 4月號).

李鉉雨,「最近新聞界 漫談」,『批判』(1932年 9月號).

林仁植,「한 字 아는 것이 急務」,『東光』(1931年 4月號).

鄭東鎬,「新幹會 解消論」,『批判』(1931年 5月號).

鄭雲永,「밑에서의 새 組織」,『批判』(1931年 1月號).

趙奎洙,「朝鮮民衆運動의 過去及現在」, 伊藤卯三郎 編,『朝鮮及朝鮮民族』第1輯(朝鮮思想通
　　信社, 1927).

趙斗西,「識字運動이 基本이다」,『東光』(1931年 4月號).

朝鮮事情調査硏究會,「朝鮮事情調査硏究會報告論文特集」,『現代評論』(1927年 4月號).

崔聖源,「光州學生鬪爭」,『新東亞』(東亞日報社, 1979年 11月號).

崔聖源,「光州學生運動 獄中鬪爭記」,『新東亞』(東亞日報社, 1980年 6月號).

崔聖源,「光州學生運動의 主役들」,『新東亞』(東亞日報社, 1981年 6月號).

崔聖源,「서울로 發火한 光州學生運動」,『新東亞』(東亞日報社, 1983年 8月號).

崔淳周,「하로바삐 商工으로」,『東光』(1931年 4月號).

한별,「時評」,『現代評論』(1927年 3月號).

韓偉健,「產米增產에 對하야」,『現代評論』(1927年 4月號).

韓長庚,「農民層의 廣汎한 組織」,『東光』(1931年 4月號).

咸尙勳,「不可分의 小作及協同兩運動」,『東光』(1931年 4月號).

洪命熹,「新幹會의 使命」,『現代評論』(1927年 2月號).

洪陽明,「階級聯盟의 歷史的 制限性의 問題」,『三千里』(1931年 1月號).

黃崗,「新幹會解消와 運動線의 望展」,『東光』(1931年 7月號).

黃鍾漢,「현단계에 조선 맑스주의자 임무」,『現段階』第2卷 1號(1929年 4月號).

「朝鮮運動은 協同乎 對立乎, 新幹會「解消運動」批判)」,『三千里』(1931年 2月號).

「解消냐 分立이냐 중대한 危機에 선 運動線」,『東光』(1931年 4月號).

II. 연구논저

1. 단행본

국문

姜東鎭,『日帝의 韓國侵略政策史: 1920년대를 中心으로』(한길사, 1980).

姜萬吉,『分斷時代의 歷史認識』(創作과 批評社, 1978).

姜在彦,『韓國近代史研究』(한울, 1982).

光州學生獨立運動同志會 편,『光州學生獨立運動史』(國際文化社, 1974).

國史編纂委員會,『韓國獨立運動史』IV(探求堂, 1965).

國史編纂委員會,『(資料編) 韓國獨立運動史』V(探求堂, 1974).

國史編纂委員會,『韓國史』21·22(國史編纂委員會, 1978).

金成植,『日帝下 韓國學生獨立運動史』(正音社, 1974).

金容燮,『朝鮮後期農業史研究』I·II(一潮閣, 1970·1971).

金容燮,『韓國近代農業史研究』(一潮閣, 1975).

김원용,『在美韓人五十年史』(1959).

金潤煥·金洛中,『韓國勞動運動史』(一潮閣, 1970).

金潤煥,『韓國勞動運動史 1: 日帝下編』(청사, 1982).

金乙漢,『月南 李商在一代記』(正音社, 1976).

金仁會,『敎育과 民衆文化』(한길사, 1983).

金俊燁·金昌順,『韓國共產主義運動史』1·2·3(高麗大學校出版部, 1969).

金鑛學·韓徹永,『制憲國會史』(新潮出版社, 1954).

盧榮澤,『日帝下 民衆敎育運動史』(探究堂, 1980).

大韓私立中高等學校長會,『韓國의 私學』(民衆書館, 1974).

文定昌,『(軍國日本) 朝鮮占領三十六年史』上·中·下(柏文堂, 1965~1967).

朴奎祥,『經濟學大辭典』(博英社, 1972).

朴永錫,『萬寶山事件研究: 日帝 大陸侵略政策의 一環으로서의』(亞細亞文化社, 1978).

白樂晴 편,『民族主義란 무엇인가』(創作과 批評社, 1981).

孫仁銖,『韓國近代敎育史: 韓末·日帝治下의 私學社 研究』(延世大學校出版部, 1971).

孫仁銖,『韓國開化敎育研究』(一志社, 1980).

孫仁銖,『韓國近代民族敎育의 理念研究: 韓國近代學校의 建學精神과 敎育救國運動을 中心으로』(文音社, 1983).

宋建鎬,『韓國現代史論』(韓國神學研究所出版部, 1979).

宋建鎬·姜萬吉 편,『韓國民族主義論』(創作과 批評社, 1982).

스칼라피노·李庭植 외,『新幹會研究』(동녘, 1983).

愼鏞廈,『朝鮮土地調査事業 研究』(韓國研究院, 1979).

梁東柱 편,『抗日學生史』(靑坡出版社, 1956).

吳甲煥,『社會의 構造와 變動』(博英社, 1974).

李錫台 편,『社會科學大辭典』(文友印書館, 1946).

李用熙·盧在鳳,『韓國民族主義』(瑞文堂, 1977).

李庭植 저, 한밭편집부 역,『韓國民族主義의 政治學』(한밭출판사, 1982).

鄭世鉉, 『抗日學生民族運動史研究』(一志社, 1975).
趙東杰, 『日帝下 韓國農民運動史』(한길사, 1979).
趙炳玉, 『나의 回顧錄』(民敎社, 1959).
趙容萬, 『日帝下 韓國新文化運動史』(正音社, 1975).
朱宗桓, 『農業經濟學研究』(東國大學校出版部, 1974).
中央高等學校, 『中央60年史』(民衆書館, 1968).
鄭恒喜, 『民族主義와 그 問題: 獨逸史 中心』(鮮一文化社, 1983).
陳德奎, 『現代民族主義의 이론구조』(知識産業社, 1983).
車錫基·申千湜, 『韓國敎育史研究』(載東文化社, 1969).
車錫基, 『韓國民族主義敎育의 研究: 歷史的 認識을 中心으로』(進明出版社, 1976).
체스타 탄 저, 閔斗基 역, 『中國現代政治思想史: 康有爲 孫文에서 蔣介石 毛澤東까지』(知識産
　　業社, 1977).
崔民之·金民珠, 『日帝下 民族言論史論』(日月書閣, 1978).
崔恩喜, 『祖國을 찾기까지: 1905-1945 韓國女性活動秘話』下(探求堂, 1973).
崔埈, 『韓國新聞史』(一潮閣, 1960).
崔虎鎭, 『韓國經濟史概論』(普文閣, 1962).
崔虎鎭, 『(訂正增補) 韓國經濟史』(博英社, 1971).
平洲 李昇馥先生 望九頌壽紀念會, 『三千百日紅平洲 李昇馥先生八旬記』(人物研究所, 1974).
프란츠 파농 저, 김남주 역, 『자기의 땅에서 유배당한 者들』(靑史, 1978).
Freire, Paulo 저, 成讚星 역, 『페다고지』(한국천주교평신도사도집협의회, 1979).
洪泰植, 『韓國共産主義運動 研究와 批判: 解放前篇』(三省出版社, 1969).

일문

姜在彦·飯沼二郎 編, 『近代朝鮮の社會と思想』(東京: 未來社, 1981).
弓削幸太郎, 『朝鮮の敎育』(東京: 自由討society社, 1923).
旗田巍, 『日本と朝鮮(日本人の朝鮮觀)』(東京: 勁草書房, 1965).
金榮作, 『韓末ナショナズムの研究』(東京: 東京大學出版會, 1975).
大野謙一, 『朝鮮敎育問題管見』(京城: 朝鮮敎育會, 1936).
陶行知 著, 齋藤秋男 譯, 『民族解放の敎育』(東京: 明治圖書, 1970).
渡部學, 『近世朝鮮敎育史研究』(東京: 雄山閣, 1969).
滿洲史研究會 編, 『日本帝國主義下の滿洲: 滿洲國家成立前後の經濟研究』(東京: 御茶の水書
　　房, 1972).
朴慶植, 『日本帝國主義の朝鮮支配』上·下(東京: 靑木書店, 1986).
山邊健太郎, 『日本統治下の朝鮮』(東京: 岩波書店, 1971).
三木淸 外, 『社會史的 思想史』(東京: 岩波書店, 1949).
森田芳夫, 『朝鮮終戰の記錄』(東京: 巖南堂書店, 1964).
舒新城 著, 阿部洋 譯, 『中國敎育近代化論』(東京: 明治圖書, 1972).
釋尾春芿, 『朝鮮倂合史』(東京: 朝鮮及滿洲社, 1926).
世界敎育史研究會 編, 『朝鮮敎育史』(東京: 講談社, 1975).
細川嘉六, 『現代日本文明史: 植民史』第10卷(東京: 東洋經濟新報社出版部, 1941).
小森德治 編, 『明石元二郎』上卷(台北: 臺灣日日新報社, 1928).
矢内原忠雄, 『植民地及植民政策』(東京: 有斐閣, 1941).

阿部洋 編集,『現代にきる教育思想』(東京: ぎょうせい, 1981).

伊藤猷典,『鮮滿の興亞教育』(東京: 目墨書店, 1942).

ローザ・ルクセンブルグ 著, 長谷部文雄 譯,『資本蓄積論』下(東京: 青水書店, 1971).

田保橋潔 編,『朝鮮統治史論稿』(서울: 成進文化社, 1972).

井本幾次郎 編,『朝鮮統治問題論文集』第一集(京城: 近澤印刷部, 1929).

青木誠四郎・宗像誠也・細谷俊夫 編,『教育科學辭典』(東京: 朝倉書店, 1954).

青柳綱太郎,『朝鮮獨立騷擾史論』(京城: 朝鮮研究會, 1921).

波多野善大,『國共合作』(東京: 中央公論社, 1973).

坪江汕二,『朝鮮獨立運動史』(東京: 日刊勞動通信社, 1959).

坪江汕二,『(改訂增補) 朝鮮民族獨立運動秘史』(東京: 嚴南堂書店, 1966).

下中邦彦 編,『政治學事典』(東京: 平凡社, 1960).

丸山國雄,『日本歷史全書: 日本近代外交史』第13卷(東京: 三笠書房, 1939).

姫田光義 外,『中國近代史』上・下(東京: 東京大學出版會, 1982).

영문

Altbach, P. G. and Kelly, G. P., "Education and Colonialism", New York: Longman Inc., 1978.

Carr, E. H., "Nationalism and the After", London: Macmillan, 1945.

Carnoy, M., "Education as Cultural Imperialism", New York: Longman Inc., 1974.

Carlton, J. H. Hayes, "Essays on Nationalism", New York: John Wiley, 1972.

Daesook Suh, "The Korean Communist Movements, 1918~1948", Princeton: Princeton Univ. press, 1967.

Fanon, F., "The Wretched of the Earth", New York: Grove Press, 1968.

Freire, P., "Education for Critical Consciousness", New York: Seabery Press, 1973.

Freire, P., "Pedagogy of the Oppressed", New York: Herder and Herder, 1970.

Freire, P., "Cultural Action for Freedom", Harvard Educational Review.

Karabel, Jerome and Halsey, A. H., "Power and Ideology in Education", New York: Oxford University Press, 1977.

Kohn, Hans, "The Idea of Nationalism: A Study in Its Origins and Background", New York: Macmillan, 1963.

Luxemburg, R., "Die Akkumulation des Kapitals: Ein Beitrag zur ökonomischen Erklärung des Imperialismus", Leipzig: Franke Verlag, 1921[長谷部丈雄 譯,『資本蓄積論』下(青木書店, 1971)로 재인용].

Memmi, A., "The Colonizer and the Colonized", Boston: Beacon Press, 1965.

Scalapino, R. A., & Lee Chong−Sik, "Communism in Korea", Berkeley(CA): University of California Press, 1972.

Schumpeter, Joseph, A., "Imperialism and Social Classes", New York: Augustus M. Kelley, 1951.

Sinai, I. R., "The Challenge of Modernization, the West's Impact on the Non−Western World, New York: W. W. Norton and Co. Inc., 1964.

Smith, A. D., "Theories of Nationalism", A Torchbook Library Edition, New York: Harper & Row, 1971.

Tax, Sol, "World Anthropology", The Hague; Mouton Publishers, 1976.

2. 연구논문

국문

姜東鎭, 「3·1運動이후의 勞動運動」, 東亞日報社 편, 『三·一運動50周年紀念論文集』(東亞日報社, 1969)[尹炳奭·愼鏞廈·安秉直 편, 『韓國近代史論』 III(知識産業社, 1977)].

姜東鎭, 「日帝支配下의 勞動夜學」, 『歷史學報』 46(歷史學會, 1970).

姜東鎭, 「日帝下의 韓國社會運動史研究」, 『學術誌』 11(건국대학교 출판부, 1970).

姜東鎭, 「元山總罷業에 대한 考察」, 尹炳奭·愼鏞廈·安秉直 편, 『韓國近代史論』 III(知識産業社, 1977).

姜東鎭, 「日帝下의 한국노동운동: 1920~30년대를 중심으로」, 安秉直·朴成壽 외, 『韓國近代民族運動史』(돌베개, 1980).

姜萬吉, 「韓國獨立運動의 歷史的 性格」, 『亞細亞研究』 21-1(高麗大學校 亞細亞問題研究所, 1978).

姜萬吉, 「民族解放運動의 발전 I~IV」, 韓國史研究會 편, 『韓國史研究入門』(知識産業社, 1981).

姜聲媛, 「新幹會에 關한 一考察」(梨花女子大學校教育大學院, 1980).

姜淳媛, 「日帝 植民地化教育의 教育社會學的 考察: 朝鮮統監府 教育政策을 中心으로」(이화여자대학교 대학원 석사학위논문, 1981).

權斗榮, 「日帝下의 韓國農民運動」, 尹炳奭·愼鏞廈·安秉直 편, 『韓國近代史論』 III(知識産業社, 1977).

金明久, 「코민테른의 對韓政策과 新幹會; 1927~1931」, 스칼라피노·李庭植 외, 『新幹會研究』(동녘, 1983).

金錫俊, 「新幹會 運動에 대한 社會學的 一考察」(서울대학교 대학원 석사학위논문, 1981).

金成植, 「日帝下 韓國學生運動」, 崔永禧·金成植 외, 『日帝下의 民族運動史』(民衆書館, 1971).

金成植, 「光州學生運動」, 尹炳奭·愼鏞廈·安秉直 편, 『韓國近代史論』 III(知識産業社, 1977).

金泳謨, 「植民地時代 韓國의 社會階層」, 安秉直·愼鏞廈 외, 『變革時代의 韓國史: 開港부터 4·19까지』(東平社, 1978).

金泳謨, 「韓國獨立運動의 社會的 性格: 독립투사의 배경분석을 중심으로」, 『亞細亞研究』 21-1(高麗大學校 亞細亞問題研究所, 1978).

金泳謨, 「日帝下의 社會階層의 形成과 變動에 관한 研究」, 趙璣濬 외, 『日帝下의 民族生活史』(民衆書館, 1971).

金容燮, 「韓末 日帝下의 地主制-事例 4: 古阜金氏家의 地主經營과 資本轉換」, 『韓國史研究』 19(韓國史研究會, 1978).

金潤煥, 「日帝下 韓國勞動運動의 展開過程」, 崔永禧·金成植 외, 『日帝下의 民族運動史』(民衆書館, 1971).

金鎬逸, 「日帝下의 學生運動研究-1920~1926」(중앙대학교 대학원 석사학위논문, 1965).

金鎬逸, 「日帝下 民立大學設立運動에 對한 一考察」, 『中央史論』 第1輯(中央大學校 中央史學研究所, 1972).

金鎬逸,「日帝下 學生團體의 組織과 活動」,『史學研究』22(韓國史學會, 1973).

金鎬逸,「日帝下 學生運動의 한 形態: 1920年代 同盟休學을 中心으로」,『亞細亞學報』第11輯 (亞細亞學術研究會, 1975).

金鎬逸,「韓國教育振興運動史」, 高麗大學校 民族文化研究所 편,『韓國現代文化史大系』5(高 大民族文化研究所出版部, 1981).

羅鍾鴻,「日帝의 對韓植民地 農業政策과 農村經濟: 1930年代를 中心으로」(홍익대학교 대학 원 석사학위논문, 1981).

朴來鳳,「書堂의 教授法과 講에 關한 考察」,『教育』1(中央教育行政延修院, 1977).

朴玄埰,「日帝植民地統治下의 韓國農業; 1920년부터 1945년까지의 展開過程」, 尹炳奭・愼鏞 廈・安秉直 편,『韓國近代史論』I(知識産業社, 1977).

宋建鎬,「新幹會運動」, 尹炳奭・愼鏞廈・安秉直 편,『韓國近代史論』II(知識産業社, 1977).

水野直樹,「민족독립투쟁사」, 조선사연구회 편, 조성을・염인호 역,『새로운 韓國史入門』(돌 베개, 1983).

申一澈,「韓國獨立運動의 思想史的 性格」,『亞細亞研究』21-1(高麗大學校 亞細亞問題研究 所, 1978).

安秉直,「19世紀末과 20世紀初의 社會經濟와 民族運動」, 安秉直・愼鏞廈 외,『變革時代의 韓 國史: 開港부터 4・19까지』(東平社, 1978).

吳麟鐸,「日帝下 民族教育과 宗教教育의 葛藤」, 韓國精神文化研究院 教育研究室 편,『近代民 族教育의 展開와 葛藤』(韓國精神文化研究院, 1982.)

劉奉鎬,「日本植民地政策下의 初・中等學校 教育課程 變遷에 관한 研究」(중앙대학교 대학원 박사학위논문, 1982).

李均永,「新幹會의 創立에 대하여」,『韓國史研究』37(韓國史研究會, 1982)[李均永,「新幹會에 대하여: 그 背景과 創立을 中心으로」(한양대학교 대학원 석사학위논문, 1982)의 改稿].

李達淳,「韓國獨立運動의 政治史的 研究: 그 背景과 性格을 中心으로」(중앙대학교 대학원 박 사학위논문, 1978).

李文遠,「新幹會의 社會教化」,『韓國學』26輯(中央大學校永信아카데미 韓國學研究所, 1982 여름).

李瑄根,「日帝總督府의 憲兵統治와 思想彈壓」,『韓國思想』第八輯(韓國思想研究會, 1966).

李恒宰,「日帝의 書堂教育政策에 關한 考察」(중앙대학교 대학원 석사학위논문, 1983).

李炫熙,「六・十獨立萬歲運動攷」,『亞細亞研究』12-1(高麗大學校 亞細亞問題研究所, 1969).

李炫熙,「新幹會의 組織과 抗爭: 日帝治下의 民族單一黨 運動」,『史叢』15・16合輯(高大史學 會, 1971).

鄭世鉉,「6・10萬歲運動」, 尹炳奭・愼鏞廈・安秉直 편,『韓國近代史論』II(知識産業社, 1977).

鄭在哲,「日本植民地主義教育에 關한 社會思想史的 研究」(건국대학교 대학원 박사학위논문, 1981).

趙璣濬,「朝鮮物産獎勵運動의 展開過程과 그 歷史的 性格」, 尹炳奭・愼鏞廈・安秉直 편,『韓國 近代史論』III(知識産業社, 1977).

趙芝薰,「韓國民族運動史」, 高麗大學校民族文化研究所 편,『韓國文化史大系(民族・國家史)』 I(高大民族文化研究所 出版部, 1964) 所收新幹會 부분만 가려 뽑아 스칼라피노・李庭 植 외,「신간회의 창립과 해소」로『新幹會研究』(동녘, 1983)에 다시 수록].

朱奉圭,「日帝下 小作爭議의 性格에 관한 研究」, 金鎬逸 외 편,『日帝下 植民地時代의 民族運 動』(풀빛, 1981).

陳德奎,「韓國政治社會의 權力構造에 關한 研究: 엘리뜨流動性과 이데올로기 聯關性의 分析」(연세대학교 대학원 박사학위논문, 1977).

車錫基,「日帝下 書堂의 民族主義教育: 漢文書堂과 改良書堂을 中心으로」,『師大論集』I(高麗大學校 師範大學, 1976).

淺田喬二,「한국 農民運動의 지역적 특징」, 安秉直・朴成壽 외,『韓國近代民族運動史』(돌베개, 1980).

황주홍,「新幹會 해소문제 연구」(연세대학교 대학원 석사학위논문, 1982).

일문

金森襄作,「朝鮮青年會運動史: 朝鮮におけゐ民族主義와 階級主義」,『朝鮮學報』第85輯(奈良: 朝鮮學會, 1977).

金森襄作,「論爭을通じてみた新幹會」,『朝鮮學報』第93輯(奈良: 朝鮮學會, 1979).

梶村秀樹,「新幹會研究をためのノート」,『勞動運動史研究』49號(1968. 12)[스칼라피노・李庭植 외,『新幹會研究』(동녘, 1983)에 번역・수록].

梶村秀樹,「日帝時代(前半期)平壤メリヤス工業의 展開過程: 植民地經濟體制下의 朝鮮人ブルジョアジー의 對應의 一例」,『朝鮮史研究會論文集』3(東京: 極東書店, 1967).

朴慶植,「三・一獨立運動의 歷史的前提: 主體的條件의 把握のために」,『思想』550(東京: 岩波書店, 1970).

水野直樹,「新幹會運動에 關する 若干의 問題」,『朝鮮史研究會論文集』No.14(東京: 朝鮮史研究會, 1977)[스칼라피노・李庭植 외,『新幹會研究』(동녘, 1983)에 번역・수록 / 金鎬逸 外編,『日帝下 植民地時代의 民族運動』(풀빛, 1981)에도 수록].

水野直樹,「新幹會의 創立をぬをぬぐって」, 飯沼二郎・姜在彦 編,『近代朝鮮의 社會와 思想』(東京: 未來社, 1981).

水野直樹,「新幹會東京支會의 活動について」, 朝鮮史叢編集委員會,『朝鮮史叢』第1號(東京: 青丘文庫, 1979).

趙文淵,「日本帝國主義のいわゆる文化政治의 本質」,『歷史評論』284(東京: 歷史科學協議會, 1971).

中塚明,「日本帝國主義와 朝鮮: 三・一運動과 文化政治」,『日本史研究』83(京都: 日本史研究會, 1966).

中塚明,「朝鮮의 民族運動과 日本의 朝鮮支配」,『思想』537(東京: 岩波書店, 1969).

河合和男,「朝鮮〈産米增殖計劃〉과 植民地農業의 展開」, 朝鮮史叢編輯委員會,『朝鮮史叢』第2號(東京: 青丘文庫, 1979).

영문

Bowles, S., "Unequal Education and the Reproduction of the Social Division of Labor", Karabel, J. & Halsey, Norton and Co Inc, 1964.

Lein, V. I., 'The Highest Stage of Capitalism', "The "New Imperialism": Analysis of Late Nineteenth Century Expansion", Edited by H. M. Wright, Lexington: D. C. Heath & Co, 1961.

Rose, J. H., 'Three Conditions of Expansion', "The "New Imperialism": Analysis of Late Nineteenth Century Expansion", Edited by H. M. Wright, Lexington: D. C. Heath & Co, 1961.

찾아보기

286

이문원

성균관대학교 교육학과와 같은 학교 대학원 교육학과 졸업(문학석사)
연세대학교 대학원 교육학과 졸업(교육학박사)
중앙대학교 사범대학장 역임
중앙대학교 교수 정년 퇴직
전국사범대학협의회 회장, 한국교육사학회 회장, 한국교육철학회 회장,
한국박물관교육학회 회장 역임
독립기념관장 역임
현 수당기념관 관장
현 중앙대학교 교육학과 명예교수

저서 및 논문
『한국의 교육사상가』(2002), 『문화개방과 교육』(공저, 2001), 『박물관과 교육』(공저, 2001),
「신간회의 교육활동과 광주학생운동」(1985), 「신간회 민족운동의 교육사적 연구」(1983), 「신
간회의 사회교화」(1982) 외 다수

신간회의 교육운동

1판 1쇄 펴낸날 2023년 3월 27일

지은이 | 이문원
펴낸이 | 김시연

편집 | 강영혜
디자인 | 본문 이미애, 표지 최정희

펴낸곳 | (주)일조각
등록 | 1953년 9월 3일 제300-1953-1호(구 : 제1-298호)
주소 | 03176 서울시 종로구 경희궁길 39
전화 | 02-734-3545 / 02-733-8811(편집부)
        02-733-5430 / 02-733-5431(영업부)
팩스 | 02-735-9994(편집부) / 02-738-5857(영업부)
이메일 | ilchokak@hanmail.net
홈페이지 | www.ilchokak.co.kr

ISBN 978-89-337-0819-4 93300
값 30,000원

* 지은이와 협의하여 인지를 생략합니다.